大连理工大学管理论丛

数智时代质量管理中的
数据挖掘与知识管理

徐照光　党延忠　著

大连理工大学经济管理学院
国家自然科学基金青年科学基金项目（72001034）
辽宁省博士科研启动基金计划项目（2022-BS-088）　资助
国家自然科学基金面上项目（71871041）
国家自然科学基金重点项目（72231010）

科　学　出　版　社
北　京

内 容 简 介

在数智化时代，制造业的质量管理面临许多新的问题和挑战。本书对复杂产品质量改进中发现问题、分析原因和解决问题三大环节中的数据流和知识流进行了系统性的研究，在此基础上提出了制造业质量管理中的数据挖掘和知识管理方法体系，开发了面向汽车制造业的智能质量问题解决系统，以利用知识资源提高质量管理的智能化水平。本书对现有的质量管理理论和方法提供了新的有益补充，对推进制造业质量管理的数字化转型具有非常重要的价值和意义。

本书适合制造业管理人员、质量管理研究者和从业人员、生产管理研究者和从业人员、制造业企业数字化转型研究者和从业人员，以及对数据挖掘和知识管理感兴趣的读者阅读。

图书在版编目（CIP）数据

数智时代质量管理中的数据挖掘与知识管理 / 徐照光，党延忠著. —北京：科学出版社，2024.3

（大连理工大学管理论丛）

ISBN 978-7-03-073859-2

Ⅰ.①数… Ⅱ.①徐… ②党… Ⅲ.①制造工业-质量管理-数据采掘-研究 ②制造工业-质量管理-知识管理-研究 Ⅳ.①F407.4

中国版本图书馆 CIP 数据核字（2022）第 221299 号

责任编辑：王丹妮/ 责任校对：姜丽策
责任印制：赵 博 / 封面设计：无极书装

科 学 出 版 社 出版
北京东黄城根北街16号
邮政编码：100717
http://www.sciencep.com

北京科印技术咨询服务有限公司数码印刷分部印刷
科学出版社发行 各地新华书店经销

*

2024 年 3 月第 一 版 开本：720 × 1000 1/16
2025 年 9 月第二次印刷 印张：13 3/4
字数：280 000

定价：148.00 元
（如有印装质量问题，我社负责调换）

丛书编委会

编委会名誉主任　　王众托
编委会主任　　　　朱方伟
编委会副主任　　　叶　鑫　　孙玉涛
编委会委员

党延忠　　刘晓冰　　成力为　　王延章　　张米尔
叶　鑫　　曲　英　　朱方伟　　刘凤朝　　孙玉涛
孙晓华　　苏敬勤　　李文立　　李延喜　　杨光飞
宋金波　　迟国泰　　陈艳莹　　胡祥培　　秦学志
郭崇慧

总　序

编写一批能够反映大连理工大学经济管理学科科学研究成果的专著，是近些年一直在推动的事情。这是因为大连理工大学作为国内最早开展现代管理教育的高校，早在 1980 年就在国内率先开展了引进西方现代管理教育的工作，被学界誉为"中国现代管理教育的摇篮，中国 MBA 教育的发祥地，中国管理案例教学法的先锋"。

大连理工大学管理教育不仅在人才培养方面取得了丰硕的成果，在科学研究方面同样也取得了令同行瞩目的成绩。在教育部第二轮学科评估中，大连理工大学的管理科学与工程一级学科获得全国第三名的成绩；在教育部第三轮学科评估中，大连理工大学的工商管理一级学科获得全国第八名的成绩；在教育部第四轮学科评估中，大连理工大学工商管理学科和管理科学与工程学科分别获得 A-的成绩，是中国国内拥有两个 A 级管理学科的六所商学院之一。

2020 年经济管理学院获得的科研经费已达到 4345 万元，2015 年至 2020 年期间获得的国家级重点重大项目达到 27 项，同时发表在国家自然科学基金委员会管理科学部认定核心期刊的论文达到 1000 篇以上，国际 SCI、SSCI 论文发表超 800 篇。近年来，虽然学院的科研成果产出量在国内高校中处于领先地位，但是在学科领域内具有广泛性影响力的学术专著仍然不多。

在许多的管理学家看来，论文才是科学研究成果最直接、最有显示度的体现，而且论文时效性更强、含金量也更高，因此出现了不重视专著也不重视获奖的现象。无疑，论文是科学研究成果的重要载体，甚至是最主要的载体，但是，管理作为自然科学与社会科学的交叉成果，其成果载体存在的方式一定会呈现出多元化的特点，其自然科学部分更多地会以论文等成果形态出现，而社会科学部分则既可以以论文的形态呈现，也可以以专著、获奖、咨政建议等形态出现，并且同样会呈现出生机和活力。

2010 年，大连理工大学决定组建管理与经济学部，将原管理学院、经济系合并，重组后的管理与经济学部以学科群的方式组建下属单位，设立了管理科学与工程学院、工商管理学院、经济学院以及 MBA/EMBA 教育中心。2019 年，大连理工大学管理与经济学部更名为大连理工大学经济管理学院。目前,学院拥有 10 个研究所、5 个教育教学实验中心和 9 个行政办公室,建设有两个国家级工程研究中心和实验室,6 个省部级工程研究中心和实验室,以及国内最大的管理案例共享平台。

经济管理学院秉承"笃行厚学"的理念,以"扎根实践培养卓越管理人才、凝练商学新知、推动社会进步"为使命,努力建设成扎根中国的世界一流商学院,并为中国的经济管理教育做出新的、更大的贡献。因此,全面体现学院研究成果的重要载体形式——专著的出版就变得更加必要和紧迫。本套论丛就是在这个背景下产生的。

本套论丛的出版主要考虑了以下几个因素。第一是先进性。要将经济管理学院教师的最新科学研究成果反映在专著中,目的是更好地传播教师最新的科学研究成果,为推进经济管理学科的学术繁荣做贡献。第二是广泛性。经济管理学院下设的 10 个研究所分布在与国际主流接轨的各个领域,所以专著的选题具有广泛性。第三是选题的自由探索性。我们认为,经济管理学科在中国得到了迅速的发展,各种具有中国情境的理论与现实问题众多,可以研究和解决的现实问题也非常多,在这个方面,重要的是发扬科学家进行自由探索的精神,自己寻找选题,自己开展科学研究并进而形成科学研究的成果,这样一种机制会使得广大教师遵循科学探索精神,撰写出一批对于推动中国经济社会发展起到积极促进作用的专著。第四是将其纳入学术成果考评之中。我们认为,既然学术专著是科研成果的展示,本身就具有很强的学术性,属于科学研究成果,那么就有必要将其纳入科学研究成果的考评之中,而这本身也必然会调动广大教师的积极性。

本套论丛的出版得到了科学出版社的大力支持和帮助。马跃社长作为论丛的负责人,在选题的确定和出版发行等方面给予了极大的支持,帮助经济管理学院解决出版过程中遇到的困难和问题。同时特别感谢经济管理学院的同行在论丛出版过程中表现出的极大热情,没有大家的支持,这套论丛的出版不可能如此顺利。

大连理工大学经济管理学院

2021 年 12 月

序

随着工业 4.0 时代的到来，制造业企业在生产运营管理过程中产生了以视频、图片、文本等不同类型的呈几何级别增长的多模态工业大数据。同时，物联网（internet of things，IOT）、大数据、云计算与人工智能等新一代信息技术正不断发展，并在制造业等领域得到了广泛应用。工业大数据和信息技术的进步，共同推动了质量管理（quality management，QM）的思维变革和方法创新，质量管理在概念和运行机理上均发生了巨大的变化。这也使得质量管理历经百年发展后，从质量检验阶段、统计质量控制（statistical quality control，SQC）阶段和全面质量管理（total quality management，TQM）阶段发展到新的质量 4.0 时代。质量 4.0 建立在经验学习、经验知识发现以及实时数据生成、收集和分析以实现明智决策的新范式之上，其主要特征包括基于大数据的智能质量管理、过程智能控制与调整、全寿命周期产品管理与数据集成、虚拟现实的高度个性定制（顾客参与设计）等方面。

从学术研究角度，智能化背景下的质量管理已经成为热点，大数据下的质量控制问题、智能制造背景下的质量控制与质量管理、电子商务下的服务质量管理与创新等新的研究课题已受到广泛关注。从实践角度而言，智能化质量管理也已成为广大制造企业的需求。基于机器视觉的实时在线质量检测、基于大数据的产品质量预测、基于区块链技术的质量追溯等智能化质量管理手段也已在部分高端产品制造企业得到应用。此外，智能化质量管理是国家自然科学基金和国家重点研发计划资助的重点，也是国家部委布局的方向。近年来，科技部重点研发计划连续多年来发布了工业大数据驱动的产品质量智能管控理论和方法、全价值链产品质量精益管控智能分析软件等指南，引导学者对此进行深入研究。工业和信息化部于 2021 年 12 月 30 日印发了《制造业质量管理数字化实施指南（试行）》，要求制造业推动质量管理活动数字化、网络化、智能化升级，增强产品全生命周期、全价值链、全产业链质量管理能力，提高产品和服务质量，促进制造业高质量发展。

在数智化时代，工业大数据给制造业的质量管理（或智能制造质量管理、质量 4.0 时代）带来了许多新的机遇和挑战，包括产品全寿命周期质量数据和信息的集成、复杂多阶段过程关键质量特性识别、复杂生产过程质量诊断、基于工业大数据的过程质量优化、基于物联网大数据的服务创新，以及领域知识和工业大数据融合驱动的质量创新等方面。这些机遇和挑战，对于制造业提质增效、创新发展，具有重要的推动作用和影响。

在上述背景下，本书重点围绕数据挖掘和知识管理在制造业质量管理中的应用展开研究，针对汽车等复杂产品全生命周期质量问题解决过程中存在的研发与生产脱节、质量问题因果诊断准确性和效率不高、问题解决方案针对性不强等问题，对复杂产品质量改进中发现问题、分析原因和解决问题三大环节中的数据流和知识流进行了系统性的研究，提出了质量问题解决中的数据挖掘和知识管理方法体系，同时开发了面向汽车制造业的智能质量问题解决系统（intelligent quality problem-solving system，IQPSS）。

本书的价值主要体现在以下两个方面：①目前从智能制造的视角研究质量管理的专著还很少，本书可以在一定程度上弥补这一研究不足；②从知识管理的视角研究质量管理，虽然有一些文献，但是真正的理论体系尚未建立。总体而言，本书对现有的质量管理理论和方法提供了新的有益补充，对制造业质量管理的数字化转型具有非常重要的理论和应用价值。

鉴于此，希望广大研究者和企业人士对本书给予关注。

2022 年 8 月于天津

目　　录

第1章　绪论 ··· 1
1.1　智能制造质量管理现实背景 ··· 1
1.2　本书的研究问题与研究意义 ··· 3
1.3　本书的主要内容和逻辑关系 ··· 6
第2章　基本概念及国内外研究现状 ··································· 10
2.1　质量及质量管理 ··· 10
2.2　知识及知识管理 ··· 17
2.3　质量管理和知识管理相关研究 ······································ 20
2.4　智能质量管理 ··· 29
2.5　现有研究的评价与对本书的启示 ···································· 33
2.6　本章小结 ·· 34
第3章　知识驱动的质量问题解决基础理论与研究框架 ············· 35
3.1　问题解决基础理论 ··· 35
3.2　质量问题解决基础理论 ··· 37
3.3　质量问题解决关系分析 ··· 42
3.4　知识驱动的质量问题解决理论模型与研究框架 ···················· 47
3.5　知识驱动的质量问题解决支撑条件 ·································· 53
3.6　本章小结 ·· 55
第4章　产品组件–失效模式知识挖掘与分析 ························ 56
4.1　问题提出 ·· 56
4.2　组件–失效模式矩阵挖掘流程 ······································ 58
4.3　标准失效模式集构建 ··· 59
4.4　组件–失效模式矩阵挖掘算法 ······································ 61
4.5　实例分析 ·· 66
4.6　本章小结 ·· 77

第 5 章 基于二分图聚类的质量问题因果知识挖掘 ……………………… **79**

5.1 问题提出 …………………………………………………………… 79

5.2 因果知识研究 …………………………………………………… 83

5.3 问题–原因知识表示模型 ……………………………………… 86

5.4 质量问题因果知识挖掘流程 ………………………………… 89

5.5 质量问题因果知识挖掘方法 ………………………………… 92

5.6 问题原因推理流程 ……………………………………………… 96

5.7 实例分析 …………………………………………………………… 97

5.8 本章小结 …………………………………………………………… 104

第 6 章 基于知识图谱的质量问题因果知识挖掘 ………………… **106**

6.1 问题提出 …………………………………………………………… 106

6.2 质量问题因果关系模型 ……………………………………… 108

6.3 质量问题因果知识图谱构建 ………………………………… 110

6.4 实例分析 …………………………………………………………… 121

6.5 质量问题因果知识网络的潜在应用 ……………………… 128

6.6 本章小结 …………………………………………………………… 131

第 7 章 基于二分图聚类的质量问题解决方案知识挖掘与推荐 …… **133**

7.1 问题提出 …………………………………………………………… 133

7.2 质量问题解决方案知识挖掘与推荐流程 ………………… 135

7.3 "问题–方案"知识表示模型 ………………………………… 136

7.4 "问题–方案"知识挖掘方法 ………………………………… 144

7.5 实例分析 …………………………………………………………… 149

7.6 "问题类–方案工具箱"知识推理过程 …………………… 163

7.7 本章小结 …………………………………………………………… 166

第 8 章 面向汽车制造业的智能质量问题解决系统 ……………… **168**

8.1 应用背景 …………………………………………………………… 168

8.2 系统整体框架 …………………………………………………… 170

8.3 问题解决知识库设计 ………………………………………… 172

8.4 系统实施及应用 ………………………………………………… 174

8.5 本章小结 …………………………………………………………… 180

第 9 章 结论与展望 ………………………………………………………… **181**

9.1 结论 ………………………………………………………………… 181

9.2 创新点 ……………………………………………………………… 183

9.3 展望 ………………………………………………………………… 184

参考文献 …………………………………………………………………………… **186**

第1章 绪　　论

1.1　智能制造质量管理现实背景

制造业是国民经济的基础产业。根据国家统计局公布的 2022 年全年国内生产总值（gross domestic product，GDP）报告，我国制造业增加值达到了 335 215 亿元[①]，约占总 GDP 的 27.7%。显然，制造业是国民经济的重要支柱，是供给侧结构性改革的主战场。

加快推动制造业高质量发展，是实现我国从制造大国向制造强国转变的重要任务。党的十九大报告[②]指出，"我国经济已由高速增长阶段转向高质量发展阶段""必须坚持质量第一、效益优先""推动经济发展质量变革"。《中华人民共和国国民经济和社会发展第十四个五年规划和 2035 年远景目标纲要》[③]提出，"推动制造业优化升级""推动制造业高端化智能化绿色化""深入实施质量提升行动，推动制造业产品'增品种、提品质、创品牌'"。《中共中央 国务院关于开展质量提升行动的指导意见》[④]明确提出，"提高供给质量是供给侧结构性改革的主攻方向，全面提高产品和服务质量是提升供给体系的中心任务"，供给侧必须"坚持以质量第一为价值导向"。不仅如此，《中国制造 2025》[⑤]明确提出，制造业要坚持"质量为先"的基本方针，要"加强质量品牌建设"，包括"推广先进质量管理技术和

---

① 《2022 年四季度和全年国内生产总值初步核算结果》，http://www.stats.gov.cn/sj/zxfb/202302/t20230203_1901718.html，2023 年 7 月 17 日。

② 《习近平：决胜全面建成小康社会 夺取新时代中国特色社会主义伟大胜利——在中国共产党第十九次全国代表大会上的报告》，http://www.gov.cn/zhuanti/2017-10/27/content_5234876.htm，2023 年 7 月 17 日。

③ 《中华人民共和国国民经济和社会发展第十四个五年规划和 2035 年远景目标纲要》，http://www.gov.cn/xinwen/2021-03/13/content_5592681.htm，2023 年 7 月 17 日。

④ 《中共中央 国务院关于开展质量提升行动的指导意见》，http://www.gov.cn/zhengce/2017-09/12/content_5224580.htm，2023 年 7 月 17 日。

⑤ 《国务院关于印发〈中国制造 2025〉的通知》，http://www.gov.cn/zhengce/content/2015-05/19/content_9784.htm，2023 年 7 月 17 日。

方法""加快提升产品质量""完善质量监管体系""夯实质量发展基础"并"推进制造业品牌建设"。显而易见，提升质量已上升到国家战略层面。

对于制造业而言，质量管理是提升产品质量和企业核心竞争力的重要保障。制造业亟须不断地提升企业管理尤其是质量管理水平，来提升产品和服务的质量，以满足市场的需求。如今，在工业制造领域，以工业互联网、5G、云计算等为代表的新型技术，正推动制造业的数字化、网络化和智能化的发展。工业大数据在两化融合过程中起着至关重要的作用[1]。工业大数据分析为改进生产工艺、提高生产效率、降低生产成本、提高产品质量，实现智能制造奠定基础[2]。然而，在我国制造业中，传统质量管理技术与信息技术的融合还不够深入，质量管理知识化和智能化水平仍然较低，大数据等技术在质量管理领域的研究和应用任重道远。《中国制造业企业质量管理蓝皮书（2021）》指出，我国制造业企业质量管理水平仍然是差强人意，智能化质量管控水平仍然较低。具体表现为，质量数据自动化采集程度低、质量管理信息系统普及度低和质量数据挖掘分析手段较少。为进一步引导制造业企业深化新一代信息技术与质量管理融合，以数字化赋能企业全员全过程全方位质量管理，提升产业链供应链质量协同水平，工业和信息化部于 2021 年 12 月 30 日印发的《制造业质量管理数字化实施指南（试行）》（简称《指南》）指出，"制造业质量管理数字化是通过新一代信息技术与全面质量管理融合应用，推动质量管理活动数字化、网络化、智能化升级，增强产品全生命周期、全价值链、全产业链质量管理能力，提高产品和服务质量，促进制造业高质量发展的过程"。《指南》强调，制造业需加强质量数据开发利用，重点深化质量数据建模分析，开展基于大数据的全过程、全生命周期、全价值链质量分析、控制与改进，推进数据模型驱动的产业链供应链质量协同；开发部署基于数据的质量控制和质量决策模型。

现代质量管理经历了质量检验、统计质量控制到全面质量管理三个阶段。在数智时代，随着智能制造技术的不断发展，传统的制造业质量管理面临着许多问题和挑战。数据、信息、知识和智慧将在未来的质量管理发展中发挥关键性作用[3, 4]。各种质量管理体系也在顺应时代的潮流，积极在质量管理中引入知识的要求。在国际质量管理体系层面，国际标准化组织发布的 ISO 9001：2015[5]、国际汽车工作组发布的汽车行业质量管理体系（IATF 16949：2016[6]）和欧洲质量管理基金会（European Foundation for Quality Management，EFQM）建立的 EFQM 业务卓越模型[7]等都强调了质量管理中知识的重要性，并对组织应使用相关知识来提高产品和服务的符合性提出了要求。在接下来的三年，超过 110 万个寻求重新认证的组织需要考虑这一点[8]。然而，关于如何满足质量管理体系认证中的知识要求，企业很少有明确的指导方针。虽然目前企业在实际质量管理过程中或多或少应用了一些知识管理的方法，但和标准的要求还存在一定差距[9]。

利用数据挖掘技术来从产品质量管理（product quality management，PQM）

数据中挖掘有用的知识将解决这一难题。一方面，随着计算机硬件和软件的飞速发展，尤其是数据库技术与应用的日益普及，人们面临着快速扩张的数据海洋[10]。在制造业 PQM 中，各种传感器技术的使用以及质量管理信息系统的推广，使得质量大数据也在呈几何级数增长。另一方面，机器学习、人工智能、数据挖掘等技术日趋成熟[11]，给质量管理中的知识管理带来了机会。数据挖掘主要是从大量的结构化的数据中发现可能的和潜在的内在联系、数据模式、规律以及发展趋势等[11]。因此，越来越多的学者研究了如何在质量管理中应用知识管理尤其是数据挖掘技术，来解决质量管理中的实际问题。

从学术研究的角度来看，目前质量管理中的数据挖掘和知识管理的研究主要从以下几个方面展开：①从宏观的角度分析质量管理和知识管理的相互关系；②从宏观层面研究在质量管理体系中引入知识管理；③从微观层面研究各种知识管理尤其是数据挖掘技术在质量管理实践中的应用。然而，宏观层面质量管理和知识管理的研究涵盖的质量管理范围太大，界定不清。大部分微观层面的研究聚焦于数据挖掘和智能系统工具在质量管理中的质量检查、质量预测、质量控制等环节的应用，以及控制图、实验设计（design of experiments，DOE）等质量工具的智能化。目前，很少有学者系统性地研究质量问题解决活动中数据挖掘和知识管理的理论和应用。从智能制造或知识管理的视角研究质量管理的专著很少，这方面的理论和应用体系尚未建立。

为此，本书聚焦智能制造中的质量管理，着重关注了其中的质量问题解决，针对汽车等复杂产品全生命周期质量问题解决过程中存在的研发与生产脱节、质量问题因果诊断准确性和效率不高、问题解决方案针对性不强等问题，对复杂产品质量改进中发现问题、分析原因和解决问题三大环节中的数据流和知识流进行了系统性的研究，提出了质量问题解决中的数据挖掘和知识管理方法体系，开发了面向汽车制造业的智能质量问题解决系统。本书对现有的质量管理理论和方法提供了新的有益补充，对制造业质量管理的数字化转型具有非常重要的理论和应用价值。

1.2　本书的研究问题与研究意义

1.2.1　研究问题

质量问题解决是质量管理中非常重要的一个环节，它旨在通过相关的质量工具、方法等将现有的质量状态提升到预期的质量状态。从实践的角度而言，常规的质量问题解决是一种非常依赖个人经验的活动，尤其是问题解决中原因分析和方案制订，很大程度上是基于人的经验。组织中人员的流动和更新意味着知识和经验的流失。幸运的是，大部分企业拥有自己的质量管理信息系统，质量问题解决数据往往能被记录在系统中，这使得一些质量问题解决的经验知识被保存下来；不幸的是，企业采集的大量质量问题解决数据往往只是存储在各种系统中，并没有被质量管理人员充分利用。同时，虽然少数企业的质量问题解决信息系统具有搜索功能，问题解决团队通过系统能获得相关的信息，但搜索的结果一方面只是原始的未被处理的数据的呈现，另一方面人们很难在大量的搜索结果中快速准确地获得与问题相关的知识。因此，由于缺乏知识的属性，不管是质量问题解决数据还是质量问题解决信息系统，都没有被问题解决团队充分利用，未能充分发挥其价值。

为此，本书以 PQM 中的问题解决为研究对象，一方面从宏观层面研究知识如何来驱动质量问题解决，另一方面从微观层面来研究如何利用数据挖掘技术从质量问题解决各个环节的数据中挖掘有用的知识，以便为新的质量问题解决提供决策支持。本书主要研究以下几个问题。

（1）产品质量问题解决活动由哪些部分组成？质量问题解决中都包含哪些知识？

作为一种知识密集型的活动，质量问题解决对于组织的经验和知识有着很高的要求。学者提出了不尽相同的质量问题解决过程，然而并未研究质量问题解决中的知识。因此，有必要从知识管理的角度来研究质量问题解决。从这个角度出发，本书首先研究了质量问题解决的过程，并从系统的视角来分析质量问题解决中的要素和关系，同时从知识管理的角度分析问题解决中包含的知识。结合质量问题解决的特点以及经济合作与发展组织（Organization for Economic Co-operation and Development，OECD）对知识的定义，本书深入地研究了质量问题解决中的事实知识（know-what）、原理知识（know-why）和技能知识（know-how）。

（2）常规的质量问题解决是一种非常依赖个人经验的活动，然而在质量 4.0 时代，数据和知识越来越成为质量管理中的重要资源。那么，知识如何补充人的经验来促进和提高质量问题解决的效率和效用？

本书深入研究了将常规的质量问题解决模式转变为知识驱动的质量问题解决模式的过程。

（3）如何从质量问题解决数据中挖掘质量问题解决知识，这些知识又该如何表示？

在深入研究质量问题解决中包含的知识的基础上，需要继续思考这些质量问题解决知识从何而来。在质量问题解决的过程中，大量的问题解决数据被记录下来。而这些质量问题数据是质量问题解决知识的重要来源。那么如何从质量问题解决数据中挖掘相关的知识？因此需要深入研究利用数据挖掘技术从质量问题解决数据中挖掘知识的方法。同时，还需要考虑挖掘出的知识该如何表示。针对这两个问题，本书分别研究了质量问题解决中 know-what、know-why 和 know-how 知识挖掘方法以及知识表示方法。

（4）质量问题解决知识挖掘的方法和结果如何应用到实践中，以支持生产实践中的质量问题解决？

基于上述的理论研究，本书需要继续深入研究如何将挖掘的知识反馈到新的质量问题解决环节。因此本书研究了知识驱动的质量问题解决方法在实践中的应用，并构建了汽车制造业的智能质量问题解决系统来支持新的质量问题解决过程。

1.2.2　研究意义

1. 理论意义

本书提出知识驱动的质量问题解决框架，补充和深化了智能质量管理研究。现有的质量问题解决的过程往往基于个人的经验，缺乏对质量数据的利用。本书提供的知识驱动的质量问题解决框架，为管理者充分利用质量数据来生成质量问题解决知识，进而提高问题解决效率提供了一般性的思路和方法。本书提出了一种从短文本中挖掘质量问题和问题载体关系知识的方法，拓展了从短文本中提取关系的文本挖掘方法。本书提出了一种利用数据挖掘中聚类和分类的方法来挖掘因果关系，并据此自动创建因果图的框架和方法，改进了传统的基于个人经验的原因分析方法，并使得传统因果图的创建过程变为自动生成的过程。本书提出了从质量文本中挖掘问题与解的关系并向典型问题推荐合适的解知识的方法，可以为问题解决团队寻找解决问题的方案提供依据。

总而言之，本书以知识管理的视角、数据挖掘的技术来研究如何利用知识来提高质量问题解决水平和效率的问题，进一步完善和深化了微观层面智能质量管理理论，为知识驱动的质量问题解决提供框架、思路和工具方法。

2. 现实意义

本书的方法正是先进质量管理技术和方法的重要体现。从宏观的角度而言，本书的研究对智能制造中的质量管理数字化转型具有非常重要的应用价值。从微观层面而言，本书的研究能提高质量管理中问题解决的效率和效用、减少质量问题解决的时间和成本。同时，本书提取和挖掘的质量问题解决知识能为新问题提供经验学习知识库。本书的研究，可以为产品全生命周期的质量问题解决全过程提供知识和智慧的支持。其中，为明确问题提供 know-what，为原因分析提供 know-why，为解决方法提供 know-how，为问题解决过程的各个节点都提供 know-who（主体知识）及相关领域专家的智慧。

1.3　本书的主要内容和逻辑关系

本节将介绍关于知识驱动的质量问题解决具体研究内容，以及各章节的内容概要。然后，以技术路线图的形式展示全文内容和各部分内容之间的联系。

1.3.1　研究内容

针对上述问题，本书将从以下五个方面展开研究。

（1）知识驱动的质量问题解决研究框架。本书首先分析和探讨质量问题解决相关概念及质量问题解决流程，其次深入研究质量问题解决中的关系，结合 OECD 的知识分类，研究了质量问题解决中的 know-what、know-why 和 know-how 知识，在此基础上，提出了知识驱动的质量问题解决模型（knowledge-driven quality problem-solving model，KQPSM）和研究框架，并研究该方法实施的保障条件。

（2）质量问题解决的 know-what 知识挖掘。基于研究框架，本书分析了问题载体和质量问题依附性关系，即质量问题解决中的 know-what 知识获取方法。根据产品质量问题解决的特点，本书提出以组件–失效模式矩阵来表示 know-what 知识。由于组件和失效模式之间的关系隐含在质量问题文本中，且失效模式的描述不一，进而研究了基于 Apriori（先验）算法和 WordNet（词网）的标准失效模式集构建方法，并设计了组件–失效模式矩阵挖掘（component-failure mode matrix mining，CFMM）算法。

（3）质量问题解决的 know-why 知识挖掘。基于研究框架，本书分析了质量问题解决中原因分析环节需要的 know-why 知识，研究了利用数据挖掘中聚类和分类技术，来从问题和原因数据中挖掘因果关系，即 know-why 知识，并自动构建数字化因果图来表示该因果关系的方法。首先，将原始的问题和原因分别进行聚类，并将原因数据分类到因果图的"大要因"，如人机料法环。基于聚类结果和分类结果，获得类问题的抽象数字化因果图和具体数字化因果图。通过在真实数据集上的计算实验验证了该方法的有效性。其次，将质量问题-原因二分图模型拓展为质量问题因果知识图谱（causal knowledge graph for quality problems）模型。本书深入研究了利用数据挖掘方法从质量问题解决数据中获得问题和原因之间的复杂网络关系，并构建质量问题因果知识图谱。同时，本书提出了基于质量问题因果知识图谱的三种质量问题诊断和预测的方法，来为质量管理提供智能化决策支持。

（4）质量问题解决的 know-how 知识挖掘。基于研究框架，本书深入研究了从质量问题解决文本中挖掘问题与解之间的关系，即 know-how 知识的问题，并提出典型方案的发现与推荐方法。以问题和方案的 know-how 知识挖掘为例，首先提出了问题-方案二分图模型、问题类-方案工具箱模型、问题包-方案类模型以及问题类-方案类模型；其次提出了基于缺陷位置和缺陷类型的两阶段问题聚类方法，以及基于动词聚类和名词聚类的典型方案知识提取方法来构建这些知识模型；最后进行案例研究，分析了该方法的可靠性和有效性，并展示了典型方案知识推荐的过程。

（5）汽车行业智能质量问题解决系统应用。在上述研究的基础上，本书研究了知识驱动的质量问题解决方法以及 know-what、know-why 和 know-how 知识挖掘方法在汽车制造业的实际应用，构建了汽车质量管理中的决策支持系统，本书称之为智能质量问题解决系统。然后，从模型系统的设计和实现，到应用及评价，来验证上述方法的科学性和有效性。

1.3.2 本书结构

本书各章的详细内容如下。

第 1 章，绪论。本章介绍了全书的写作背景与意义，并对现有质量问题解决研究进行了概略性的介绍，且说明了现有研究及应用中存在的不足，提出了全书的理论方法、写作思路、研究内容及本书的各章节安排等。

第 2 章，基本概念及国内外研究现状。本章从质量及质量管理、知识及知识管理、质量管理和知识管理相关研究、智能质量管理这四个方面对国内外相关研究工作进行了综述。

第 3 章，知识驱动的质量问题解决基础理论与研究框架。本章首先分析了问题解决中问题的概念及问题与质量的关系。其次提出了质量问题解决的六阶段模型，在此基础上，分析了质量问题解决中的三种关系，即问题载体与质量问题的关系、因果关系和问题与解的关系。结合 OECD 的知识分类，将上述三种关系视为 know-what、know-why 和 know-how 知识。再次提出了知识驱动的质量问题解决的框架，该框架以质量问题解决数据为基础，以数据挖掘技术为手段，以问题解决知识为中心，以问题解决决策支持系统为平台，为质量问题解决提供知识支持。最后，研究了该框架的五个方面的支撑条件，包括技术环境建设、人员素质环境建设、组织环境建设、制度环境建设和文化环境建设。

第 4 章，产品组件–失效模式知识挖掘与分析。本章以第 3 章的知识驱动的质量问题解决理论框架为基础，研究从大量的质量问题文本中挖掘 know-what 知识，即问题载体和质量问题之间的关系。根据产品质量问题解决的特点，本章以组件和失效模式之间的关系来表示问题载体和质量问题之间的关系，并以组件–失效模式矩阵来表示 know-what 知识，同时，提出以组件–失效模式矩阵来支持设计失效模式与影响分析（design failure mode and effect analysis，DFMEA）的构建过程。在本章研究过程中，首先利用频繁项集挖掘的方法以及 WordNet 的工具构建标准失效模式集，其次设计了 CFMM，最后进行了案例研究以验证方法的可靠性和有效性。

第 5 章，基于二分图聚类的质量问题因果知识挖掘。本章深入研究质量问题解决中 know-why 知识挖掘方法，以获取质量问题和原因之间的概括性和抽象性因果关系，为质量问题解决中的原因分析环节提供知识资源支持。本章首次提出利用数据挖掘的方法获取因果关系，即 know-why 知识，并据此创建数字化因果图来支持问题解决中的原因分析环节的方法。在该方法中，问题和原因首先被聚类，其次获得类问题和类原因之间的复杂关系，最后原因被分类成因果图中的"大要因"，如人机料法环。在此基础上，构建具体和抽象的数字化因果图知识库，为原因分析环节提供 know-why 知识。

第 6 章，基于知识图谱的质量问题因果知识挖掘。本章在第 5 章的基础上，将质量问题–原因二分图模型拓展为质量问题因果知识图谱模型，深入研究了基于质量问题解决数据，利用数据挖掘方法来获得问题和原因之间的复杂网络关系，并构建质量问题因果知识图谱。同时，本章提出了基于质量问题因果知识图谱的三种质量问题诊断和预测的方法，来为质量管理提供智能化决策支持。

第 7 章，基于二分图聚类的质量问题解决方案知识挖掘与推荐。本章深入研究了问题解决中问题与解的知识，即 know-how 知识的挖掘方法，并提出了问题解决方案知识的发现与推荐方法。

第 8 章，面向汽车制造业的智能质量问题解决系统。在上述章节研究的基础之上，本章以实例企业的质量问题解决为背景，针对质量问题解决过程中的知识需求，设计并开发了智能质量问题解决系统，将知识驱动的质量问题解决框架及框架中的 know-what、know-why 和 know-how 知识挖掘具体方法应用于实践中，并对系统的应用效果进行了分析与评价。

第 9 章，结论与展望。本章对本书进行了总结，提炼了创新点，指出本书中存在的不足，并对未来的研究工作进行了展望。

本书研究内容与各章节之间的关系结构如图 1.1 所示。其中，第 3 章重点研究本书的基础理论和研究框架。第 4 章产品组件–失效模式挖掘与分析聚焦产品质量问题的识别及定义问题环节，尤其是产品潜在失效模式的识别，是第 3 章知识驱动的质量问题解决基础理论与研究框架中问题载体和质量问题之间的关系，即 know-what 知识挖掘的展开研究。第 5 章基于二分图聚类的质量问题因果知识挖掘主要聚焦质量问题解决的原因分析环节，是第 3 章中因果关系即 know-why 知识挖掘的展开研究，主要目的是通过数据挖掘的方法，获得因果分析所需要的知识。第 6 章基于知识图谱的质量问题因果知识挖掘将第 5 章中的因果知识二分图模型拓展为因果知识图谱模型。第 7 章基于二分图聚类的质量问题解决方案知识挖掘与推荐聚焦质量问题解决的方案制订环节，是第 3 章中问题与解的关系，即 know-how 知识挖掘的展开研究，主要目的在于通过数据挖掘的方法，获得解决问题的方案知识。第 8 章面向汽车制造业的智能质量问题解决系统是本书理论研究在汽车行业的应用研究。同时第 8 章中的知识挖掘模块以第 4 章、第 5 章、第 6 章和第 7 章的内容为基础。

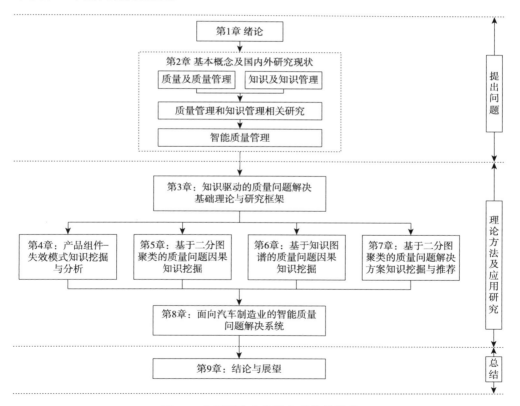

图 1.1　主要研究内容及各章节的关系

第 2 章　基本概念及国内外研究现状

2.1　质量及质量管理

2.1.1　质量的基本概念

质量的内容十分丰富，随着社会经济和科学技术的发展，也在不断充实、完善和深化，同样，人们对质量概念的认识也经历了一个不断发展和深化的历史过程。质量的主要代表性概念有以下几个。

1. 朱兰的定义

美国著名的质量管理专家约瑟夫·朱兰（Joseph Juran）博士从顾客的角度出发，提出了产品质量就是产品的适用性，即产品在使用时能成功地满足用户需要的程度。用户对产品的基本要求就是适用，适用性恰如其分地表达了质量的内涵。

这一定义有两个方面的含义，即使用要求和满足程度。人们使用产品，会对产品质量提出一定的要求，而这些要求往往受到使用时间、使用地点、使用对象、社会环境和市场竞争等因素的影响，这些因素变化会使人们对同一产品提出不同的质量要求。因此，质量不是一个固定不变的概念，它是动态的、变化的、发展的；它随着时间、地点、使用对象的不同而不同，随着社会的发展、技术的进步而不断更新和丰富。

用户对产品的使用要求的满足程度，反映在产品的性能、经济特性、服务特性、环境特性和心理特性等方面。因此，质量是一个综合的概念，它并不要求技术特性越高越好，而是追求诸如性能、成本、数量、交货期、服务等因素的最佳组合，即最适当。

2. ISO8402：1994①《质量管理和质量保证——术语》中的定义

《质量管理和质量保证——术语》标准是一个质量术语国际标准，是 ISO 9000 家族中一个基础标准。该标准共定义了 67 条质量管理和质量保证的术语。

该标准将质量定义为：反映实体满足明确或隐含需要能力的特性总和。其中，特别指出：①在合同环境中，需要是规定的，而在其他环境中，隐含需要则应加以识别和确定；②在许多情况下，需要会随时间而改变，这就要求定期修改规范；③一般根据特定的准则，将需要转化为特性，需要可包括性能、合用性、可信性、安全性、环境、经济性和美学等；④术语"质量"不应作为一个单一的术语来表示在比较意义上的优良程度，也不应用于定量意义上的技术评价，可以使用"相对质量""质量水平""质量度量"等词来阐述；⑤取得满意的质量涉及质量环中的所有阶段。

从定义可以看出，质量就其本质来说是一种客观事物具有某种能力的属性，客观事物由于具备了某种能力，才可能满足人们的需要，需要由两个层次构成。第一层次是产品或服务必须满足规定或潜在的需要。这种需要可以是技术规范中规定的要求，也可能是在技术规范中未注明，但用户在使用过程中实际存在的需要，它是动态的、变化的、发展的和相对的，需要随时间、地点、使用对象和社会环境的变化而变化。因此，这里的需要实质上就是产品或服务的适用性。第二层次是指在第一层次的前提下，质量可以被理解为产品特征和特性的总和。因为，产品质量如需加以表征，必须转化成有指标的特征和特性，这些特征和特性通常是可以衡量的，全部符合特征和特性要求的产品，就是满足用户需要的产品。因此，质量定义的第二个层次实质上就是产品的符合性。另外质量的定义中所说实体是指可单独描述和研究的事物，它可以是活动、过程、产品、组织、体系、人以及它们的组合。

3. ISO 9000：2000②《质量管理体系 基础和术语》中的定义

ISO 9000：2000 标准表述了 GB/T 19000 族标准中质量管理体系的基础，并确定了相关的术语。其中，此标准将质量定义为一组固有特性满足要求的程度。

上述定义可以从以下几个方面来理解。

（1）质量是相对于 ISO8402 的术语，更能直接地表述质量的属性，它对质量的载体不做界定，说明质量可以存在于不同领域或任何事物中。对质量管理体

---

① 于 2000 年被 ISO 9000：2000 取代。

② 于 2005 年被 ISO 9000：2005 取代。

系来说，质量的载体不仅针对产品，即过程的结果（如硬件、流程性材料、软件和服务），也针对过程和体系或者它们的组合。也就是说，质量既可以是零部件、计算机软件或服务等产品的质量，也可以是某项活动的工作质量或某个过程的工作质量，还可以指企业的信誉、体系的有效性。

（2）定义中特性是指事物所特有的性质，固有特性是事物本来就有的，它是通过产品、过程或体系设计和开发及其之后的实现过程形成的属性。例如，物质特性（如机械、电气、化学或生物特性）、感官特性（如用嗅觉、触觉、味觉、视觉等感觉控测的特性）、行为特性（如礼貌、诚实、正直）、时间特性（如准时性、可靠性、可用性）、人体工效特性（如语言或生理特性、人身安全特性）、功能特性（如飞机最高速度）等。这些固有特性的要求大多是可测量的。赋予的特性（如某一产品的价格），并非是产品、体系或过程的固有特性。

（3）满足要求就是应满足明示的（如明确规定的）、通常隐含的（如组织的惯例、一般习惯）或必须履行的（如法律法规、行业规则）的需要和期望。只有全面满足这些要求的质量，才能被评定为好的质量或优秀的质量。

（4）顾客和其他相关方对产品、体系或过程的质量要求是动态的、发展的和相对的，它将随着时间、地点、环境的变化而变化。所以，应定期对质量进行评审，按照变化的需要和期望，相应地改进产品、体系或过程的质量，确保持续地满足顾客和其他相关方的要求。

（5）质量一词可用形容词如差、好或优秀等来修饰。

4. ISO 9000：2005[①]《质量管理体系　基础和术语》中的定义

ISO 9000：2005 将质量定义为一组固有特性满足要求的程度。

注释 1：术语"质量"可使用形容词，如差、好或优秀来修饰。

注释 2："固有的"（其反义是"赋予的"）是指本来就有的，尤其是那种永久的特性。

5. ISO 9000：2015《质量管理体系　基础和术语》中的定义

ISO 9000：2015 将质量定义为客体的一组固有特性满足要求的程度。

注释 1：术语"质量"可使用形容词，如差、好或优秀来修饰。

注释 2："固有的"（其反义是"赋予的"）意味着存在于客体内。

6. 美国质量协会的定义

在技术应用中，质量可以有两个含义：①产品或服务的特性，影响其满足

---

① 于 2015 年被 ISO 9000：2015 取代。

明确或隐含需求的能力；②没有缺陷的产品或服务。根据朱兰的说法，质量意味着适合使用；根据菲利普·克罗斯比（Philip Crosby）的说法，它的意思是符合要求。

在质量管理过程中，质量的含义是广义的，除了产品质量之外，还包含产品过程质量，以及与产品质量直接有关的工作质量和服务质量。本书涉及的质量为产品质量。

2.1.2　质量管理的基本概念

关于质量管理这一术语的含义有着不尽一致的表述。著名的质量管理专家戴明（Deming）博士是早期给质量管理下定义的人物。他认为质量管理是为了最经济地生产十分有价值、在市场上畅销的产品，要在生产的所有阶段使用统计方法。另外，全面质量管理之父费根堡姆将质量管理定义为为了能够在最经济的水平上，并在考虑到充分满足顾客要求的条件下进行市场研究、设计、制造和售后服务，把企业内各部门的研制质量、维持质量和提高质量的活动构成为一体的一种有效的体系。ISO8402：1994《质量管理和质量保证——术语》标准将质量管理定义为"质量管理是指确定质量方针、目标和职责，并通过质量体系中的质量策划、质量控制、质量保证和质量改进来使其实现所有管理职能的全部活动"。并说明质量管理是各级管理者的职责，但必须由最高领导者来推动，实施中涉及单位的全体成员。在质量管理活动中，必须考虑经济因素。ISO 9000：2005 将质量管理定义为在质量方面指挥和控制组织的协调活动，一般包括制定质量方针和质量目标，以及质量策划、质量控制、质量保证和质量改进[12]。ISO 9000：2015 将质量管理定义为关于质量的管理，包括制定质量方针和质量目标，以及通过质量策划、质量保证、质量控制和质量改进实现这些质量目标的过程。

从上述的定义可以看出，戴明在质量管理定义中强调了统计方法的使用，而费根堡姆和国际标准化组织更关注的是企业内部的组织与协调活动。

2.1.3　质量管理的发展路线

1. 工业时代以前的质量管理

虽然在人类历史的长河中，最原始的质量管理方式已很难寻觅，但我们可以确信人类自古以来一直就面临着各种质量问题。古代的食物采集者必须了解哪些果类是可以食用的，而哪些是有毒的；古代的猎人必须了解哪些树是制造弓箭最好的木材。这样，人们在实践中获得的质量知识一代一代地流传下去。

人类社会的核心从家庭发展为村庄、部落，产生了分工，出现了集市。在集市上，人们相互交换产品（主要是天然产品或天然材料的制成品），产品制造者直接面对顾客，产品的质量由人的感官来确定。

随着社会的发展，村庄逐渐扩展。为了更好地进行商品交换，新的行业——商业出现了。买卖双方不直接接触了，而是通过商人来进行交换和交易。在村庄集市上通行的确认质量的方法便行不通了，于是就产生了质量担保，从口头形式的质量担保逐渐演变为质量担保书。商业的发展，要使彼此相隔遥远的连锁性厂商和经销商之间能够有效地沟通，新的发明又产生了，这就是质量规范即产品规格。这样，有关质量的信息能够在买卖双方之间直接沟通，无论距离多么遥远，产品结构多么复杂。紧接着，简易的质量检验方法和测量手段也相继产生，这就是在手工业时期的原始质量管理。

这时期的质量主要靠手工操作者本人依据自己的手艺和经验来把关，因而又被称为"操作者的质量管理"。18 世纪中叶，欧洲爆发了工业革命，其产物就是工厂。工厂具有手工业者和小作坊无可比拟的优势，导致手工作坊的解体和工厂体制的形成。在工厂进行的大批量生产，带来了许多新的技术问题，如部件的互换性、标准化，工装和测量的精度等，这些问题的提出和解决，催促着质量管理科学的诞生。

2. 工业化时代的质量管理

通常认为，现代质量管理从 19 世纪 70 年代以来，经历了质量检验阶段、统计质量控制阶段和全面质量管理阶段这三个发展阶段。然而，随着工业 4.0 的发展，产业界和学术界也相应地提出了质量 4.0 的概念，并将其视为质量管理的第四个阶段。

第一阶段是从 19 世纪 70 年代到 20 世纪初，这个阶段被称作质量检验阶段。该阶段为质量管理的初级阶段，其特点主要体现为使用各种检测设备和仪表，严格把关，进行百分之百的检验。这是一种事后检验。其倡导者是美国的泰勒（Taylor），他也是科学管理的奠基人，提出了科学管理理论，并首次将质量检验作为一种管理职能从生产过程中分离出来，建立了专职检查部门和检验制度。质量检验活动仅侧重于制成品的交付没有已知缺陷，其核心目标是确保交付产品的质量，并避免客户的投诉。

然而，大量质量检验会导致高成本。此外，在大量生产的情况下，即使检查时发现了残次品，但事后检验信息不能及时反馈，这对生产者来说已经造成了很大的损失，并且全数检验增加了质量成本，这也会导致生产时间和资源的浪费。

为了降低由此产生的成本，尝试最大化大规模生产是其中的一种解决办法，但这意味着产品种类减少和一类产品数量的增加。因此如果能在质量问题发生之前预防质量问题的发生，将会减少这种成本增加和资源浪费。

第二阶段是 20 世纪 20 年代到 50 年代，该阶段被称作统计质量控制阶段，这一阶段的特征是数理统计方法与质量管理的结合，强调质量成本和标准化。有别于质量检验阶段，该阶段的特点是从单纯依靠事后把关的质量检验，发展到过程控制，突出了质量的预防性控制的管理方式，将质量检验发展到由事后把关变成事前控制。质量控制正是基于寻找错误及其后续纠正的效率远远低于找到错误来源并将其删除的思想。

20 世纪 20 年代，在生产的推动下，统计科学得到发展。英国数学家费希尔结合农业试验提出方差分析与实验设计等理论，奠定了近代数理统计学基础，美国贝尔电话实验室成立沃特·休哈特负责的过程控制组和道奇（Dodge）负责的产品控制组。休哈特提出统计过程控制理论并首创监控过程工具——控制图，奠定了质量控制理论基础，并因此被尊称为"统计质量控制之父"。休哈特认为质量管理不仅要搞事后检验，而且要在发现有废品生产的先兆时就进行分析改进，从而预防废品的产生。控制图就是运用数理统计原理进行这种预防的工具。因此，控制图的出现，是质量管理从单纯事后检验转入检验加预防的标志，也是形成一门独立学科的开始。在休哈特创造控制图以后，他的同事道奇与罗米格在 1929 年发表了"A method of sampling inspection"（《抽样检查方法》）。他们是最早将数理统计方法引入质量管理的，为质量管理科学做出了贡献。然而，休哈特等的创见，除了他们所在的贝尔系统以外，只有少数美国企业开始采用。特别是由于资本主义的工业生产受到了 20 世纪 20 年代开始的经济危机的严重影响，先进的质量管理思想和方法没有能够得到广泛推广。第二次世界大战开始以后，统计质量管理才得到了广泛应用。直至 1950 年，美国专家戴明到日本推广品质管理，才使统计质量控制趋于完善。

应用统计方法能够减少不合格品并且降低生产费用。然而，统计质量管理也存在着缺陷，它过分强调质量控制的统计方法，使人们误认为"质量管理就是统计方法""质量管理是统计专家的事"，使多数人感到高不可攀、望而生畏。同时，它对质量的控制和管理只局限于制造和检验部门，忽视了其他部门的工作对质量的影响。这样，就不能充分发挥各个部门和广大员工的积极性，制约了它的推广和运用。这些问题的解决，又把质量管理推进到一个新的阶段。

第三阶段是 20 世纪 60 年代至今的全面质量管理阶段。随着自动化生产和企业信息化的普及，这一阶段衍生出了全面质量管理、顾客满意与持续改进（精益六西格玛）、质量信息系统等质量管理理论和方法。20 世纪 50 年代末，美国通用电气公司的费根堡姆和质量管理专家朱兰提出了全面质量管理的概念，认为全面质量管理是为了能够在最经济的水平上，并在考虑到充分满足客户要求的条件下进行生产和提供服务，把企业各部门在研制质量、维持质量和提高质量的活动构成为一体的一种有效体系。20 世纪 60 年代初期，美国的一些企业以行为管理科学为理论基础，在企业的质量管理中开展了零缺陷运动（zero defect program）。与此同时，日本的工业企业展开了各种质量管理小组（quality control circle）的活动，使全面质量管理迅速发展起来。全面质量管理指的是一个组织以全员参与为基础，以质量为中心，且通过让顾客满意和本组织所有成员及社会受益而实现长期成功的管理途径[13]。全面质量管理的特点体现在"三全一多样"[14]，其中，"三全"包括以下几个方面：①全面的质量，即管理的对象是全面的。全面质量管理中质量的概念不限于产品质量，还包括服务质量和工作质量等广义质量概念。②全过程的质量管理，即管理的范围是全面的。质量管理不限于生产过程，还包括技术准备、产品设计、生产制造、质量检验、销售以及售后服务等质量环的全过程。③全员参与，即参加管理的人员是全面的。企业全体人员如管理人员、工程技术人员和工人等都参加质量管理，并对产品质量各负其责。"三全"是全面质量管理的三个主要特点。"一多样"指的是多种方法的质量管理。目前，全面质量管理中广泛使用各种方法和工具，如假设检验和方差分析等统计方法。除此之外，还有很多非统计类的方法，如常用的质量管理老七种工具，包括排列图、因果图、直方图和控制图等。质量管理新七种工具，如关联图法、KJ 法（亲和图法）和矩阵图法等。另外，还有一些近年来得到广泛使用的方法，如质量功能展开（quality function deployment，QFD）、失效模式与影响分析（failure mode and effect analysis，FMEA）等。总之，为了实现质量目标，必须综合应用各种先进的管理方法和技术。

在工业 4.0 时代，随着工业物联网、工业大数据、3D 打印、智能制造等技术的发展，质量 4.0 的概念也应运而生。学术界和产业界普遍认为质量 4.0 是工业 4.0 时代质量管理的新阶段。美国质量学会（American Society for Quality，ASQ）将质量 4.0 定义为：质量 4.0 将工业 4.0 的先进数字技术与卓越质量相结合，以推动显著的性能和效率改进[15]。Antony 等[16]将质量 4.0 定义为：质量 4.0 是使用物联网、信息物理系统（cyber physical systems，CPS）、云计算等先进技术来设计、操作和维护具备自适应、预测、自我纠正、自动化等能力的质量系统，同时通过质量规划、质量保证、质量控制和质量改进来改进人机交互，以在绩效、卓越运营和创新方面实现新的优化，从而实现组织的愿景、使命和目标。Escobar 等[17]认为，质量 4.0 是质量运动中的第四次浪潮（①统计质量控制；②全面质量管理；③六西格玛；④质量 4.0）。这种质量理念建立在先前理念的统计和管理基础之上，它利用工业大数据、工业物联网和人工智能来解决一系列全新的棘手工程问题。质量 4.0 建立在经验学习、经验知识发现以及实时数据生成、收集和分析以实现明智决策的新范式之上。何桢[18]认为，质量 4.0 的特征包括基于大数据的智能质量管理、过程智能控制与调整、全寿命周期产品管理与数据集成、虚拟现实的高度个性化定制（顾客参与设计）等。从质量 4.0 的定义可以看出，工业大数据和经验知识与先进数字化技术的融合将在质量管理中发挥重要的作用。在质量 4.0 时代，质量管理中的数据挖掘和知识管理将会是重要的趋势。

2.2　知识及知识管理

2.2.1　知识的基本概念

知识是一个内涵丰富、外延广泛的概念，学术界对其有着不同的定义[19]。为了更好地理解知识，需要明晰数据、信息、知识和智慧的区别和联系。如图 2.1 所示，在知识金字塔[20]中，数据在最底层，智慧在最高层。

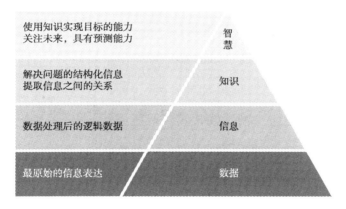

使用知识实现目标的能力 关注未来，具有预测能力	智慧
解决问题的结构化信息 提取信息之间的关系	知识
数据处理后的逻辑数据	信息
最原始的信息表达	数据

图 2.1　知识金字塔

其中，数据是最原始的记录，未被加工和解释，它反映了客观事物的某种状态。信息在信息技术中被描述为一种消息，通常以书面形式记录或者以声学或视觉的方式传达。因此，信息具有发送者和接收者。其目的是改变接收者对某一主题的看法。在知识管理的研究中，知识是一种结构化的经验、直觉、价值、情景信息和专家认识的混合体，它提供了整合和评估新经验和信息的环境和框架，它源于并应用于知识分子的头脑中。在组织中，它通常不仅嵌入在文档或存储库中，而且嵌入在组织例程、流程、实践和标准中[21]。智慧体现的是人类收集、加工、应用、传播信息和知识的能力，以及对事物发展的前瞻性观点[20, 22]，它是一种推测的、非确定性的和非随机的过程。

按照不同的分类标准，知识可以分为以下几种，如表 2.1 所示。

表 2.1　知识种类

研究者	分类标准	知识种类及概念定义
Polanyi[23] Nonaka 和 Takeuchi[24]	可呈现性	显性知识：可以用正式的、系统的语言来表述，可以用数据、公式和手册等形式进行共享，它容易被"处理"、传递和储存 隐性知识：限定在某种特殊的情境中且根植于人们的行动和相互关系，很难与另一个情境中的人进行交流的知识
OECD	现象了解和 利用目的	事实知识：了解事件的概念、组成和结构的知识 原理知识：了解事件发生的因果关系的知识 技能知识：了解事件的执行程序、步骤和方法的知识 主体知识：了解谁知道且能做某事的知识
Nelson 和 Winter[25]	知识持有者 的类型	个人知识：存在于个人身上的知识，可以被个人用来独立解决问题 群体知识：存在于群体之中，可以用来解决集体问题 组织知识：象征着组织的记忆与集体的意识，共享于组织成员之间
Kogut 和 Zander[26]	知识本身的 特性	信息：一旦确定解码规则，在转移过程中就不会失去完整性和原意的知识 诀窍：人们在工作和生活中长期积累的能够提高效率和成功概率的实践技能和专长
Hedlund[27]	嵌入主体	认知性知识：主体对环境的体验，其存在形式是个人体会和经验 技术：在认知性知识的基础上经过提炼得到的具有规范性、深入的、有规律的知识 实体嵌入型知识：对认知性知识和技术经过精加工后以产品、服务或其他载体表现出来的知识
de Long 和 Fahey[28]	知识创造、 转移和 利用层次	人力知识：个体知晓的知识、技能和能力 社会知识：存在于人与人之间的、群体与群体之间的关系知识 系统知识：依附于组织规范和惯例中的知识

2.2.2　知识管理的基本概念

知识管理是信息化和知识化的产物，是继科学管理之后又一次伟大而深刻的变革。知识管理可以概括为对知识、知识创造过程和应用进行规划和管理的活动。它是在组织内建立一个量化和质化的知识系统，使得组织中的资讯和知识，通过记录、存取、整合、创造、分享、更新、创新等过程，不断地回馈到知识系统中，形成一个连续的循环，使个人和组织的知识积累成为推动组织智慧发展的动力。在企业组织中，这些知识积累成为管理与应用的智慧资本，有助于企业做出正确的决策，以适应市场的变迁。

从 20 世纪五六十年代开始，人们对知识在经济和社会发展中的作用进行了大量的探讨。20 世纪 50 年代，美国的管理学家彼得·德鲁克就强调了知识工作和知识工人对经济及社会发展的重要性。1986 年，Romer[29]提出新增长理论，认为知识已成为经济活动中最重要的生产要素和决定经济发展的关键变量。1990 年，被誉为知识管理的"奠基之父"之一的卡尔-埃里克·斯威比（Karl-Erik Sveiby）首次用"知识管理"一词作书名，并探索了如何管理快速成长的知识型组织，该书指出知识型组织有别于传统的组织，其经营和管理更多的是依赖知识以及员工的创造力[30]。

知识管理的相关研究浩如烟海，其研究主线主要围绕以下几方面展开。由于本书篇幅有限，仅简略介绍。

首先，知识资源、知识资产、知识资本和知识审计的研究是知识管理的第一条主线。传统的管理学中主流的组织理论依托的是"交易成本"理论，该理论将企业看为以降低交易成本为关键内聚力的组织形态。自 20 世纪 80 年代以来，"基于资源的企业理论"和"基于知识的企业理论"等管理理论将企业的知识资源视为企业战略性资源和核心竞争力最为关键的部分。在此基础上，知识资源的相关研究日益兴起，并成为知识管理学科领域的关键子领域之一。

其次，知识管理发展的第二条主线是围绕知识创造、共享、利用的活动与过程展开的。这一主线与彼得·德鲁克关于知识工作和知识工人的论述，以及兴起于 20 世纪六七十年代的组织学习和学习型组织的研究关系紧密。组织学习和学习型组织的理论从学习的角度来研究组织如何从自身的经验以及其他组织中学习，获取组织记忆，以提升组织解决问题的能力和适应环境的能力。在此基础上，Davenport 和 Prusak[31]关于"知识工作改进"及 Nonaka 和 Takeuchi[24]与 Nonaka 和 von Krogh[32]的"创造知识的企业"的研究是围绕知识活动和知识过程开展的知识管理研究的代表性工作。

从信息技术和人工智能的角度展开的研究是知识管理的第三条主线。通常该方面的研究被称为"知识管理系统"。Wiig[33]是这方面工作的代表人物，其提出的"知识管理"研究主要集中于知识获取、知识库、专家系统和其他支持人类知识交流的各种计算机技术与系统。多年来，信息技术领域的很多研究和实践工作对知识管理系统的发展起到了推动作用，其中，网络技术、群件技术、数据挖掘与知识发现技术和信息资源检索技术等，对知识管理的推动特别明显。

2.3　质量管理和知识管理相关研究

2.3.1　质量管理体系对知识的要求

随着数智化时代的不断发展，成功的组织越来越意识到知识对于组织的重要性。在质量管理中，各种质量管理体系也在顺应时代的潮流，积极在质量管理中引入知识的要求。在国际质量管理体系层面，国际标准化组织发布的 ISO 9001：2015[5]、国际汽车工作组发布的汽车行业质量管理体系（IATF 16949：2016[6]）和欧洲质量管理基金会建立的 EFQM 业务卓越模型[7]都提到质量管理中知识的重要性。在国内质量管理体系层面，质量管理体系标准条款 GB/T 19001—2016 对组织应使用相关知识来提高产品和服务的符合性提出了要求。

ISO 9001：2015 和 GB/T 19001—2016 版质量管理体系标准，引入了"组织的知识"的概念，将没有被纳入质量管理体系内容但一直存在于组织经营过程中的"组织的知识"，列入质量管理体系。这也是新版的质量管理体系标准相较于 2008 版标准的较大更新之一。GB/T 19001—2016/ISO 9001：2015 第 7 章的"7.1.6 组织的知识"明确要求：组织应确定必要的知识，以运行过程，并获得合格产品和服务。这些知识应予以保持，并能在所需的范围内得到。为应对不断变化的需求和发展趋势，组织应审视现有的知识，确定如何获取或接触更多必要的知识和知识更新。其中，组织的知识是组织特有的知识，通常从其经验中获得，是为实现组织目标所使用和共享的信息。组织的知识可基于：①内部来源（如知识产权、从经验获得的知识、从失败和成功项目吸取的经验和教训、获取和分享未成文的知识和经验，以及过程、产品和服务的改进结果）；②外部来源（如标准、学术交流、专业会议、从顾客或外部供方收集的知识）。

IATF 16949：2016 明确组织应确定、收集和分析适当的数据，来证实质量管理体系的适宜性和有效性，并评价在何处可以持续改进质量管理体系的有效性。这必须包括来自监视和测量的结果以及其他有关来源的数据。这些数据是企业知识的重要来源。

欧洲质量管理基金会建立的 EFQM 业务卓越模型（简称 EFQM 模型）给组织提供了一个用于自我业务评价和改进的工具。EFQM 模型中包含九个原则，其中五个属于"引擎"（enablers），四个属于"结果"（results）。"引擎"原则指导企业怎么做。"结果"原则指导企业达到具体目标。"引擎"导致"结果",来自"结果"的反馈帮助进一步提高"引擎"。引擎指领导力(leadership)、战略(strategy)、人员(people)、合作伙伴与资源(partnerships & resources)、流程(processes);结果指顾客结果(customer results)、员工结果(people results)、社会结果(society results)和主要绩效结果(business results)。其中第三项人员项提到,企业需要鼓励员工分享信息、知识和良好做法,在整个组织内实现对话。第四项合作伙伴与资源提到,企业需要组织、规划和管理好对外伙伴关系,管理好供应商和内部资源,以支持战略和政策以及流程的有效运作。第四项特别提到,企业应有效管理信息和知识,以支持有效的决策和建立组织能力。

　　从这些质量管理体系的标准要求可以看出,组织的知识在质量管理中越来越受到重视。虽然企业在实际生产过程中或多或少采用了知识管理,但和标准的要求相比,还存在一定差距[9]。例如,质量管理中的大量数据未被分析和利用;类似的问题在组织内部重复发生;问题解决后并未进行经验总结;重要的隐性知识掌握在少数的员工手中;企业并未采取防止这些隐性知识流失的措施等现象。

2.3.2　质量管理和知识管理的关系研究

　　近年来,随着质量管理的发展以及知识管理理论的不断进化,一些质量管理领域的学者开始提出质量管理和知识管理存在着一定的关联。许多质量管理或知识管理组织也已将二者关系的研究作为一个新的研究领域和研究方向。Deming[34]强调更好的流程知识有助于企业提高生产力和质量。Stanleigh[3]提出,知识将在未来的质量管理中扮演重要的角色。

　　从知识管理的视角而言,质量管理和知识管理关系的研究包括以下几个方面。

　　(1)质量和学习的关系。早期的学者分析了质量和学习的关系。Wright[35]最早在 Wright 的学习曲线中假设生产的所有单元都具有可接受的质量,并且表明质量和学习之间的联系是不可避免的。在此基础上,Jaber 和 Guiffrida[36]考虑了生产过程中会产生需要重新加工的缺陷物品,因此在测量学习曲线时考虑了每单位的返工时间,并优化了 Wright 的学习曲线。然后 Jaber 和 Guiffrida[37]考虑了生产过程因质量维护而中断的情况,并开发了新的学习曲线。该研究发现学习曲线的凸行为可能会提醒管理者不要在没有提高过程质量的情况下加快生产。接着,Jaber 等[38]进一步研究了在质量维护恢复时间符合学习曲线规律情况下的质量绩效与学习曲线之间的关系。

　　Fine[39]也是最先研究质量和学习之间的关系的学者之一。他通过分析质量控制和学习曲线之间的关系来解释高质量和低成本之间的一致性。通过创建基于质量的学习（quality-based learning）与生产活动之间的关联模型，以及基于质量的学习与质量控制之间的模型，Fine[39]发现学习能直接降低生产成本，间接降低质量控制成本。在此基础上，Fine[40]继续深入研究基于质量的学习对于质量管理中的过程检查和机器检查的影响，并发现忽视检验和质量控制活动的学习效益可能导致质量改进活动投资不足，从而可能妨碍成本和质量竞争力。

还有一些学者研究了质量控制、生产策略等和学习的关系。Tapiero[41]构建了质量控制与学习之间的关系，并且分析了不同经验学习水平下的质量控制策略，尤其是抽样策略，发现学习的经验越丰富，需要进行抽样的量越少。Li和Rajagopalan[42]构建了自主学习和诱导学习对生产力和质量的影响模型，通过该模型，发现质量随着时间的推移而提高，而流程改进工作和质量保证工作的效果随着时间的推移而降低。

（2）质量管理与学习型组织。学习型组织是知识管理的重要内容之一，也是知识管理实现的方法之一[43]。学习型组织是指通过营造组织的学习氛围、充分发挥员工的创造性思维和能力而建立起来的一种有机的、扁平的、高度柔性的、符合人性的、能持续发展的组织[44]。美国哈佛大学的佛睿思特在《企业的新设计》一文中最早提出学习型组织的概念。1990年美国著名管理学家彼得·圣吉出版了《第五项修炼》（The Fifth Discipline），标志着"学习型组织"理论的正式形成。组织学习是组织内部的活动（学习）或者过程，它致力于解决组织如何学习的问题[45]。

相关学者对学习型组织与质量管理的关系做了深入探讨。

Sohal和Morrison[46]最早探讨了TQM和学习型组织之间的关系。通过对实施TQM的三家公司的研究发现，学习是成功实施的TQM计划的输出，并且只有在创建了一个人们能够学习、分享知识和做出贡献的新工作环境时，TQM计划才能被视为成功。因此学习型组织和TQM是相互促进的关系。Chang和Sun[47]借助由学术学者、商业顾问以及行业从业者组成的评估小组评估了TQM与学习型组织之间的关系，通过应用相关分析和聚类分析，结果表明TQM和学习型组织之间出现了密切的对应关系。Pool[48]调查了TQM、组织文化及其对学习型组织的影响。结果表明，实施TQM原则的公司与组织学习有着积极而重要的关系。Lee等[49]通过构建结构方程模型（structural equation model，SEM），研究TQM和学习型组织之间的关系，结果表明，四项TQM实践（流程管理、人力资源重点、领导力和信息与分析）与学习型组织正相关，因此管理层应将注意力集中在这些实践上，以便更好地管理其公司以获得竞争优势。Ferguson-Amores等[50]认为TQM和学习型组织具有某些互补性，并研究了从TQM过渡到学习型组织的过程，以促进组织的更新。

许多研究认为组织学习是促进 TQM 和组织绩效的重要因素，打造学习型组织是促进有效质量管理的关键[51]。同时，很多学者认为组织学习是 TQM 对组织绩效影响最重要的中介变量之一。Mahmood 和 Qadeer[52]研究了 TQM、组织学习和组织绩效之间的关系，发现组织学习是 TQM 和组织绩效之间非常重要的中间介质。通过探讨 TQM 与中小企业绩效之间关系的相关问题，Mahmud 和 Hilmi[53]认为组织学习是 TQM 与业务绩效之间的中介变量。

此外，许多人认为 TQM 是塑造企业学习文化的推动因素和初始因素，企业可以使用 TQM 策略来增强组织的学习能力[54~57]。成功实施 TQM 的组织可以轻松开发促进知识共享的文化，并且适合跨职能团队知识转移[58]。Roche[59]对爱尔兰的四家制造型组织进行调查分析，指出开展 TQM 能提高组织学习的活力。根据 Martínez-Costa 和 Jiménez-Jiménze[55]的研究，实施 TQM 的公司相比其他公司能学到更多知识。Love 等[60]认为如果建筑业要提高其绩效和竞争力，必须实施 TQM 和组织学习，以构建成功的学习型组织。Kovach[61]认为学习是组织获得知识，以提高质量管理绩效的重要方式。

（3）质量管理与知识创造。知识创造是企业知识管理的核心，企业应比竞争对手更快、更有效地创造出适应市场需求的新知识[62]。企业绩效的差异并非来自企业所拥有的知识，而是来自他们将知识转化为行动的能力[63]。这种观点体现了知识创造是改善企业绩效的关键。

大多数学者认为，质量管理实践是知识创造的源泉。Colurcio[64]采用案例研究方法，分析 TQM 在 21 家知名企业的知识创造中的作用。研究发现，TQM 是知识生成的有效推动者，且可被视为推动知识创造和传播的政策和工具。Asif 等[65]研究了六种质量管理实践（持续改进、统计质量控制、客户满意度管理、流程改进技术、个人学习和新产品开发方法）如何为四种类型的知识创造过程做出贡献［社会化、外在化、组合化和内在化（SECI①）］。Shan 等[66]探索了具体的质量管理实践对知识创造过程的影响，研究表明员工培训、员工参与和产品设计等质量管理实践对知识创造过程有重大的直接影响，而其他一些质量管理实践，如高层管理支持、客户关注、供应商质量管理和质量信息等对知识创造没有直接影响。Choo 等[67]从结构方法和心理安全两个方面研究了质量改进项目中的学习行为和知识创造，且发现有效的质量计划应该以学习和知识为基础，且需整合学习和知识创造。Rafailidis 等[68]认为质量在知识创造和创新行为中起着重要作用，而组织学习是创造和获取知识的先决条件，也是创新的催化剂。因此，企业需要通过知识管理实践来促进组织学习，进而提高知识创造和创新绩效。另外，部分学者具体研究了质量管理中六西格玛管理的知识创造过程。

---

① SECI 即社会化（socialization）、外在化（externalization）、组合化（combination）、内在化（internalization）。

Choo 等[69]通过整合学习和知识创造的两个视角，开发了一个基于学习和知识的质量改进框架，并从理论上研究了六西格玛等综合质量改进活动如何产生不同类型的知识，以及质量优势如何变得更具可持续性。Wu 和 Lin[70]提出了一个集成的六西格玛实施流程，以探索六西格玛实施中的知识创造机会，研究结果证明了六西格玛知识创造系统的潜在中介作用。Choo[71]研究了拉伸策略对六西格玛项目中知识创造的影响，发现项目团队的挑战感与知识创造的水平呈正相关关系，提出组织应该专注于通过解决问题来激发组织成员之间强烈的挑战感，进而提高创新和知识创造水平。另外，部分学者研究了 ISO 9001：2000 的知识创造。Lin 和 Wu[72]构建了 ISO 9001：2000 的知识创建模型，并分析了在 ISO 9001：2000 中的六种知识创造机会。

不同于将质量管理看成知识创造的基础，部分学者认为质量管理和知识创造是互相影响的。基于 Nonaka 和 Takeuchi[24]知识创造的相关理论，Linderman 等[73]认为质量管理实践是知识创造的重要渠道，反过来知识创造能推进质量管理并最终提升组织绩效。McAdam[74]认为具有 TQM 文化的组织可以使用 TQM 来挖掘基于认知和社会构建元素的知识创造。相反，知识创造也会对 TQM 产生反射性的影响。

同时，部分学者认为质量管理和知识创造需要共同作用，才能提高组织的绩效。Seo 等[75]从组织学习的视角研究了知识创造和质量管理小组的活动之间的关系，并构建了将知识创造逻辑流程引入质量控制活动的新框架。通过在阿联酋酒店业应用 Nonaka 和 Takeuchi[24]的知识创造模型，Nair 和 George[76]将知识创造的研究与质量管理实践联系起来，研究表明质量管理实践与知识创造的增强整合可以实现组织卓越。

从质量管理视角而言，质量管理中知识管理研究包含以下几个方面。

（1）TQM 与知识管理。TQM，即全面质量管理，指的是一个组织以全员参与为基础，以质量为中心，且通过让顾客满意和本组织所有成员及社会受益而实现长期成功的管理途径[13]。TQM 由结构、技术、人员和变革推动者四个要素构成。综合来看，许多学者对 TQM 和知识管理之间的关系进行了探索。

部分学者认为，知识管理是 TQM 的推动者（enabler）和前提条件（antecedent）。McAdam 和 Leonard[77]从质量管理的原则出发，通过重建 Demarest[4]的知识管理模型来分析质量管理原则中知识管理的作用，论证了知识管理对 TQM 发展的重大推动作用。Barber 等[78]讨论了知识管理系统对于持续改进活动的支持作用。通过研究发现，知识管理系统通过"利用公司管理数据库中已有的可用数据"实现持续改进，进而实现 TQM。Stewart 和 Waddell[79]认为获取知识并传播知识可提供高质量的文化，从而实现有效的质量管理实施。Hung 等[80]对来自 1139 家中国台湾高科技公司的 223 名管理人员进行了调查，并利用结构方程模型研究了知识管理、

TQM 和创新之间的关系。该研究的结果表明，知识管理和 TQM 之间存在显著关联。此外，知识管理通过 TQM 为创新做出贡献。换句话说，知识管理是 TQM 和创新的先行者。Kahreh 等[81]在银行业进行的研究表明，成功实施 TQM 需要在知识创造、存储、共享和应用方面进行重大改变。

相反的是，部分学者认为 TQM 才是知识管理的支撑条件。更高水平的 TQM 实践往往会增强知识管理实践[82]。Colurcio[64]采用案例研究方法，分析 TQM 在 21 家知名企业的知识创造中的作用，发现 TQM 实践是知识创造和传播的促进者。Choo 等[69]引入了基于质量计划和知识管理的概念框架，并发现 TQM 中质量计划是知识管理的有效推动者。Jayawarna 和 Holt[83]通过案例研究分析了研发环境中知识创造与转型之间的关系并得出 TQM 实践可以改善知识创造和转化的结论。Molina 等[84]在一项实证研究中，研究了 TQM 实践与知识转移之间的关系。研究结果表明，TQM 与知识转移之间存在显著的正相关关系，且 TQM 通过知识转移有助于提高组织绩效。Johannsen[85]研究了 TQM 中的质量控制问题解决工具的应用在多大程度上影响关键知识管理过程。理论分析表明，在公司中使用质量控制工具将影响四个关键知识管理过程中的前三个，即知识创造、积累和共享，而知识开发并没有受到特别的影响。通过问卷调查的方式，Duran 等[86]对在土耳其埃斯基谢希尔开展业务并实施质量管理的企业进行了研究，以探索质量管理与知识管理之间的关系。通过对假设进行验证发现，在实施 TQM 的企业，员工参与知识传播的程度要大于未实施 TQM 的企业，因此 TQM 能促进企业知识管理。Ooi[87]通过对马来西亚服务业和制造业公司的调研，研究了 TQM 和知识管理的多维关系，并发现企业应通过采用相关的 TQM 实践来进一步改善公司的知识管理流程，且公司的管理团队可以将资源集中在特定 TQM 实践上，以确保知识管理的成功。Yusr 等[88]通过研究在马来西亚制造商联合会上市的 800 家大中型制造企业，来探索应用 TQM 对加强知识管理过程的影响。结果表明 TQM 实践对知识管理过程具有积极和重要的影响。

除了上述 TQM 和知识管理之间的单向关系，学者还研究了 TQM 和知识管理的共性以及它们之间的相互关系。在这一部分研究中，学者认为 TQM 和知识管理之间存在互惠关系（reciprocal relationship）。Ribiere 和 Khorramshahgol[89]讨论了 TQM 和知识管理之间的共性，并提出一个分层框架来描述各种质量标准之间的关系，进而将知识管理随后添加到该框架中，以发现 TQM 和知识管理的相互关系以及两者在业务卓越方面所发挥的作用，结论是知识管理和 TQM 是一条双向路径，两个学科都可以互相受益。基于 Kanji 和 Wong[90]的商业卓越模型，Hsu 和 Shen[91]比较了知识管理和 TQM 之间的异同，并发现两者的相似之处包括以结果为导向、以人为本的管理、团队合作、领导力以及让客户满意这几个方面，差异之处包括持续改进和事实管理。同时指出，如果计划得当，两者都可以相互补充。通过调查中国台湾制造业质量管理和知识管理的情况，Ju 等[92]研究了 TQM 关键因素在知识管理价值链中的作用，得出 TQM 和知识管理具有互补性的结论，并采用定量研究的方法来验证和支持在定性研究中所得到的结论。Honarpour 等[93]通过对马来西亚 190 名研发部门经理的调查，来研究 TQM 和知识管理之间的相互关系及其对流程和产品创新的影响，结果显示 TQM 与知识管理之间存在互惠关系。此外，TQM 和知识管理与流程和产品创新有着积极关联。在此基础上，Honarpour 等[94]进一步利用联合方差分析方法来重新分析将 TQM 与知识管理联系起来的实证研究的结果，并表明 TQM 与知识管理之间的互惠关系。

此外，还有一些关于 TQM 和知识管理的研究主要关注了企业如何协同实施 TQM 和知识管理，以提高组织绩效。Chong 等[95]提出了一个包含来自 TQM 和知识管理实践的综合模型，来研究这些实践对于协同商务的影响，并建议组织结合使用 TQM 和知识管理，来提高协同商务水平。Moballeghi 和 Moghaddam[96]通过比较知识管理和 TQM 的概念，认为知识管理和 TQM 是互补的，而且知识管理和 TQM 的协同组合能形成一个改进和发展的循环，进而使得组织卓越。通过分析对比目前比较流行的 TQM 概念和知识管理理论，Zhao 和 Bryar[97]研究了一种将知识管理兼容入 TQM 中的管理方法，并探索了应如何在组织中实施该方法。Mendes[98]研究了组织如何从基于 TQM 和知识管理原则的双重战略方法中受益，以及基于知识的综合质量管理体系如何有利于默认的"知识转换"过程。Honarpour 等[99]通过联合方差分析方法来分析 TQM 和知识管理的关系，并分析它们对于企业绩效和创新的影响。结果表明，通过实施 TQM 和知识管理，企业可以提高创新能力和效率。一方面，TQM 的实施提高了企业的效率，降低了生产成本；另一方面，TQM 与知识管理的协同作用将对创新产生积极影响。

除了对上述关系的研究，也有学者认为知识管理将取代 TQM。Adamson[100]认为，如果知识管理方法能够保持其不盲目将所有知识视为真实的能力，且不是重复一些 TQM 不可行和夸大成就的错误，那么它有可能在不久的将来取代 TQM。

（2）质量管理体系与知识管理。2015 年 9 月发布的 ISO 9001：2015 标准首次将"组织知识"作为资源的规范。关于解决这一知识要求的实际意义，很少有明确的指导方针。很多学者尝试从学术的层面对质量管理体系和知识管理之间的关系展开研究。

大部分学者研究了组织实施 ISO 9001 质量标准对于知识管理的影响。Lin 和 Wu[72, 101]提出了一个综合性的框架，探索 ISO 9001：2000 中的知识管理活动，同时重点研究了 ISO 9001：2000 中的知识创新机会。在此基础上，Lin 和 Wu[102]继续将该框架与 Nonaka 和 Takeuchi[24]提出的社会化、外在化、组合化和内在化（SECI）模式结合，并通过案例研究来证明，该框架的实施能促进公司知识的创造，并有效地提高公司的竞争力。Marcus 和 Naveh[103]认为组织实施 ISO 9000 后，引入新规则并加强规则遵守和日常行为，会刺激新的知识创造。

　　另外一些学者研究了知识管理如何在质量管理体系中进行应用。和金生等[104]从知识结构和层次结构的角度分析了 ISO 9000 的特点，并为人们提供了一种新的理解标准的思路，这是将知识管理应用于 ISO 9000 这个复杂系统的一种新尝试。王小明等[105]以 ISO 9000：2000 标准为基础，从知识集成的角度对工作流系统在质量管理中的应用进行了研究，并讨论了知识集成的质量过程控制系统的实现方法。Bayraktar[106]建立了基于知识的专家系统方法来审核质量保证系统中的要素，如 ISO 9000 中的"合同评审"和"采购"程序等，以确保 ISO 9000 等质量保证体系的正常运行。为了帮助中小企业充分地利用有限资源并有效地实施知识管理，陈仲亿[107]提出了基于 ISO 9000 管理模式的四个阶段知识管理体系，即知识管理体系策划、基础设施建立、知识实现过程、测量与改进。Lee 和 Chang[108]将 ISO 9001、能力成熟度模型（capability maturity model，CMM）和 TQM 应用于质量方向的知识管理，以改进软件开发过程。Wilson 和 Campbell[109]系统地将知识管理的关键基础与 ISO 9001：2015 的七个质量管理原则联系起来，并验证了在 ISO 认证要求驱动的组织中，知识及其管理将变得越来越重要。在此基础上，Wilson 和 Campbell[8]对不断发展的 ISO 9001 标准中的知识如何产生以及如何表示数据、信息、知识和智慧金字塔中的三个主要元素进行了分析，同时提供了一个连贯的结构，以帮助组织理解新标准并在实践中应用知识要求。

　　（3）六西格玛与知识管理。六西格玛是一种改善企业质量流程管理的技术。何桢[110]将六西格玛管理定义为旨在持续改进企业的业务流程并使顾客满意的管理方法。它通过系统地、集成地采用业务改进流程，实现无缺陷的过程设计［六西格玛设计（design for six sigma，DFSS）］，并对现有过程进行过程界定（define）、测量（measure）、分析（analyze）、改进（improve）、控制（control），简称 DMAIC 流程，消除过程缺陷和无价值作业，从而提高质量和服务、降低成本、缩短运转周期，使客户完全满意，增强企业竞争力。事实证明，六西格玛是提高制造质量的有效技术。同样，知识管理的重要性近年来已大大增加，并已成为制造业竞争优势的主要来源[111]。很少有学者研究过六西格玛和知识管理如何同时应用，以及二者之间如何关联。

　　部分学者认为在实施六西格玛的同时实施知识管理，能促进六西格玛管理的成功。Gowen 等[111]探讨了在医院实施知识管理和六西格玛的有效性。他们假设知识管理将通过质量计划结果改进和可持续的竞争优势来加强六西格玛的实施。分层回归分析的结果表明，知识管理确实实现了六西格玛计划的成功，特别是知识传播和响应能力。以一个六西格玛项目为背景，Anand 等[112]建立了一个概念模型来预测过程改进项目的成功可能性，并开发新的量表来衡量过程改进中的显性和隐性知识创造实践。结果表明知识创造实践对六西格玛项目中的过程改进有着积极的影响。

另外，有部分学者认为六西格玛能辅助企业更好地实施知识管理，同时也能促进组织的知识创造过程。O'Dell 和 Leavitt[113]论述了六西格玛与知识管理的关系，通过比较六西格玛的 DMAIC 流程和美国生产力与质量中心（American Productivity and Quality Center，APQC）的知识管理过程，指出运用 DMAIC 流程能帮助企业更快、更好地实施知识管理。同时他们分析了实施六西格玛时的知识创新过程，并提出二者在方法上存在着相似性，具有相辅相成的功能。Wu 和 Lin[70]提出了一个集成的六西格玛实施流程，以探索六西格玛计划中的知识创造机会，研究结果证明了六西格玛知识创造系统的潜在中介作用。该架构为希望根据现行六西格玛方法促进知识创造的组织提供初始模型，并进一步推进其知识管理系统实施，以促进企业知识的管理，并有效提高企业竞争力。McAdam 等[114]使用多案例研究方法批判性地分析中小型企业中六西格玛理论和实践的发展。通过研究发现，六西格玛被概念化为新知识，被小公司吸收。Sin 等[115]通过结构方程模型研究六西格玛 DMAIC 流程中组织知识创造过程（社会化、外在化、组合化和内在化），并分析了知识、六西格玛项目和组织绩效之间的关系。该研究表明，六西格玛项目与组织绩效之间的关系可以通过整合组织知识创造过程来解释和发展。为了提高知识检索的性能，Lin 等[116]提出了一种使用六西格玛方法的评估机制，以帮助开发人员持续控制知识检索过程，同时提高准确性。

六西格玛与其他管理模式和方法，尤其是知识管理的整合，已成为质量改进支持者圈子之间争论的焦点[117]。Dumitrescu 和 Dumitrache[118]认为，六西格玛和知识管理可以很好地协同工作，DMAIC 流程生成解决方案并在整个组织中传播最佳实践，而知识管理使它们成为通常的工作方式。邓卫等[119]通过对知识进行合理的分类，构建了基于知识管理的六西格玛质量管理体系，该体系以面向内部客户及外部管理为主。同时，邓卫等[119]研究了六西格玛质量管理下知识链的形成过程，以及知识管理如何促进六西格玛质量管理。Aksoy 和 Dinçmen[120]认为，组织如果决定启动六西格玛计划，除了需要创建、使用和分享知识外，还需要获取和内化六西格玛计划知识。因此，他们根据六西格玛部署的关键成功因素以及知识管理原则，提出了一种知识聚焦六西格玛（knowledge focused six sigma，KFSS）以增加六西格玛计划的效益和组织的智力资本。Khamisi 等[121]介绍了一种嵌入了精益六西格玛原则的基于知识的模型，来研究如何提高医疗保健领域的领导力绩效。

2.4 智能质量管理

2.4.1 智能质量管理基本概念

在质量管理系统中引入人工智能一直以来都受到学者的广泛关注。早在 1996 年，Pham 和 Öztemel[122]出版了一本关于智能质量系统的书，并引起了研究界和工业界对这个问题的关注。他们展示了智能质量系统在现实生活中的应用，并强调了未来发展的可能领域。随着制造产业自动化程度越来越高，质量管理中数据量不断增长，同时，数据挖掘、机器学习等人工智能技术日趋成熟，数据、信息和知识越来越成为质量管理的重要资源。信息技术的不断进步，使得智能质量管理（intelligent quality management）逐渐成为质量管理的一种趋势。

智能质量管理最初在医疗领域被提出并应用。美国实验仪器（Instrumentation Laboratory）公司生产的 GEM 血气分析仪具有智能化质量管理功能，使得分析仪处于自动连续监测状态，发现错误时将自动纠正、归类和记录。该公司提出，智能质量管理是一款有效的质量过程控制程序，其设计旨在用于提供分析过程的连续监测，包括实时、自动的错误检测，自动错误纠正和自动记录修正过程，取代了传统外部质量控制。在该定义中，智能体现在三个自动，即自动的错误检测，自动的错误纠正和自动的记录修正过程。Ansari 等[123]在 2009 年提出，智能质量管理过程是一个迭代的和闭环的质量管理过程，它由为持续改进和提高企业业务流程的绩效而进行的知识密集型活动组成。从该定义中可以看出，质量管理过程中智能的特点体现在其包含各种知识密集型活动，来支持传统的 TQM。Wang[124]在 2009 年提出，质量管理中现有的和获得的组织知识必须得到保存，并在组织中进行交互以提高知识的可用性。利用数据挖掘技术和知识发现技术来为质量管理提供支持是智能质量管理的研究重点。从该定义中可以看出，数据挖掘技术和知识发现技术在智能中占据着重要的位置。这也和人工智能、大数据和机器学习等技术的重新兴起和发展有着密切的关系。Weckenmann 等[125]提出，质量管理和工程研究的主要任务之一是在全面质量管理中使用数据挖掘技术和知识发现技术，这产生了智能质量管理，其重点是使用数据挖掘技术来创建新知识以识别迄今未知的因果关系。

从上述对智能质量管理的论述中可以发现，智能质量管理的特点体现在利用数据挖掘技术和知识发现技术从大量质量管理数据中识别、创造知识，来为传统的质量管理提供知识资源支持，进而提高质量管理水平的一种方法。

2.4.2　宏观层面智能质量管理研究

宏观层面的智能质量管理，主要考虑在质量管理体系中引入知识管理组件。一些学者研究了质量管理中如何利用知识来更好地服务质量管理，并构建了基于知识管理的智能质量管理框架。Ansari 等[123]提出了支持质量管理的知识管理方法模型，介绍了智能质量管理流程模型（intelligent quality management process，IQMP），该智能质量管理流程模型不同于传统的质量管理，它包含一个知识管理的新组件。Srikanth 等[126]提出一个具有可操作知识发现分析框架的 IQM 专家系统。Wang[124]提出了在数据库中发现知识的智能 TQM 专家系统，该智能化质量管理系统配备数据挖掘功能，提供高质量的知识和理解企业管理的流程。

然而，宏观智能质量管理框架还不完善、不系统，且这些研究并未从微观层面分析该框架中知识库的知识表示，以及框架中各个节点的具体实现细节。此外，这些研究涵盖的质量管理范围过于广泛。因此，他们没有深入研究质量管理的详细活动，这些活动通常包括制定质量方针、质量目标和质量计划，以及进行质量控制、质量保证和质量改进[12]。

2.4.3　微观层面智能质量管理研究

微观层面的智能质量管理研究主要包含两个方面。一是在质量管理活动中应用数据挖掘和人工智能技术，二是将质量管理工具智能化。

1. 质量管理活动中应用数据挖掘和人工智能技术的研究

质量管理活动中应用数据挖掘和人工智能技术的研究主要关注的活动或任务有产品/过程质量描述、质量预测、质量分类和参数优化[127, 128]，表 2.2 描述了典型应用人工智能技术的质量活动/任务。

表 2.2　典型应用人工智能技术的质量活动/任务

任务	内容
产品/过程质量描述	确定显著影响质量的属性/变量 根据其重要性对属性/变量进行排序 确定低、中、高收益产品分组方法，并找出区分低收益产品和高收益产品的最可能的影响因素
质量预测	开发将质量的输入特征与输出特征相关联的模型，并使用该模型来预测给定一组输入参数值的结果
质量分类	对质量特征进行分类。与质量预测类似，对于给定的一组输入参数，预测质量输出的类别
参数优化	找到最优的工艺/产品参数水平，达到目标的质量绩效

对于人工智能技术在质量管理活动中应用的研究，大多数学者使用基于知识的系统，计算智能和混合系统的方法与技术来研究这些质量活动。表 2.3 描述了三种典型智能系统的类型、内容及其特点[129]。

表 2.3　典型智能系统

智能系统类型	内容	特点
基于知识的系统	专家系统、基于规则的系统、基于案例推理的系统、面向对象和基于框架的系统以及智能代理	知识被明确地用文字和符号来表示，它们被组合形成规则、事实、关系或其他形式的知识表示
计算智能系统	遗传算法、模拟退火算法、禁忌搜索算法、进化算法、启发式算法、粒子群算法、免疫算法、人工智能、神经网络、模糊逻辑、模式识别等	知识用数字的形式表示
混合系统	专家系统、基于规则的系统、基于案例推理的系统、面向对象和基于框架的系统以及智能代理 遗传算法、模拟退火算法、禁忌搜索算法、进化算法、启发式算法、粒子群算法、免疫算法、人工智能、神经网络、模糊逻辑、模式识别等	知识被明确地用文字和符号来表示，它们被组合形成规则、事实、关系或其他形式的知识表示 知识用数字的形式表示

基于上述质量管理活动/任务以及应用于此活动/任务的人工智能技术，本书从问题领域，研究目的、方法和途径等方面总结了质量管理活动中应用人工智能技术的相关研究。

一部分研究关注了智能质量检查，该部分研究主要采用计算智能的方法来预测产品缺陷的类型或者产品好坏，进而提高产品检查的效率、成本和效果。不同于传统的抽样质量检查，智能质量检查利用计算机视觉等技术，来实时地监控产品的质量情况，并对产品的好坏进行判断，进而做出相应的处理。由于制造中许多产品的质量是由尺寸和表面特征决定的，因此计算机视觉技术主要用于替代人眼。现在已经充分证明，结合使用统计分析方法，自动化机器视觉系统能够分析几何和表面特征，以判断产品的质量[130]。为了提高炼钢过程中轧制工序的质量，Jia 等[131]介绍了一种实时视觉检测系统，该系统使用支持向量机（support vector machine，SVM）自动学习复杂的钢表面缺陷模式。同样，基于 SVM，Choi 等[132]提出了一种新的缺陷分类算法，并建立了一个智能表面检测系统，对钢铁轧制带表面进行检测，以提高产品缺陷分类能力和泛化性能。Barelli 等[133]结合人工神经网络，构建了智能质量控制系统，智能检测机械密封件产品表面的缺陷；Rosati 等[134]采用模式识别方法，构建在线测量系统，对眼镜流水线上的产品进行在线尺寸测量；Chou 等[135]创建了一个集成的虚拟计量系统，以实现半导体和薄膜晶体管液晶显示器中每个晶圆的实时质量测量。基于贝叶斯网络，Ferreiro 等[136]采用适应性数据挖掘技术，以获得在监测系统中实施的可靠模型，以在干燥条件下自动检测飞机机翼高速钻井过程中的毛刺产生情况。基于人工系统、计算实验和并行执行，Cheng 等[137]提出了一种复杂制造过程的智能管理和控制系统架构，可以更早地发现潜在问题并定量分析各种风险。Tseng 等[138]利用计算机视觉技术，对来料进行检测，并根据基于 SVM 的预测模型，来区分产品的好坏。Kulcsár 等[139]采用自组织映射的方法，利用在线近红外分析仪来提前估计产品质量。Lu 等[140]研究了一种基于卷积神经网络（convolutional neural networks，CNN）的深度学习方法，对滚动轴承故障进行分类。这些研究都是在产品生产完成之后或者在产品生产过程中，对产品进行检查并对产品质量进行分类，是一种事后检验的方式。

另外有一部分研究利用人工智能的方法，建立了质量管理流程中的各种参数和产品质量之间的关系。一方面根据已有的参数来预测产品质量，另一方面通过智能识别和调整重要的影响参数来提高产品质量。Lau 等[141]利用模糊关联规则方法，在一个滑块制造企业构建了一个智能质量管理系统，来发现分布式工艺参数与质量问题的关系。Kulkarni 和 Subash Babu[142]利用模拟退火（simulated annealing，SA）算法，在一个连铸系统中构建了质量损失函数模型，以确定用于在连续铸造系统中生产优质产品的合适的工艺参数值。

一些学者研究了质量管理活动中的其他内容，如根本原因的识别、抽样计划等。Lei 等[143]建立了一个基于专家系统的智能供应链质量管理系统。Lao 等[144]基于混合案例推理和模糊逻辑的方法，构建智能食品质量保证系统，基于食物质量，对食物库存进行自动决策。Chougule 等[145]使用关联规则挖掘对异常问题进行因果分析，以改善汽车领域的服务。针对服装制造行业的质量问题，Lee 等[146]提出一种基于混合联机分析处理关联规则挖掘的质量管理系统，来预测产品质量，识别质量问题的根本原因以及推荐预防措施。Kahraman 等[147]基于模糊集理论，构建了多目标决策模型，以制订最优抽样计划。

2. 质量管理工具智能化

该部分的智能质量管理主要研究了如何将质量管理工具与智能算法进行结合，来更好地提高流程或产品质量。Yuen[148]将质量功能展开与模糊认知网络结合，以提高产品开发中准则评估和分析的效果。Jiang 等[149]在使用质量功能展开进行新产品计划时，引入模糊层次分析法和混沌模糊回归方法，来更好地确定客户需求的重要性权重并建立客户满意度与工程特性之间的关系。另外部分学者针对实验设计的优化问题，在实验设计中引入启发式优化方法和模糊方法，以进行最佳实验设计和确定最优化标准[150~152]。Tang 等[153]将质量管理中的田口方法（Taguchi method）与一些人工智能技术相结合，创建了改善整体系统性能的混合方法。Aslan 等[154]利用指数加权移动平均，构建了一套智能化的质量控制图，当控制图中失控信号被触发时，机器能及时地被控制和维修。此外，一些研究将模糊证据推理与基于信念规则的方法相结合，利用不确定信息来识别潜在的失效模式及其影响[155~158]。

2.5   现有研究的评价与对本书的启示

回顾质量管理的发展历程，质量管理经过了百年的发展，经历了从产生、发展到成熟的过程。在质量管理数据与日俱增以及数据挖掘技术日趋成熟的背景下，质量管理将向着智能化的方向发展。正是基于这种趋势，深入研究知识管理理论和数据挖掘技术在质量管理中的应用变得非常重要。

从质量管理和知识管理相结合的研究中可以看出，质量管理体系对于组织的知识提出了要求却并未提供具体的指导方针。学术上在这方面的研究主要考虑了两者的关系，以及质量管理和知识管理中的典型活动之间的关系。这部分研究主要论述了知识管理促进质量管理、质量管理是知识管理的源泉、质量管理和知识管理配合使用促进组织绩效等。这些研究很大程度上是从宏观的角度研究二者关系，很少有研究关注知识管理中的具体技术，如数据挖掘在质量管理活动中的应用。

智能质量管理的研究弥补了上述研究的不足，其特点体现在利用数据挖掘技术和知识发现技术从大量质量管理数据中识别、创造知识，来为传统的质量管理提供知识资源支持，进而提高质量管理水平。然而，宏观智能质量管理主要考虑在质量管理中加入知识管理的功能，但这部分研究框架还不完善、不系统，且这些研究并未从微观层面分析该框架中的知识表示，以及框架中各个节点的具体实现细节。此外，这些研究没有深入研究质量管理的详细活动，涵盖的质量管理范围过于广泛。大部分微观层面的智能质量管理聚焦于利用数据挖掘等技术在质量管理如质量检查、质量预测和质量控制等环节中的应用，以及控制图、实验设计等质量工具的智能化。然而，很少有研究关注数据挖掘技术在质量问题解决环节中的应用，尤其是除了识别质量问题之外的根本原因分析和方案的制订。而传统的质量问题解决是一个非常依赖经验的活动，并且也因此产生了大量的数据。因此，在质量问题解决环节引入人工智能技术将提高质量问题解决的效率和效用。

有别于这些研究，本书关注的是质量管理的问题解决，并清晰地定义了问题解决各个环节中的知识。本书既从宏观层面提出了一种知识驱动的产品质量问题解决框架、方法和系统，又从微观层面分析该框架中的知识表示，以及利用数据挖掘技术研究框架中各个节点的具体实现细节。本书的研究深化了宏观层面和微观层面的智能质量管理研究，提出了系统化的知识驱动的质量问题解决框架、思路和技术方法。

2.6　本　章　小　结

本章首先回顾了质量管理的概念及发展历程，其次简要介绍了知识的概念以及知识管理的研究主线，再次从质量管理体系以及学术研究层面对质量管理和知识管理的相关研究进行大量文献的分析，总结出前人对质量管理和知识管理关系的认识，最后从宏观层面和微观层面分析了已有的智能质量管理的研究。在此基础上，本书对上述理论综述进行分析评价，总结其优点，指出其不足，进而提出对本书的启示。

第 3 章　知识驱动的质量问题解决基础理论与研究框架

本章在对质量问题解决的相关概念的探讨的基础上，将质量问题解决的过程总结为六阶段模型。接着深入探讨和分析质量问题解决中的要素和关系，并结合 OECD 的知识分类，研究了质量问题解决中的 know-what、know-why 和 know-how 知识。在此基础上，本章提出了知识驱动的质量问题解决模型和研究框架，为后续各章的进一步研究规划蓝图，同时，提出"1+5"支撑条件，为企业在质量 4.0 时代成功实施知识驱动的质量问题解决方法提供保障。

3.1　问题解决基础理论

3.1.1　问题的概念及问题与质量的关系

问题是指被主体感知到的事物客观状态与主体主观需求的预期状态之间的差距[159]。事物是广泛的客观存在，不仅限于产品、原材料、生产线和设备，还包括企业的所有人财物、相关的业务活动以及各种技术等企业管理的全部对象。客观状态是指主体所关注的事物是可度量的、可被主体感知的一组固有属性在特定时空条件下属性值的组合。主体是指参与产品生命周期中的各项活动的组织和个人。预期状态是指主体对事物客观状态所能达到的期望要求，既可以是明确的，也可以是隐含的，这种预期状态也应该是可度量的、可表达的。差距是指客观状态与预期状态的差值。差距是一种客观存在，可以被主体感知到，也可以不被主体感知到。被主体感知是指事物的客观状态能够被主体通过各种方法观测和了解到，只有被主体感知到的事物的客观状态才能被主体与其预期状态进行比较，从而发现客观状态与预期状态之间是否存在差距。如果存在差距且这个差距给主体带来了不安和烦恼，主体就会试图消除这个差距，这个差距就是需要解决的问题。

总之，问题包含三个要素，即事物的客观状态、主体的预期状态和主体消除差距的愿望。三个要素之间的关系可以表示为[160]

问题=（主体的预期状态−事物的客观状态）+主体消除差距的愿望

问题的概念与质量的概念具有一定的相似性。问题的上述定义与 ISO 9000：2015 的质量概念"质量是客体的一组固有特性满足要求的程度"，既有相同之处，又有一定的区别。其相同之处在于质量概念中的"固有特性"，就是问题定义中的客观状态；"要求"实际上是一个明确或潜在的标准，即问题定义中的主体预期状态；"固有特性"和"要求"的差距被主体感知后就是问题。此外，问题定义中的事物在质量概念中对应质量的载体，这一点和质量的概念是相同的。问题定义中衡量预期状态的期望标准是动态的、发展的和相对的，它将随着时间、地点和环境的变化而变化。这一点与质量的概念也具有一定的相似性。其不同之处在于，问题定义中没有涉及问题的严重程度，而质量的概念中给出了差距的程度，即满足要求的程度。该程度可以用来衡量质量水平的高低，而问题定义重点强调的是只要有差距就是问题。另外，在问题定义中明确提出"被主体感知到"这一特点，因为差距是一种客观存在，现实中往往产生了差距，而主体并未感知到，且没有对问题进行处理和解决。因此，在问题解决中感知是一个非常重要的前提，只有客观存在的差距被主体感知到了，才能引起主体解决问题的欲望。

因此，质量管理的核心工作就是问题管理。如果能够把产品生命周期中出现的各种问题利用一定的理论、方法和工具处理好，不断地减少老问题的出现，提高主体的预期状态，其本质上就是在提高质量。

3.1.2　问题解决的概念

问题解决是一种兼具创造性、操作性的思维方式和智力活动[161]。它是人类的一种基本的认知活动，也是获取知识的主要途径。问题解决一词源于认知心理学，Anderson[162]将其定义为由一定情境引起的，按照一定的目标应用各种认知活动及其技能等，并经过一系列思维操作，使问题得以解决的过程。

问题解决的定义根据学科的不同而略有不同，如在心理学[163]、认知科学[164]、计算机科学[165]、工程[166]、军事科学[167]、教育[168]和医疗[169]等领域中都有不同的解释。本书关注的重点是工程领域的问题解决。在工程领域中，问题解决被定义为当产品或过程失效时，采取纠正措施以防止进一步的失效[161]。它还可以在实际失效事件发生之前应用于产品或过程。当可以预测和分析潜在问题时，提前采取预防措施以使问题永远不会发生。诸如 FMEA 之类的技术可用于主动降低问题发生的可能性。

早期的问题解决研究经历了从"试误说"理论[170]到"顿悟说"理论[171]的过程。"试误说"理论认为问题解决的过程就是不断尝试错误的渐进过程，且尝试错误的过程是盲目的，但该理论忽略了认知因素在问题解决中的重要作用。"顿悟说"理论认为对问题的直觉认识决定问题的难度，解决问题要经历一个直觉重构的过程，在这个过程中忽然顿悟，获得解决方案。20 世纪 50 年代，美国兴起了一场认知革命，作为对行为主义的反响，这场运动确立了信息加工范式[170]。此后学者提出从信息加工的取向研究问题解决的思路。基于认知心理学家 Simon[172]确立的"物理符号系统"（physical symbol system）假说，科学家试图借助计算机科学的方法和技术来模拟人类问题解决的过程。在这些研究的基础上，具有信息加工取向的问题解决理论发展了起来。20 世纪 80 年代以来，以信息加工思想为基础进行问题解决的理论发生了很大的变化，强调了知识的重要性[173]。这些理论从最初主要关注信息层面的加工逐渐转变为开始重视知识在问题解决中的作用以及知识的获取[174]。随着数据挖掘与机器学习技术的日趋成熟，越来越多的学者关注这些技术在问题解决中的应用[175]。这部分研究通常利用相关的系统如专家系统[176]、基于规则的系统[177]、基于案例推理的系统[178]等为问题解决提供知识支持。

3.2　质量问题解决基础理论

3.2.1　质量问题

ISO 9000：2005 将质量定义为一组固有特性满足要求的程度[12]。该质量概念是从产品功能特性的角度出发的，而现代产品质量概念涵盖的内容较为广泛，它不仅是指产品的物质特性，还包括产品品种、款式、成本、价格、服务等各个方面对社会需求的满足程度[179]。《采购与供应链管理》[180]中关于质量的定义为"营销、工程、制造和维护的产品和服务特征的总体组合，使用的产品或服务将达到或超过客户的期望"。产品质量是指产品满足规定需要和潜在需要的特征和特性的总和。任何产品都是为了满足用户的需求而制造的。不论是简单的还是复杂的产品，都必须用产品质量特性或特征去描述。产品质量特性因产品的特点而异，表现的参数和指标也多种多样。总结而言，反映用户使用需要的质量特性一般包括六个方面，即性能、寿命（即耐用性）、可靠性与维修性、安全性、适应性、经济性[181]。

质量问题通常被描述为质量的实际情况与人们对质量预期之间的差距[182]。质量问题涉及各个领域，本书关注的质量问题是产品质量问题，包括在设计、生产、使用和售后等各个环节发生在产品上的质量问题。

3.2.2　质量问题解决的六阶段模型

质量问题解决就是消除产品的质量现有状态和客户预期之间差距的过程[183]。质量问题解决是质量管理中的一个重要部分，它是一种"事中"和"事后"的控制。质量问题解决过程是在质量问题出现后，解决质量问题的全过程，即通过分析问题、寻找原因、制订方案，并将该质量问题控制住，使得其在一段时间内不再出现的过程[183]。

不同的组织机构和学者提出了不尽相同的质量问题解决相关的模型，例如，六西格玛中的 DMAIC 流程、福特汽车公司的 8D 方法、PDCA 循环的四阶段八步骤等。DMAIC 流程是五个步骤（界定、测量、分析、改进及控制）的缩写，是一个数据驱动的质量策略，主要用于改进流程。福特汽车公司提出的 8D（eight-disciplines）方法[184]，又称团队导向问题解决方法。该方法包括成立小组、描述问题、实施及确认临时措施、原因分析及验证真因、选定及确认长期改善行动、改善问题并确认最终效果、预防再发生及标准化、恭贺小组成员。PDCA 循环又称戴明循环，是一个持续改进模型，它包括持续改进与不断学习的四个循环反复的步骤，即计划（plan）、执行（do）、检查（check）、行动（act）。PDCA 循环共包括以下八个步骤：找出问题、分析原因、确定主因、制订措施计划、实施执行计划、检查计划执行结果、总结经验并制定标准、遗留问题继续推进。IATF 16949：2016 定义质量问题解决的过程包括控制不合格输出的必要临时措施和相关活动、根本原因分析、实施系统性的纠正措施、纠正措施有效性验证和评审、相应过程文件更新。

这些模型和方法都从不同的角度总结和归纳了问题解决的流程、步骤以及相应的方法。其中，绝大多数模型并未关注临时措施，而在质量问题的根本原因找到之前，临时措施的制定至关重要，它能避免问题的进一步扩散和流出。另外，这些模型并未清晰地阐述质量问题解决的反馈，而验证问题解决各环节的准确性和有效性是非常有必要的。如果下一个环节的效果出现偏差，那么需要向前反馈，重新优化和完善上一个环节的活动。通过对大量实际质量问题解决过程的分析和总结，结合企业知识管理需求及"试错法"[185]等相关理论，本书将质量问题解决过程分为六个阶段，包括识别及定义质量问题、采取临时措施、原因分析、方案制订及验证、方案实施和总结评价，如图 3.1 所示。从图 3.1 可以看出，在质量问题解决各个阶段完成之后，问题解决团队均需要对该环节的实施效果进行确认，从而整个质量问题解决的活动将形成一个闭环。

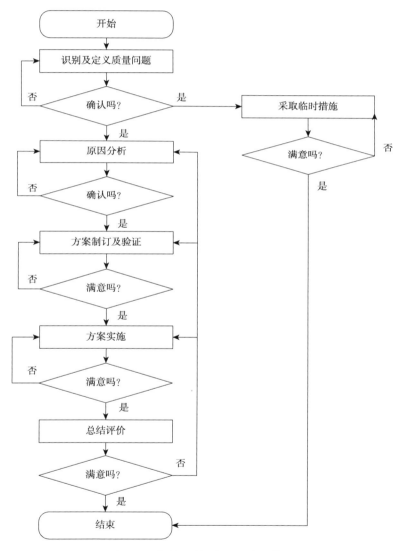

图 3.1　质量问题解决的六阶段模型

1. 识别及定义质量问题

根据问题三要素，识别问题包含三方面的工作。首先，辨别事物的客观状态；其次，了解主体对客观事物状态的要求并明确二者之间的差距；最后，知晓主体是否有消除差距的愿望。问题定义回答了"问题是什么"。正确定义的问题可以指导并帮助问题解决过程的其余部分。如果没有明确定义的问题，问题解决过程可能偏离指定的路径。在没有明确定义问题的情况下继续进行问题解决过程可能会导致结果不佳或不明确。定义问题时须将问题尽可能量化且清楚地表达描述，并详细介绍何时、何地、发生了什么事、严重程度如何等。同时，记录问题照片和收集到的证物等。在质量管理中，对于已经发生的质量问题，"是/不是"（is/is not）矩阵是常用的定义问题的工具。对于潜在可能发生的产品质量问题，DFMEA 是在设计阶段常用的识别和确定潜在可能的产品质量问题的工具。

2. 采取临时措施

若真正原因还没有找到，为了避免问题扩散、流出或持续恶化，需要采取临时措施，立即实施短期行动。临时措施就是在找到长期措施前采取的临时性的挽救措施，旨在通过对产品进行返工、返修或人为地放宽标准进行的补救措施。临时措施不能从根本上解决问题，是一种"治标不治本"的措施，因此不能用其替代长期措施。

3. 原因分析

原因分析在识别及定义问题的基础上进行，其目的是回答"为什么"的问题，即已经发生的问题是由什么原因引起的。在质量管理实践中，有些问题的原因显而易见，有些问题的原因是多种因素共同作用的结果，不易察觉。因此，原因分析往往是一个复杂的过程，需要采用各种分析方法并利用以往的质量问题解决经验和人的智慧予以判别。

在质量问题解决中，因果图分析法是原因分析的常用工具。通常在用此方法进行原因分析时，质量问题解决团队针对某个质量问题进行头脑风暴，根据经验判断质量问题的潜在原因，并判断最可能的那些潜在原因，进而测验这些原因，并证实真正的原因。因果图分析法常和五个为什么（5 whys）方法结合使用。

4. 方案制订及验证

方案是解决问题的方法和过程的一个计划，是问题的解。方案制订及验证是针对已确认的根本原因而制定的永久性的改善对策，它能通过系统化的方式将真正原因加以防止，避免类似问题再发生。方案制订及验证的过程是一个创造过程，既需要对问题和原因有充分的理解，还需要具备解决问题的知识、能力和智慧。该过程受到个体为问题分析带来的技能和知识、不同个体（代表不同群体）带来的各种观点、个体和群体在解决问题过程中的互动方式的深刻影响[186]。另外，方案制订及验证是一个反复推敲、讨论和完善的过程。通常对于同一个质量问题，解决方案往往不止一个，每种方案都有其自身的好处和缺点，因此需要对备选的方案进行深度的分析和选择。质量问题解决团队必须考虑与产品相关的所有不同方面。他们必须确定所有提议的解决方案的成本、收益和总体接受度。如果所提出的解决方案都不足以解决问题，那么需要从头再来。永远不要因为还没有找到正确的方案而实施错误方案。

5. 方案实施

拟订解决方案后，需要将其实施到产品或流程中。方案实施的过程不仅需要知识，更需要技术和技巧的支持。相同的方案由不同的人执行或在不同的情境下实施都有可能出现不同的结果。方案的执行既可由个体承担，也可由小组或部门承担。实施过程中，变更必须得到所有相关方的支持。在多个主体承担方案实施工作时，存在大量的协调工作，因此需要建立相应的协调流程和机制以保证方案的顺利实施。另外，实施解决方案时，需要持续监控，以保证根本原因得以消除。同时，需要监控纠正措施的长期效果，必要的时候采取补救措施。当永久对策被验证有效后，即可停止临时措施。

6. 总结评价

总结评价是对方案执行结果的评估，评估的对象是事物的客观状态。通过比较和评估产品质量的状态和主体预期状态之间的差距，来判断质量问题是否解决。如果评估结果没有达到预期目标，则需要回到质量问题解决的第一步，然后依次对之前的每个步骤进行排查，根据排查的结果总结问题解决过程中的经验教训。无论方案是否有效，方案都是在问题解决过程中所经历的，都蕴含着问题解决过程中的实践经验和人的主观判断[187]。成功的经验可以使人们选择捷径，失败的教训可以使人们少走弯路。

综上，质量问题解决可以分为识别及定义质量问题、采取临时措施、原因分析、方案制订及验证、方案实施和总结评价这六个阶段。然而，这并不意味着问题解决的结束。质量标准和主体对产品质量的预期是动态变化的，这使得质量问题解决成为一个持续改进的过程。这一过程是与 PDCA 循环[188]保持一致的持续优化过程，它促进了日新月异的工业世界与日益升级的消费需求之间的持续交互，计划（plan）阶段包括识别及定义质量问题、采取临时措施、原因分析、方案制订及验证；执行（do）阶段包括实施所选择的解决方案，即执行方案；

检查（check）阶段评估实施的解决方案；行动（act）阶段，有助于确保绩效并要求持续改进。

3.3　质量问题解决关系分析

3.3.1　从系统的角度分析质量问题解决

本节利用直接建模的方法，构建了质量问题解决系统的结构模型，并且进行了系统分析。系统是由两个或者两个以上事物按照一定的客观规律，相互联系、相互作用、相互制约而组成的有机整体[189]。组成系统的基本事物称为系统要素，简称要素。要素之间的相互联系、相互作用、相互制约，称为关系。根据质量问题解决的六阶段，提取质量问题解决系统的关键五大要素，分别为问题载体、问题（果）、问题（因）、临时措施和长期方案。根据五大要素在质量问题解决实践中的关系，构建了质量问题解决系统结构模型，如图 3.2 所示。该结构模型是关于系统结构，即要素及其之间关系的整体表达。同时，它也是一种非常简单明了的模型，它突出了系统的组成和关系，而暂时忽略了对象和关系的属性。该模型是由"节点"和"边"组成的模型，其中，"节点"表示要素，"边"表示要素之间的关系。

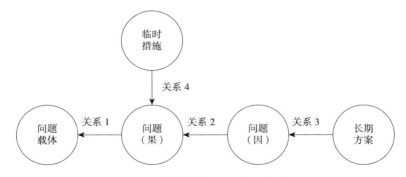

图 3.2　质量问题解决系统结构模型

如图 3.2 所示，质量问题解决系统结构模型包括四种关系。其中，关系 1 是问题（果）与问题载体的关系，它是问题依附性的体现，即问题（果）是依附于问题载体的。例如，在汽车前挡风玻璃漏水的例子中，挡风玻璃是"问题载体"，漏水是"问题（果）"，在该例子中漏水不能脱离挡风玻璃而存在，它依附于挡风玻璃。关系 2 是因果关系，它表示问题（果）是由问题（因）引起的。例如，漏水是由于机器人涂胶不均引起的，那么漏水是"问题（果）"，机器人涂胶不均是"问题（因）"。关系 3 和关系 4 都是质量问题与解的关系。解是解决问题的方法和过程的一个计划。临时措施是暂时解决问题的计划，长期方案是永久解决问题的、一劳永逸的计划。例如，针对汽车前挡风玻璃漏水的问题，采取的临时措施为人工涂胶。人工涂胶能防止漏水，但是没有解决机器人涂胶不均这个"问题（因）"，如果只采取这个措施，那么下次还会继续出现同样的问题。针对该问题，若采取优化机器人涂胶程序作为长期方案，则能彻底地解决漏水问题，因为该方案解决了机器人涂胶不均这个"问题（因）"。

质量问题解决中的上述四种关系和知识之间存在一定的一致性。OECD 的《1996 年科学、技术和产业展望》提出"以知识为基础的经济"概念，并将知识分成四类，分别为事实知识（know-what）、原理知识（know-why）、技能知识（know-how）、主体知识（know-who）。根据该定义，上述四种关系分别表示不同的知识。其中，问题（果）和问题载体之间的关系是质量问题组成和结构的体现，可以视为事实知识（know-what）；问题（果）和问题（因）之间的因果关系可以视为原理知识（know-why）；质量问题与解的关系体现的是问题解决过程中的执行程序、步骤和方法，可以视为技能知识（know-how）。同时，know-what、know-why 和 know-how 往往被人掌握，即 know-what、know-why 和 know-how 这三类知识与 know-who 之间存在着关联。因此只要获得了 know-what、know-why 和 know-how 知识，往往同时获得了 know-who 知识。

以质量问题解决系统结构模型为基础，可将质量问题解决的过程视为寻找"关系"的过程，已经寻找到的"关系"可以视为质量问题解决的"知识"。

接下来，具体深入分析质量问题与问题载体的关系、因果关系和质量问题与解的关系这三种关系的特点。

3.3.2　质量问题与问题载体的关系

质量问题解决系统结构模型中，关系 1 是质量问题与问题载体的关系，也是know-what 知识的体现。问题产生于事物，这个事物是问题的载体，称为问题载体。例如，汽车制造过程中组装的保险杠出现了变形现象，变形是保险杠的一种客观状态，这个客观状态不符合质量要求（即主体的预期状态），所以变形是一个需要解决的问题，这个问题产生于保险杠，保险杠就是变形这个问题的载体。

任何问题都有载体，无论是事的问题，还是物的问题。问题不会脱离载体而独立存在，这是因为问题的本质要么是事物的状态不能满足人们的需求，要么是事物的属性不能满足人们的需求。事物的状态其实是事物的属性在特定时空条件下属性值的集合，而事物的属性是依附于事物的，不能独立存在。所以说，问题不能脱离事物而独立存在，必然依附于某个载体，这个特性被称为问题的依附性。

依附性的方法论意义在于：在观察和分析质量问题时，除了观察质量问题本身的客观状态之外，还要找出质量问题依附的载体，并根据载体的不同特点分析和制订解决问题的方案。否则问题分析就是"无本之木""无源之水"。质量问题的解决最终要落实到质量问题的载体上。例如，保险杠变形的问题解决只有考虑保险杠的材质、尺寸等，才能采取适当的处理方法。

在质量管理中，FMEA 中隐含了质量问题与问题载体之间的关系。FMEA是在产品设计阶段和过程设计阶段，对构成产品的子系统、零件、对构成过程的各个工序逐一进行分析，找出所有潜在的失效模式，并分析其可能的后果，从而预先采取必要的措施，以提高产品的质量和可靠性的一种系统化的活动[190]。如图 3.3 所示，FMEA 中的项目/功能列记录产品组件（问题载体），潜在失效模式列记录相关的质量问题（失效模式），该两列表现的就是质量问题与问题载体之间的关系。

系统：												

	系统：							潜在FMEA				
	子系统：											
√	部件：变速器总成 1700100											
型号年/项目：F505					设计责任：307项目组				编制：×××			
					关键日期：2014/12/12				FMEA日期(原始)：2012/12/5			

项目/功能	要求	潜在失效模式	失效模式的潜在后果	严重度	分类	潜在失效起因/机理	现有设计		发生率		探测率	风险优先级数
							控制预防			控制探测		
输入轴◆传递扭矩	接受发动机作功产生的机械能，并以扭矩的方式进行传递，满足动力传递要求	花键断齿	车辆基本行驶功能丧失	8		花键静扭强度不够，硬度过高、过脆	类比设计并校对花键参数	2		静扭强度试验	3	48
		轴齿断裂	车辆基本行驶功能丧失	8		轮齿弯曲强度不够	校核弯曲强度，增大齿厚，提高材料许用应力	2		齿轮耐久试验，配车耐久试验	2	48
		齿面点蚀	总成寿命降低	7		接触强度不够	校核接触强度，提高齿面强度	3		齿轮耐久试验，配车耐久试验	2	42
		齿面胶合	总成寿命降低	7		齿面硬度不够	提高齿面硬度	2		齿轮耐久试验，配车耐久试验	2	28

图 3.3　潜在 FMEA 示例

3.3.3　因果关系

质量问题解决系统结构模型中，关系 2 是因果关系，也是 know-why 知识的体现。问题之间具有引起和被引起的关系，或者说是产生和被产生的关系，这种关系就是问题之间的因果关系[191]，被引起一方的问题是果，引起一方的问题是因。在质量管理中，影响质量的因素与质量问题之间的关系往往被称为因果关系。因果关系除了引起和被引起的特点之外，还有一个时间序列性的特点，这个特点表明因和果的时间顺序，原因在先，结果在后，二者的时间顺序不能颠倒。可以将引起和被引起与时间序列性这两个特点概括为含有时间顺序的由某一问题引起另一问题的本质联系，即"前因后果"。但是，并非任何表现为相继时间顺序的问题之间都具有因果关系，只有具备引起和被引起特点的问题之间的关系才具有因果特性。比如，汽车顶棚卡子松动引起顶棚噪声，那么卡子松动和顶棚噪声之间既有相继发生的特点，又有引起和被引起的特点，因此两个问题之间具有因果关系。

因果关系除了上述两个特点外，还有以下特征。

（1）因果关系具有必然性和模糊性的特征。问题之间的因果关系十分复杂，因与果之间的关系有确定与不确定、清晰与模糊之别。因果关系的确定性是指如果一个问题（果）发生了，那么另一个问题（因）也肯定发生了。不确定性是指一个问题（因）发生之后是否会引起另一个问题（果）的发生，其中的因果关系不是必然的，而是或然的，即以一定的概率发生，作为"果"的问题是否发生具有一定的可能性。比如，汽车顶棚卡子松动，未必会引起顶棚噪声。因果关系的清晰性是指一个作为原因的问题发生了，它将会引起哪个问题或哪些问题发生是清楚的，即可能的结果集合是清楚的。对于确定的因果关系，其结果集合中的问题必然发生；对于不确定的因果关系，其结果集合中的问题将会以一定的概率发生。因果关系的模糊性是指一个问题发生后，将会引起什么样的问题是不清楚的，即结果集合是一个模糊集合。必然性和模糊性方法论的意义在于告诉人们在分析问题间的因果关系时，需要注意多种因果关系。

（2）因果关系具有多样性的特征，如一因多果、同因异果、一果多因、同果异因、多因多果等。一因多果是指一个问题（因）的发生同时引起多个问题（果）的发生，作为果的问题之间是"与"的逻辑关系；同因异果是指同样的一个问题（因）的发生，在不同的条件下会引起不同的问题（发生），作为果的问题之间是"或"的逻辑关系；一果多因是指一个问题（果）是由多个问题（因）同时作用引起的；同果异因是指同一个问题（果）在不同的条件下由不同的问题（因）引起；多因多果是指多个问题（果）的发生与多个问题（因）的发生具有更复杂的关系；因果关系的多样性方法论意义在于处理问题时，除了关注问题及其关系之外，还需要对问题发生的条件进行分析，这样才能真实地辨析问题，从而正确地解决问题。

（3）因果关系还有相对性特征。一个问题的发生总是有原因的，而这个问题的发生还会引起其他问题的发生。因此，一个问题对于引起它的问题来说是结果，而对于它引起的问题来说是原因。如此，一系列互为因果的问题之间相互连接便形成了因果链。一因多果、同因异果、一果多因、同果异因和多因多果的复杂情况，形成了复杂的因果网络和因果回路。相对性特征的方法论意义在于可以为因果关系建立复杂的网络模型，用于描述一个领域的复杂问题之间的因果交叉关系，并利用这个网络进行推理，分析问题的原因和预测问题可能的结果。

在质量管理中，因果图（又称鱼骨图、石川图），是一种用于分析质量问题（果）与可能影响质量特性的因素（因）的一种工具，表达并分析因果关系。如图 3.4 所示，在因果图中，"鱼头"在右，表示出现的质量问题，往左的一条"大鱼骨"上分布着一些"小鱼骨"，表示影响质量问题的因素，附在"小鱼骨"上的"鱼刺"即为该质量问题的具体原因。

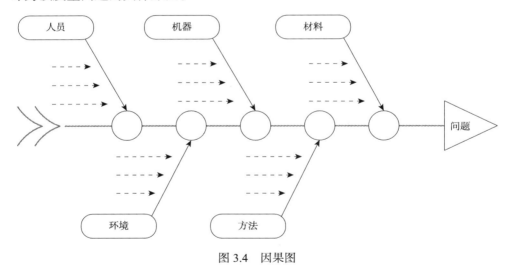

图 3.4　因果图

3.3.4　质量问题与解的关系

质量问题解决系统结构模型中，关系 3 和关系 4 是质量问题与解的关系，也是 know-how 知识的体现。解即方案，是解决问题的方法和过程的一个计划。质量问题解决中，问题解有两种类型。首先，当发生质量问题时，需要第一时间做出反应，采取相应的措施控制问题，不让问题扩散和流出。这种问题的解被称为临时措施。临时措施是在短期内采用的一种措施，它往往发生在问题原因分析之前，是一种"治标不治本"的解。然而，临时措施也是问题非常重要的解。在问题解决的初期，问题发生的根本原因并不明朗，因此无法"对症下药"来彻底解决问题。问题解决过程中，当已经完成原因分析并找到问题潜在可能发生的原因时，需要提供另一种解。这种解也称长期解决方案，其主要针对的是问题发生的根本原因，并且在实施该方案后能起到"治本"的作用，即能消除问题发生的根本原因，并使问题不再继续发生。

解的拟定是一个创造过程，既需要对质量问题和原因具有充分的理解，又需要具备解决问题的知识、智慧和能力。方案拟定是一个反复讨论、推敲和修改的过程。通常地，对于同一个问题，解决方案往往会有多种，不同的方案侧重点不一样，这就要求能够对备选方案进行深度分析和优化选择，因此解的拟定也是一个决策过程。

3.4　知识驱动的质量问题解决理论模型与研究框架

3.4.1　新旧质量问题解决模式

以质量问题解决系统结构模型为基础，可将质量问题解决的过程视为寻找图 3.2 中的"关系"的过程。现有的质量问题解决过程实际上是人工地去寻找质量问题解决结构模型中"关系"的过程，该过程很大程度上依赖人的直觉和经验。因此，质量问题解决过程并不是一个直线式的推进过程，而是在"问题状态"与"问题原因"之间、"问题原因"与"解决方案"之间、"问题状态"与"结果状态"之间展开的多次反复的复杂试错过程（"猜测—反驳—再猜测—再反驳"直至结束），如图 3.5 所示。

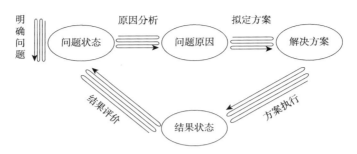

图 3.5　现有的质量问题解决过程（现有模式）

然而，当人们不厌其烦地解决问题时，就会发现在质量问题解决过程中有许多无用功，既浪费了大量的人力、物力、时间等各种资源，又阻滞了工作的进度。人们不禁要问"能否少走弯路，减少反复，提高问题解决效益"，即能否采用某种方法精练图 3.5 的"问题解决过程"，使过程中问题反复出现的次数得到减少和简化，尽量消除无用功，从而提高问题解决效率和效益。精练后的质量问题解决过程可以用图 3.6 来表示，其中的双箭头线表示简化了的试错过程，显然各个逻辑步骤之间的反复大幅度简化，总体效率将会提高。

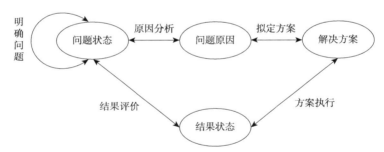

图 3.6　精练后的质量问题解决过程（新模式）

图 3.6 表示的质量问题解决过程是一种新模式。在这种新模式中，过程大幅度精练和简化，反复次数大幅度减少。本书的研究目的就是促使质量问题解决过程的现有模式向新模式转化。

3.4.2　研究思路和研究模型

关于如何将质量问题解决过程的现有模式转化为新模式，本书提出了如下研究思路。

在质量问题解决过程的每一次反复中，都会产生大量的经验，并存储于当事人的头脑中而成为当事人的隐性知识，如果最终消除了矛盾，即解决了问题，人们就会得到成功的经验，否则就会得到失败的教训。由此可见，质量问题解决过程既是问题分析的试错过程（如图 3.7 中的折线、图 3.8 中的双箭头线所示），又是隐性知识的创造过程（如图 3.7、图 3.8 中螺旋曲线所示）。

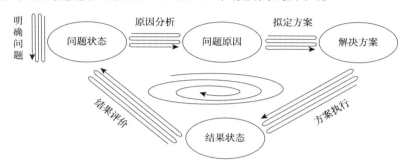

图 3.7　现有模式中的隐性知识创造过程

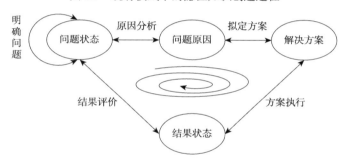

图 3.8　新模式中的隐性知识创造过程

然而，如果把质量问题解决过程每一逻辑步骤的处理结果进行记录，形成质量问题解决数据，再从质量问题解决数据中析取出问题解决的显性知识。那么，在质量问题解决过程中，又可以增加一个显性知识的创造过程，如图 3.9 中的虚线所示的螺旋过程。

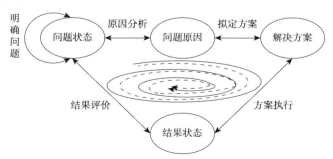

图 3.9　增加了显性知识创造过程的新模式

　　质量问题解决数据如图 3.10 所示。其中，问题数据是识别及定义质量问题的结果；临时措施数据是对临时措施制定和实施过程及结果的记录；原因数据是对原因分析结果的记录；方案数据是对方案内容和实施步骤等的记录；评价数据是对质量问题解决前几个步骤的总结和评价。这些数据既是将客观世界的质量问题解决过程转变为符号世界的符号表示，也是进一步挖掘质量问题解决知识的源泉。

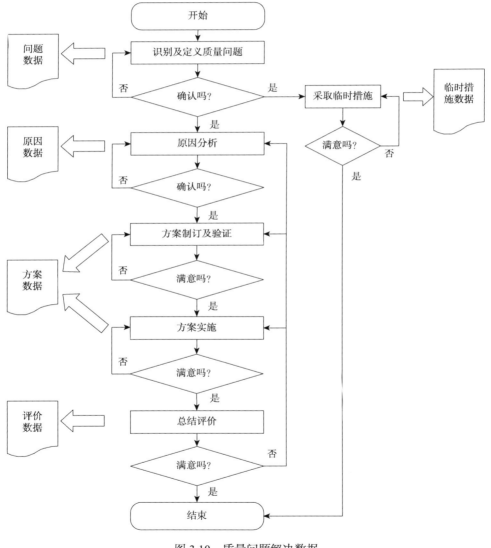

图 3.10　质量问题解决数据

依附于质量问题解决数据的显性知识不只是个人经验的外化，也是众多知识来源的融合、群体的隐性知识外化并共享的结果，图 3.9 中质量问题解决过程新模式的本质是把个人经验与群体智慧融合起来。如果再把知识（包括隐性知识和显性知识）重用于新问题解决的过程中，那么对问题的处理就会突破个人经验的局限，提高自觉性，减少盲目性。由此，就可以大幅度减少试错的反复次数，精练问题解决过程，提高问题解决效率和效益。因此把质量问题解决过程的现有模式转化为新模式，就是本书的研究思路。

按照这个知识创造的思路，则需要研究一套新的知识管理模型，把质量问题解决过程产生和需要的知识进行有效管理，这个模型是达到本书研究目的即从现有模式过渡到新模式的一个桥梁。本书称之为知识驱动的质量问题解决模型，如图 3.11 所示。

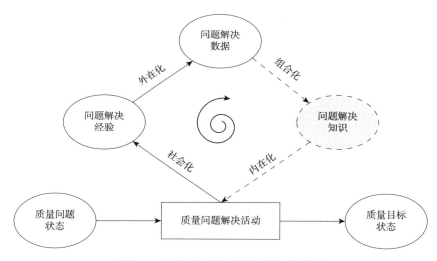

图 3.11　知识驱动的质量问题解决模型

知识驱动的质量问题解决模型以 Nonaka 和 Takeuchi[24]的 SECI 模型（图 3.12）为基础，重点聚焦知识组合化的环节。从模型中可以看出，质量问题解决活动中产生了大量的问题解决经验，经验通过外化后形成了问题解决数据。通过数据挖掘和知识管理的方法，可以从问题解决数据中挖掘出质量问题解决知识，进而将其应用到新的质量问题解决活动中，该过程如图 3.11 中虚线所示。通过知识驱动的质量问题解决，将质量问题状态改进到质量目标状态。有了问题解决知识的支持，问题解决团队将不仅依靠经验来解决质量问题，而且问题解决的效率和效果将会得到提高。

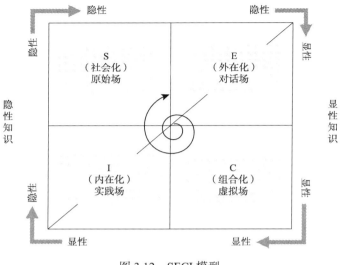

图 3.12　SECI 模型

3.4.3　研究框架

结合知识驱动的质量问题解决模型，进一步介绍知识驱动的质量问题解决研究框架。如图 3.13 所示，根据质量问题解决中的三种关系，将问题解决的过程简化成识别及定义质量问题，原因分析，方案制订、验证及实施。知识驱动的质量问题解决研究框架首先进行问题解决中的数据采集。其次进行数据清洗，即对数据进行重新审查和校验、删除重复信息、纠正存在的错误，并提供一致性数据。再次进行相应的知识挖掘。其中，know-what 知识挖掘的目的在于挖掘所有问题载体和所有质量问题之间的关系，该关系知识能让质量问题解决者对于问题载体有一个全面的认识。同时，在问题发生前，质量管理人员可以借助该关系知识预测和分析问题载体的潜在问题，并提前采取相关措施避免问题的发生。know-why 知识挖掘的目的在于挖掘一类质量问题和原因之间的概括性和抽象性的因果关系，该因果关系知识能让问题解决者了解质量问题和原因之间的复杂因果关系，如一因多果、同因异果、多因多果等。通过使用该概括的、抽象的因果关系知识，某些问题的原因对于其相似问题也能提供参考。know-how 知识挖掘的目的在于挖掘典型的方案，并找到其与问题群落之间的关系，当新问题发生时能快速地推荐典型方案。最后设计开发智能质量问题解决系统，将上述知识应用于新的质量问题解决过程，为其提供智能化决策支持。

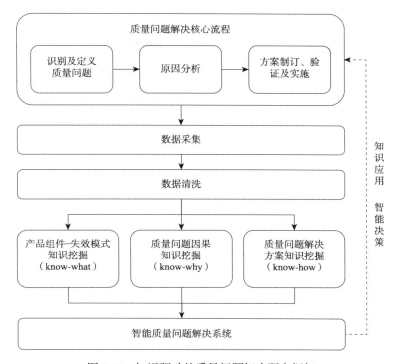

图 3.13　知识驱动的质量问题解决研究框架

本书将在后续章节中继续深入研究该框架中的各项内容。在第 4 章中，本书将深入研究如何挖掘问题载体和质量问题之间的关系知识（know-what 知识），来支持 FMEA 的建立。在第 5 章和第 6 章中，本书将研究从质量数据中挖掘因果关系知识（know-why 知识），并以数字化因果图来呈现该因果关系知识以支持质量问题解决的原因分析过程。在第 7 章中，本书将深入研究 know-how 知识挖掘。只要获得了 know-what、know-why 和 know-how 知识，往往就同时获得了 know-who 知识，因此本书并未单独研究 know-who 知识挖掘。在第 8 章中，本书研究面向汽车制造业的智能质量问题解决系统的开发和应用。

3.5　知识驱动的质量问题解决支撑条件

质量问题解决知识不仅来源于问题解决数据，也来源于企业内部/外部基础知识，尤其是员工的经验性知识。因此，知识驱动的质量问题解决除了技术支持之外，还需要企业知识管理的支持。成功的知识管理需要五个方面的环境建设来保障，包括技术环境建设、人员素质环境建设、组织环境建设、制度环境建设和文化环境建设，如图 3.14 所示。

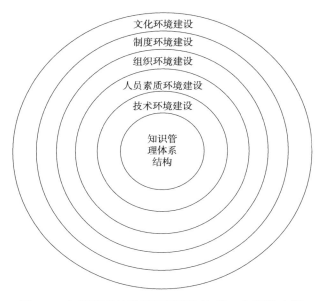

图 3.14　知识驱动的质量问题解决的"1+5"建设内容

　　技术环境建设主要是为知识驱动的质量问题解决搭建信息网络环境，利用信息技术、数据库技术和网络通信技术开发知识挖掘/管理技术系统。人员素质环境建设是指员工都需要具备一定的知识管理素养，这是因为质量问题解决与企业质量管理中每一位员工相关，同样知识管理也与企业质量管理部门及一线的每一位员工都有关。经验性的知识存在于员工的大脑中，是员工的个人财富，员工个人是否愿意贡献自己的经验与别人分享是知识管理中的一个根本问题，如果员工都没有与人分享经验和知识的意愿，再好的方法和技术也无济于事；另外由于知识的隐秘性和不可言传性，员工即使愿意与别人共享自己的经验知识，也往往缺乏可行的表达方式而于事无补，这就需要通过培训提高员工素质和表达能力。组织环境建设是指在复杂问题的分析和解决过程中如何协调众多的相关人员和参与的众多员工，并形成一定的组织模式。从制度环境建设来讲，企业需要制定相关的激励制度、形成知识管理的激励机制，使得每一位员工，无论是中层还是一线员工都应该把知识管理工作当作分内工作，而不是额外负担。至于文化环境建设，则是一个长期的过程，不可急功近利、急于求成，而要持之以恒、久久为功。如果说制度环境建设是一种硬约束的话，那么文化环境建设就是一种软约束。

知识驱动的质量问题解决是企业的一项发展战略，应该纳入企业整体发展战略之中。知识管理工作也是一项战略性工作，无论是知识的积累还是集体智慧的形成都是一个过程，其效果不会立竿见影，其价值也是战略性的。一般认为知识管理工作重要但不紧急，常常会被其他紧急的事情挤掉，这就需要企业具有战略定力和战略耐心。

3.6　本 章 小 结

本章在对问题解决和质量问题解决相关概念的探讨和分析的基础上，研究了质量问题解决的流程和内在关系，并研究了如何利用知识来驱动质量问题解决。首先，结合"试错法"等相关理论，本章提出了质量问题解决的六阶段模型，该模型将问题解决划分为识别及定义质量问题、采取临时措施、原因分析、方案制订及验证、方案实施、总结评价这六个阶段。其次，利用直接建模的方法，本章构建了质量问题解决系统结构模型，并具体分析了该模型中的四种关系，分别对应 know-what、know-why 和 know-how 三种知识。再次，本章提出了质量问题解决新模式，以及实现新模式的知识驱动的质量问题解决模型和研究框架，提出了从问题解决数据中挖掘相关的质量问题解决知识的方法。最后，本章提出了知识驱动的质量问题解决的"1+5"建设内容，即从技术环境建设、人员素质环境建设、组织环境建设、制度环境建设和文化环境建设来保障知识驱动的质量问题解决在企业成功实施。

本章的研究为后续的章节奠定了基础，设定了方向。在接下来的章节中，将分别深入研究 know-what、know-why 和 know-how 数据挖掘和知识管理的过程。

第4章 产品组件-失效模式知识挖掘与分析

本章在第 3 章研究框架的基础上，深入研究了质量问题解决中的 know-what 知识。根据产品质量问题解决的特点，本章以组件-失效模式矩阵来表示问题载体和质量问题之间的关系，即 know-what 知识。同时，本章提出以组件-失效模式矩阵，来支持 DFMEA 的构建过程。由于组件和失效模式之间的关系隐含在质量问题文本中，且失效模式的描述不一。因此本章首先利用频繁项集挖掘的方法以及 WordNet 工具构建标准失效模式集，其次设计了 CFMM，最后进行了案例研究，以验证方法的可靠性和有效性。

4.1　问　题　提　出

发现及定义问题是问题解决流程中最初始的步骤，也是非常关键的步骤。只有清晰地定义和描述了问题，才能为下一步的问题分析和解决打下良好的基础。定义和描述问题往往需要清晰定义问题发生的情境、问题的初始状态和预期状态等。在产品质量问题解决的发现及定义问题阶段，通常还需要明确发生问题的载体，即谁发生了问题，以及发生了什么问题，即问题的现象是什么。对于已经发生的问题，问题记录工具，如 is/is not 矩阵能清晰地定义问题；对于尚未发生的（潜在可能发生的）问题，FMEA 是质量管理中常用的工具。

潜在 FMEA 是在产品设计阶段和过程设计阶段，对构成产品的子系统、零件，对构成过程的各个工序逐一进行分析，找出所有潜在的失效模式，并分析其可能的后果，从而预先采取必要的措施，以提高产品的质量和可靠性的一种系统化的活动[192, 193]。它旨在帮助工程师提高产品的质量和可靠性，从而及早发现和消除潜在的产品/过程故障模式并提高客户满意度。根据定义，失效模式指的是终止系统执行所需功能或无法在先前指定范围内执行的能力[194]，并包括可能影响客户的已知和/或潜在故障、问题或错误，从而危及整个组织的声誉[195]。FMEA 有各种形式，其重点和目标各不相同，分别为 DFMEA、工艺 FMEA（process failure mode effects analysis，PFMEA）和系统 FMEA（system failure mode effects analysis，SFMEA）[196]。

DFMEA 是产品设计和开发中常用且重要的工具，该工具充分考虑产品生产、运输和使用过程中涉及的问题，将所有可能的问题纳入预防范围，并做好预防措施和解决方案。在创建 DFMEA 时，列出每个组件的所有潜在失效模式是非常重要的一步[197]，这对于创建无故障设计至关重要[198]。在该步骤中，组件即问题发生的载体，即谁发生了问题；失效模式即什么问题。通常可通过对产品的功能分解模型、物料清单和失效分析报告等历史文档进行人工的分析、整理、总结和归纳，利用设计结构矩阵，采用统计累加的方法获取与结构组件相关的各失效模式发生的频数（以发生次数来度量），从而得到组件与失效模式间的对应关系知识[199]。

然而，在进行 DFMEA 分析时，这种手动获取失效模式和组件–失效模式关系的方法存在一些缺点。首先，大量的失效模式类型使企业难以构建公司级失效模式库。公司的不同部门在描述相同的或略有不同的失效模式时通常使用自己的描述词汇表，记录产品质量问题的员工通常也会根据自己的习惯描述同一问题，这导致设计者对失效模式的理解产生偏差。其次，失效模式知识的来源非常分散。产品的失效往往发生在生产和售后等阶段，创建 DFMEA 的研发人员远离生产和售后过程，缺乏对生产和售后中可能出现的产品质量问题的理解；生产和售后过程中分散的产品质量问题数据构成了信息孤岛，设计者难以使用。特别是当这些文档丢失或难以找到时，组件–失效模式知识将不完整。最后，人工构建组件–失效模式知识将耗费大量的人力成本和时间成本。

然而，在生产和售后过程的质量管理中，企业生成并累积了大量与质量问题相关的数据。这些以文本等形式存储的质量问题数据中存在着产品组件和失效模式之间的隐含关系，它们是组件–失效模式知识库的重要数据来源。如果能将生产和售后环节的质量问题数据统一汇总，并利用数据挖掘的方法从中自动获得组件–失效模式知识，那么将解决该问题。由于文本挖掘能够自动发现隐藏在非结构化文本中的知识资产，因此文本挖掘受到很大关注[200, 201]。因此利用文本挖掘的方法，从大量的质量问题数据中，尤其是文本数据中去自动挖掘而非人工获取产品组件存在的失效模式，以及组件和失效模式之间的关系，能使得预测每一种失效模式变为可能。这也能为 FMEA 提供数据基础，提高构建 DFMEA 知识库的效率，进而提高产品及系统的可靠性，提高客户的满意度。

组件-失效模式矩阵是表示组件-失效模式知识的重要方法[199]。组件-失效模式知识表示 FMEA 中产品子系统和组件的潜在失效模式，可以用 $m \times n$ 维的组件-失效模式矩阵表示，其中，m 是所有 n 个组件发生的失效模式总数。在该矩阵中，在组件发生过的失效模式对应的单元格中填"1"，其他的单元格填"0"，或者在相应的单元格中填入组件发生过失效模式的频次或可能性。当需要创建 DFMEA 时，可以将组件-失效模式矩阵中的组件对应的失效模式及其发生频次直接填入 DFMEA 中的项目、失效模式和发生率这三列中，提高 DFMEA 的创建效率。然而，涉及组件-失效模式矩阵的研究都假定该矩阵是已知的[202]，如功能-失效模式矩阵构造[203~205]和故障依赖矩阵构造[206, 207]，且在这些论文的案例研究中，组件-失效模式矩阵相对较少。因此，可以基于经验提供组件-失效模式矩阵。很少有关于如何从大量的文本数据中挖掘组件-失效模式矩阵方面的研究。遗憾的是，复杂的产品或系统包含许多组件，并且存在许多失效模式，这使得手动获取组件-失效模式矩阵变得耗时耗力。因此，自动获取组件和失效模式关系是一个重要的挑战。

因此，针对上述问题，本书提出了利用组件-失效模式矩阵来表示问题载体与质量问题的 know-what 知识，并研究了从大量质量问题文本中自动获取组件-失效模式矩阵的方法。在本书的方法中，基于 Apriori 和 WordNet 的文本挖掘方法最初用来创建标准失效模式库。随后本书提出了一种文本挖掘算法，基于上述构建的标准失效模式以及已知的产品组件，该算法从非结构化问题解决文本中提取组件-失效模式矩阵。

4.2　组件-失效模式矩阵挖掘流程

本章的目标是从大量非结构化的质量文本中自动获取组件和失效模式关系矩阵。为了更清晰地描述本章的研究，本章利用图 4.1 来表达本书的研究思路以及组件和失效模式关系矩阵获取的流程。如图 4.1 所示，首先对原始数据进行预处理。其次基于预处理的数据，构建标准失效模式集，包括失效模式频繁项集挖掘、失效模式合并及标准化等步骤。再次，将已有的问题标题集中的非标准失效模式文本用标准失效模式替换，形成新的问题标题集合。最后，设计组件-失效模式挖掘算法。基于构建好的标准失效模式集和已有的组件集，利用该算法从处理后的质量问题集中提取组件-失效模式矩阵。图 4.1 中虚线所包括的部分是本章的重点研究内容。其中，本章在 4.3 节中，详细介绍了构建标准失效模式集的流程和方法。4.4 节详细介绍了 CFMM 的算法。

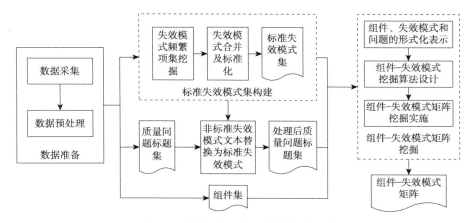

图 4.1　组件-失效模式矩阵挖掘流程

4.3　标准失效模式集构建

构建标准失效模式集的方法包含如下步骤：文本预处理、失效模式频繁项集挖掘、失效模式标准化。文本预处理部分包括去除停用词、将缩略词转化为完整的单词、去除情境词等步骤。失效模式频繁项集挖掘部分包括词性标注、利用 Apriori 算法挖掘频繁项集以及剪枝。失效模式标准化包括基于 WordNet 的失效模式同义词提取和失效模式合并及标准化。

从质量问题解决数据库中收集相关的问题语料库。首先，对原始文本进行预处理，文本预处理包括去停用词、将缩略词转化为完整单词、去除情境词等步骤。在去停用词的步骤中，基于已有的停用词库，这些文本中的停用词被删除。同时，构建领域缩略词词典，来将原始文本中的缩略词转化为完整的单词。很多文献已经提出了不同的方法来处理缩写歧义、消除问题[208, 209]。而本书的缩略词具有领域特点，且质量问题标题为短文本，通常这些缩略词只有一种可能的意思。因此，识别原始文本中的缩略词后，将其替换成缩略词库中的基础单词，不进行消歧处理。另外，原始文本中包含组件等信息，这些信息包含的单词和失效模式包含的单词不一样。因此为了更好地关注失效模式，以免在失效模式提取过程中被这些信息干扰，本书根据已知组件集合 $C = \{c_1, c_2, \cdots, c_n\}$，将原始文本中的组件包含单词删除。

其次，在失效模式频繁项集挖掘步骤中，对所有的问题文本进行词性标注，同时本书获取预处理文档中的所有词集 $U = \{u_1, u_2, \cdots, u_o\}$。之后以这些词为项目，以每条问题记录为事务单位，创建关联事务数据 D。根据 Apriori 算法[210]，满足最小支持度 α 的频繁项集从关联事务数据中被提取出来。候选频繁项集的集合被表示为 $F_1' = \{f_1', f_2', \cdots, f_j', \cdots, f_v'\}$，其中 f_j' 为第 j 个频繁项集。每个候选频繁项集被视为一个失效模式。根据领域专家的经验，本书可知失效模式包含的单词最多不超过三个，因此本书不考虑三项以上的频繁项集，即 f_j' 中最多存在三个词语。另外，由于很多频繁出现的项集并不属于失效模式，如一些表示问题发生情境的词"road"（道路）和"cobblestone"（鹅卵石），表示位置的词"front"（前）、"rear"（后）、"left"（左）、"right"（右）、"middle"（中）等。因此本书结合专家经验，对候选频繁项集进行剪枝和非特征项过滤，进而获得新的候选频繁项集的集合 $F_2' = \{f_1', f_2', \cdots, f_j', \cdots, f_\delta'\}$，其中 $\delta < v$。

经过剪枝的新频繁项集包含大量的失效模式。如果以该结果作为失效模式集将存在两个问题。首先，失效模式过多；其次，多个项集可能表示同一个失效模式。因此需要进一步将该候选频繁项集 F_2' 进行标准化，将用同义词表示的不同项集进行合并。在质量管理中，开发一种能被组织各个部门理解的问题定义对于组织而言是一个挑战。如果人工地从这成百上千个单词或词组中去辨别同义词或同义词组，那将耗费很大的人力物力。而通常同义词的识别方法有：在词典注释中发现识别同义词[211-213]、在大型语料库中识别同义词的方法如词汇共现算法[214]、基于搜索引擎的在网络中识别同义词的方法[215, 216]等。但是由于质量问题文本通常较短，包含的信息有限，很难通过这些方法将同义的失效模式识别出来。当然，对于网络中的语料库等文本，可能会存在同一个单词在不同的语境中是不同的意思的现象。但在本书的研究中，失效模式往往是名词，而且具有很强的领域特点，通常不存在一词多义的现象。因此，每个带有支持度计数的频繁项集可以被视为只有单一含义的失效模式。因此本书在失效模式标准化这一步中，引入了基于 WordNet 的同义词提取方法。WordNet 是由普林斯顿大学的心理学家、语言学家和计算机工程师联合设计的一个基于认知语言学的英语词典，它根据词义而不是词形来组织词汇信息。WordNet 根据词条的意义将它们分组，每一个具有相同意义的字条组被称为一个同义词集合[217]。首先利用 WordNet 找出频繁项集中所有词之间的同义关系，并构建同义词集合。其次对于每一组同义的失效模式频繁项集，将支持度计数最高的失效模式作为该组的标准失效模式。最后结合领域专家的经验和观点，对结果进行修正，并构建标准失效模式集。例如，根据 WordNet，f_i'

和 f_j' 表示同一个意思，且项集 f_j' 的支持度计数高于 f_i'，那么这两个失效模式项集统一成 f_j'，作为标准失效模式，且 f_j' 的新支持度计数为原 f_j' 和 f_i' 的支持度计数之和。根据这个步骤，本书构建了失效模式同义词集，并获得新的失效模式集合 $F = \{f_1, f_2, \cdots, f_m\}$，其中 $m < \delta$，作为标准失效模式集。

4.4　组件-失效模式矩阵挖掘算法

在该部分，本书提供了一种新颖的组件和失效模式关系挖掘的算法。大部分的质量问题数据都被储存在质量管理信息系统中，每一条问题记录通常都包含问题标题。它是对问题的综合性提炼，通常是以短文本的形式进行记录，并蕴含了组件和失效模式的信息。基于已有的组件集合，以及 4.3 节中提取的标准失效模式集，将质量问题标题文本作为纽带，构建了组件和失效模式之间的关系矩阵。对问题标题文本进行预处理之后，利用 4.3 节中构建的同义词集中的标准失效模式，将非标准失效模式替换，并把处理后的质量问题标题作为算法的输入。

4.4.1　符号和形式化

基于现有的组件集和标准失效模式集，本书使用质量问题的标题作为构建组件-失效模式矩阵的基础连接。此处给出将在 CFMM 中使用的符号和定义。

产品组件是产品的重要组成部分，它们通常是一个或几个合件和若干个零件的组合，并具有特定功能。组件集合可以形式化为

$$C = \{c_1, c_2, \cdots, c_n\} \tag{4.1}$$

其中，c_i 表示第 i 个组件，$i = 1, 2, \cdots, n$。

失效模式是一个系统或子系统或零部件没有满足它设计的目的或功能。它是失效机制（失效模式的原因）的结果。例如，完全断裂的轴、变形的轴，或者完全打开或完全闭合的电触点都是 DFMEA 的单独失效模式。失效模式集合可以形式化为

$$F = \{f_1, f_2, \cdots, f_m\} \tag{4.2}$$

其中，f_j 表示第 j 个失效模式，$j = 1, 2, \cdots, m$。

　　产品质量问题标题是对质量问题的精练描述，通常以短文本的形式记录，并包含有关组件和失效模式的信息。质量问题标题集合可以表示为

$$T = \{t_1, t_2, \cdots, t_l\} \tag{4.3}$$

其中，t_s 表示第 s 个问题标题，$s = 1, 2, \cdots, l$。

　　组件、失效模式和问题标题的文本只有在利用数学形式进行表示后才能进行相应的运算。本书利用词袋模型（bag of words model）来表示这些文本。在信息检索中，词袋模型将文档视为单词的集合，而忽略文档的词序、语法和其他元素。文档中每个单词的出现是独立的，不依赖于是否出现其他单词。在使用词袋模型表示文本之前，需要创建一个字典。由组件、失效模式和问题标题的文本中包含的单词构成的字典可以表示为

$$W = \{w_1, w_2, \cdots, w_e\} \tag{4.4}$$

其中，w_τ 表示字典中的第 τ 个单词，$\tau = 1, 2, \cdots, e$。

　　基于该字典，本书利用词袋模型将组件表示为文档–单词矩阵（document-term matrix）。组件的文档–单词矩阵可以形式化为

$$CW_{ne} = \left(cw_{i\tau}\right)_{n \times e} = \begin{pmatrix} cw_{11} & cw_{12} & \cdots & cw_{1e} \\ cw_{21} & cw_{22} & \cdots & cw_{2e} \\ \vdots & \vdots & & \vdots \\ cw_{n1} & cw_{n2} & \cdots & cw_{ne} \end{pmatrix} \tag{4.5}$$

其中，$cw_{i\tau} = 1$ 表示组件 c_i 包含单词 w_τ，反之，$cw_{i\tau} = 0$ 则表示不包含。

　　类似地，失效模式的文档–单词矩阵为

$$FW_{me} = \left(fw_{j\tau}\right)_{m \times e} = \begin{pmatrix} fw_{11} & fw_{12} & \cdots & fw_{1e} \\ fw_{21} & fw_{22} & \cdots & fw_{2e} \\ \vdots & \vdots & & \vdots \\ fw_{m1} & fw_{m2} & \cdots & fw_{me} \end{pmatrix} \tag{4.6}$$

其中，$fw_{j\tau} = 1$ 表示失效模式 f_j 包含单词 w_τ，反之，$fw_{j\tau} = 0$ 则表示不包含。

　　问题标题的文档–单词矩阵为

$$TW_{le} = \left(tw_{s\tau}\right)_{l \times e} = \begin{pmatrix} tw_{11} & tw_{12} & \cdots & tw_{1e} \\ tw_{21} & tw_{22} & \cdots & tw_{2e} \\ \vdots & \vdots & & \vdots \\ tw_{l1} & tw_{l2} & \cdots & tw_{le} \end{pmatrix} \tag{4.7}$$

其中，$tw_{s\tau} = 1$ 表示问题标题 t_s 包含单词 w_τ，反之，$tw_{s\tau} = 0$ 表示不包含。

　　组件–失效模式矩阵是一个 $m \times n$ 维的矩阵，本书将其表示为

$$
CF_{nm} = \left(cf_{ij}\right)_{n\times m} = \begin{pmatrix} cf_{11} & cf_{12} & \cdots & cf_{1m} \\ cf_{21} & cf_{22} & \cdots & cf_{2m} \\ \vdots & \vdots & & \vdots \\ cf_{n1} & cf_{n2} & \cdots & cf_{nm} \end{pmatrix} \tag{4.8}
$$

其中，m 表示所有 n 个组件中发生的失效模式的总数；cf_{ij} 表示组件 c_i 经历失效模式 f_j 的次数。

4.4.2　假设和算法

本节提供了一种新的文本挖掘方法，用于挖掘组件和失效模式的关系。为了使本书的研究清晰简单而不失一般性和本质，本节给出如下假设。

假设 1：每个问题标题只包含一个组件。

假设 2：每个问题标题只包含一个失效模式。

事实上，对于本书研究的工业领域，问题标题通常包括问题发生的情境、载体（如组件）、问题发生的现象（如失效模式）等。将问题输入系统的人不会在标题中多次描述问题的组件–失效模式。这些标题简洁地表示了文档中最重要的信息[218]，很少有复杂的语句[219]。此外，该方法对于从其他场景中的短文本描述的标题中提取相关信息的研究也具有一些参考意义。然而，对于一些非标题内容，如文章或长文本，可能存在用于不同研究需求的不同方法。

在本书的方法中，需要找出每个标题包含哪些组件–失效模式。通过下面的公式，可以得到标题和组件之间的关系。

$$
TC = \left(tc_{si}\right)_{l\times n} = TW \times CW^{T} = \begin{pmatrix} tc_{11} & tc_{12} & \cdots & tc_{1n} \\ tc_{21} & tc_{22} & \cdots & tc_{2n} \\ \vdots & \vdots & & \vdots \\ tc_{l1} & tc_{l2} & \cdots & tc_{ln} \end{pmatrix} \tag{4.9}
$$

其中，CW^{T} 表示组件的文档–单词矩阵的转置；TC 矩阵每一行的每个元素的值表示该行对应的问题标题和该列对应的组件的相同单词的数量。例如，tc_{11} 表示第一个标题和第一个组件相同单词的数量。

对于每一个标题，都需要从所有的组件中找到一个组件，使得该标题和该组件对应的元素的值最大，表明该组件和该问题标题中相同单词的数量是最多的。例如，如果 $\max\left(tc_{11}, tc_{12}, \cdots, tc_{1n}\right) = tc_{12}$，则标题 1 包含的组件是组件 2。若对于某个标题，多个组件与其对应的矩阵中的元素值相等且最大，即该标题能对应多个组件，那么取其中包含索引词数最少的那个组件作为该标题对应的组件。比如，标题为"seat belt noise"（座椅安全带噪声），两个组件分别为 seat belt（座椅安全带）和 seat belt buckle（座椅安全带扣），三者构成的索引词集为{seat，belt，noise，buckle}。根据上述方法，seat belt 和 seat belt buckle 与标题相乘的结果都为 2。但很明显，标题中对应的应该是 seat belt，而非 seat belt buckle。

在此步骤之后，获得所有标题和组件之间的对应关系，并将从每个标题中识别的组件的下标存储在一个数组中，并进一步生成所有标题对应的组件的集合。同时，计算每个组件的出现次数，作为从所有标题中识别的组件的统计结果。

与获得标题和组件之间关系的方法一样，可以通过以下公式得到标题和失效模式之间的关系。

$$TF = \left(tf_{sj}\right)_{l \times m} = TW \times FW^T = \begin{pmatrix} tf_{11} & tf_{12} & \cdots & tf_{1m} \\ tf_{21} & tf_{22} & \cdots & tf_{2m} \\ \vdots & \vdots & & \vdots \\ tf_{l1} & tf_{l2} & \cdots & tf_{lm} \end{pmatrix} \tag{4.10}$$

类似地，获得所有标题和组件之间的对应关系后，将从所有标题中识别的失效模式的下标存储在一个数组中，并进一步生成所有标题对应的失效模式的集合。同时，计算每个失效模式的出现次数，作为从所有标题中识别的失效模式的统计结果。

根据与每个问题标题对应的组件下标和失效模式下标，将该组件与失效模式相互关联，并相应地计算每个组件的失效模式的数量，据此构建组件-失效模式矩阵。

CFMM 具体如表 4.1 所示，该算法的应用将会在下一节中结合例子说明。

表 4.1 CFMM

算法 1 CFMM
输入：CW，FW，TW
输出：CF

1	for $s \leftarrow 1$ to l do	▷ 对每个问题标题
2	for $i \leftarrow 1$ to n do	▷ 对每个组件
3	$p[i-1] \leftarrow TW(s,:) \times CW^T(i,:)$	▷ 组件和标题中相同单词的数量
4	end for	
5	find $i \leftarrow \alpha$ s.t. $p[\alpha-1] \leftarrow \max p[n]$	
6	if $p[n]$ 中最大值的个数大于一 do	
7	find $\alpha \leftarrow \alpha'$ s.t. $\sum_{\tau=1}^{e} cw_{\alpha'\tau} \leftarrow \min \sum_{\tau=1}^{e} cw_{\alpha\tau}$ then ▷ 取包含索引词数最少的组件
8	$x[s-1] \leftarrow \alpha'$	
9	else $x[s-1] \leftarrow \alpha$	

续表

算法 1 CFMM
输入: CW , FW , TW
输出: CF

10	end if
11	return $\mathrm{CX} \leftarrow \left\{ c_{x[0]}, c_{x[1]}, \cdots, c_{x[l-1]} \right\}$
12	for each $c_{x[k]} \in \mathrm{CX}$ do
13	$c_{x[k]} \leftarrow c_{x[k]}.\mathrm{count}++$
14	for $j \leftarrow 1$ to m do ▷ 对每个失效模式
15	$q[j-1] \leftarrow \mathrm{TW}(s,:) \times \mathrm{FW}^{\mathrm{T}}(j,:)$ ▷ 失效模式和标题中相同单词的数量
16	end for
17	find $j \leftarrow \beta$ s.t. $q[\beta-1] \leftarrow \max q[m]$
18	if $q[m]$ 中最大值的个数大于一 do
19	find $\beta \leftarrow \beta'$ s.t. $\sum_{\tau=1}^{e} \mathrm{fw}_{\alpha'\tau} \leftarrow \min \sum_{\tau=1}^{e} \mathrm{fw}_{\alpha\tau}$ then ▷ 取包含单词数最少的失效模式
20	$y[s-1] \leftarrow \beta'$
21	else $y[s-1] \leftarrow \beta$
22	end if
23	return $\mathrm{FY} \leftarrow \left\{ f_{y[0]}, f_{y[1]}, \cdots, f_{y[l-1]} \right\}$
24	for each $f_{y[k]} \in \mathrm{FY}$ do
25	$f_{y[k]} \leftarrow f_{y[k]}.\mathrm{count}++$
26	end for
27	return $D \leftarrow \left\{ \mathrm{cf}_{x[0]y[0]}, \mathrm{cf}_{x[1]y[1]}, \cdots, \mathrm{cf}_{x[l-1]y[l-1]} \right\}$
28	for each $\mathrm{cf}_{x[k]y[k]} \in D$ do
29	$\mathrm{cf}_{x[k]y[k]} \leftarrow \mathrm{cf}_{x[k]y[k]}.\mathrm{count}++$
30	end for
31	for each $\mathrm{cf}_{ij} \in \mathrm{CF}_{nm}$ do
32	If $\mathrm{cf}_{ij} \in D$
33	$\mathrm{cf}_{ij} \leftarrow \mathrm{cf}_{ij}.\mathrm{count}++$
34	else $\mathrm{cf}_{ij} \leftarrow 0$
35	end if
36	end for
37	return CF_{nm}

在该算法中，步骤 1 ～ 步骤 11 的目的是找出每个标题中包含的组件。步骤 12 和步骤 13 获取每类组件出现的次数，作为组件的统计结果。

同样，步骤 14 到步骤 23 的目的是识别每个标题所包含的失效模式。步骤 24 和步骤 25 获取每类失效模式出现的次数，作为失效模式的统计结果。

根据算法的步骤 8、步骤 9、步骤 20、步骤 21，获得每个问题标题对应的组件下标和失效模式下标。然后通过步骤 27 将组件和失效模式关联起来，并据此通过步骤 28 到步骤 37 计算各组件发生过失效模式的次数，进而建立组件-失效模式矩阵。

4.5　实　例　分　析

4.5.1　实验数据

在该部分，基于某企业的汽车座椅系统相关的真实数据，本书描述了如何使用 4.4 节方法来挖掘失效模式以及组件-失效模式矩阵。汽车座椅是汽车内饰的重要组成部分，它除了为司乘人员提供便于操作、舒适安全的驾驶、乘坐位置以外，还必须具备保障司乘人员安全的功能。汽车座椅组件发生的失效模式可能带来各种影响，有些会影响美观，有些会影响功能，更有甚者带来安全隐患。因此识别座椅各组件的失效模式，并进行 FMEA，能从设计阶段就采取一些措施来避免问题的发生。座椅系统包括前座椅总成、后座椅总成、安全带系统和儿童约束系统，总共包括三百多个部件。本书在表 4.2 中呈现了部分常见的座椅组件。

表 4.2　部分座椅组件示例

系统	组件
前座椅总成	座椅导轨/座椅扶手/座椅靠背/座椅头枕/罩子/整理器/座椅加热组件/急救箱
后座椅总成	支撑部件/覆盖物/座椅头枕/中央扶手/座椅加热
安全带系统	安全带/安全带高度调节器/安全带张紧器/安全带扣/末端配件
儿童约束系统	儿童座椅冲击台/儿童座椅高度调节器/儿童座椅脚踏

本书从 A 公司的质量管理信息系统中获取了从 2010 年到 2016 年的 11 677 条问题记录，其中座椅的问题记录一共 568 条，具体数据情况如表 4.3 所示。根据

这些质量问题的标题内容，本书将那些标题只包含如"问题""座椅问题"等单词的质量问题删除。同时，一些用德语书写的问题标题也被删除。经过该步骤处理后，有用的座椅问题记录为 495 条。所有的文本均为英文文本。每条问题记录均包括问题编号、车型、主要模块、标题、描述、创建日期等信息。在进行数据挖掘之前，本书构建了相应的停用词表，并从 A 公司获取了质量管理中常用的缩略词表。

表 4.3　实例分析数据情况

数据情况	描述
数据源	A 公司质量数据，车辆座椅模块数据
语言	英语
时间范围	2011 年 1 月 ~ 2016 年 12 月
数据量	568（11 677）
车型	E8, F1, F3, F4, F5, G3, M1, M3
模块	IB01 前部座椅, IB02 后部座椅, IB03 覆盖物、泡沫、材料, IB04 安全带、侧面安全气囊

问题记录中的问题标题是精练的短文本，失效模式的提取和组件–失效模式矩阵的构建都是基于本书获得的问题记录中的问题标题。在 A 公司，质量问题标题的输入有一定的标准，通常为"问题发现者_车型_项目阶段_问题简练描述"。例如，问题标题"FDP_F35_SE_noise from right rear seat backrest as driving on the bumpy road"（在崎岖不平的道路上行驶时右后座椅靠背发出噪声），"FDP"表示路试发现的问题，"F35"表示 F35 车型，"SE"表示该问题是量产问题。由于问题的输入是由不同的问题者发现的，因此虽然有输入标准，但输入质量还是存在一定的差别。根据本书的统计，座椅模块的问题输入中，符合该标准的占 65%，另外 35% 的问题标题直接写的是问题的简练描述。不过这并不影响本书后续的分析，在提取失效模式的过程中，本书将问题发现者、车型和项目阶段的这些信息都做了过滤处理，只使用问题简练描述那部分的文本。

4.5.2　失效模式标准化结果

该部分利用 4.3 节中描述的基于 WordNet 的方法来构建标准失效模式集，并构建组件–失效模式矩阵。通过分析的结果发现，本书的方法产生了良好的效果。

　　表 4.4 呈现了标准失效模式的同义词集合。如表 4.4 所示，相同意思的失效模式组合在一起，一共有 17 组。每个失效模式后面括号中的数字表示该失效模式的支持度计数，对于大部分组合而言，支持度计数最大的那个失效模式被看作标准的失效模式，该失效模式是不同部门质量问题输入者最常用的表达方式。对于部分组合而言，虽然某些失效模式的支持度计数较高，但专家通过判断，将该组合中的其他失效模式作为标准失效模式。例如，"aroma"（香气），"smell"（气味）和 "odor"（气味）都表示座椅散发异常的气味，而且 "smell" 的支持度计数最高，有 4 次，但是领域专家认为，"odor" 是更专业的表达方式，因此本书将 "odor" 作为该组失效模式的标准失效模式。标准失效模式的支持度计数为该组内所有失效模式支持度计数之和。表 4.4 中呈现的座椅标准失效模式及同义词词典，不仅在 A 公司适用，而且对所有的汽车及相应的座椅供应商具有重要的借鉴意义。

表 4.4　标准失效模式的同义词集合

编号	同义的失效模式集及支持度计数	标准失效模式
1	squeaking（吱吱声）（6），knocking（敲击声）（0），creaking（吱吱声）（2），sound（声音）（0），rattle（嘎嘎声）（11），noise（噪声）（109）	noise（噪声）（128）
2	failure（故障）（3），malfunction（故障）（6），defect（缺陷）（55）	defect（缺陷）（64）
3	wrinkle（皱纹）（12），wavy（波浪形）（55）	wavy（波浪形）（67）
4	move（移动）（2），movement（移动）（2），loose（松动）（22）	loose（松动）（26）
5	incorrect（错误）（0），fault（故障）（2），abnormal（异常）（2），wrong（错误）（13）	wrong（错误）（17）
6	lose（丢失）（0），omitted（省略）（2），disappear（消失）（0），missing（丢失）（8）	missing（丢失）（10）
7	thermal（热的）（1），heating（加热）（7）	heating（加热）（8）
8	broken（损坏）（3），damage（损坏）（7）	damage（损坏）（10）
9	thread（线）（2），stitch（缝）（2），sewing（缝纫）（2），seam（接缝）（6）	seam（接缝）（12）
10	friction（摩擦）（0），rubbing（摩擦）（4），detrition（磨损）（0）	rubbing（摩擦）（4）
11	shake（摇动）（0），vibration（振动）（3）	vibration（振动）（3）
12	aroma（香气）（0），smell（气味）（4），odor（气味）（2），scent（气味）（0）	odor（气味）（6）
13	warning（警告）（0），alarm（警报）（2）	alarm（警报）（2）
14	pollutant（污染物）（1），contamination（污染）（2）	contamination（污染）（3）
15	delamination（分层）（0），lamination（层压）（2）	lamination（层压）（2）
16	non-parallel（不平行）（1），parallelism（平行度）（0），misalignment（未对准）（2），tapered（锥形）（0），wedge（楔形）（0）	non-parallel（不平行）（3）
17	deformed（变形）（0），distortion（扭曲）（0），twist（扭曲）（2）	deformed（变形）（2）

对 495 条座椅质量问题文本进行失效模式挖掘后，共挖掘出 57 类失效模式。由于空间限制，不可能显示所有座椅组件的失效模式，因此，在图 4.2 中，本书展示了出现的次数超过三次的失效模式。如图 4.2 所示，"噪声""波浪形""缺陷""缝隙"和"功能缺陷"是排名前五的失效模式。此图是一种帕累托图，图 4.2 的统计数据可以作为质量管理经理了解质量问题分布的指南。根据图 4.2，质量经理将确定座椅模块上发生的主要失效模式，并可能优先采取一些措施来解决这些失效模式，以改善关键绩效指标（key performance index，KPI），如每 100 个单位的缺陷数（defects per 100 units，DPU）。通过这种方式，可以更有效地组织和利用质量管理中的人员和设备等资源。

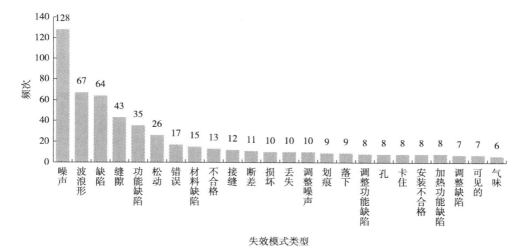

图 4.2   部分标准失效模式及频次

另外，为了比较本书的方法与其他方法，本书利用 RapidMiner 中的文本处理的操作（operator）模块来提取文本中的失效模式。本书采用了两种方法：第一种方法是对座椅质量问题文本进行聚类，来提取文本中的失效模式；第二种方法是利用 RapidMiner 中的频繁模式增长（frequent pattern-growth，FP-growth）算法提取频繁项集，进一步进行人工剪枝后获取失效模式集。RapidMiner 是一种可以进行机器学习、数据挖掘、文本挖掘、预测性分析和商业分析的具有拖拽功能的图形化工具。该工具中嵌入了各种经典的算法，如经典的聚类算法 K-means、用于提取频繁项集的经典算法 FP-growth 等。其他一些文本挖掘工具或编程语言也可用于处理这些任务。

在利用 RapidMiner 聚类的过程中，本书经过将句子分割成词、去除停用词、词干提取等预处理之后，采用 K-means 聚类算法进行聚类。在计算距离时，本书选用了欧氏距离的平方来计算样本之间的距离。平方欧氏距离是所有属性上的二次差分之和。聚类的完整流程如图 4.3 所示，其中，文档处理的嵌套线程如图 4.4 所示。

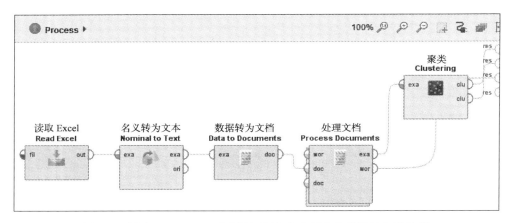

图 4.3　利用 RapidMiner 对质量问题文本进行聚类分析的完整流程

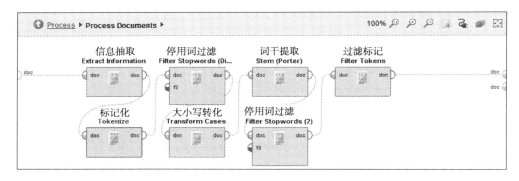

图 4.4　设置 Process Documents（处理文档）算子的嵌套线程

K-means 聚类要求事先确定聚类数，对于如何确定聚类数，目前尚无明确的理论指导。多数学者[220, 221]使用经验规则 $K \leqslant \sqrt{n}$ 来确定该值，其中 n 为数据对象的个数。因此根据该方法并结合总共 495 条问题记录，预先确定类别不超过 22 类。

表 4.5 展示了所有质量文本记录的聚类结果，这些文本被分到了 22 类簇中。计数是集群中文档的数量；覆盖范围是集群中文档的数量除以集群中文档的总数；描述性术语是 RapidMiner 根据这些术语的词频–逆文档频率（term frequency-inverse document frequency，TF-IDF）的次序选择的集群的代表性术语。失效模式类型为根据描述性术语进行人工总结的失效模式术语。在聚类结果中，部分被分到不同类簇的失效模式，实际是一类失效模式。比如，类簇 2、类簇 8、类簇 17 和类簇 18 这四个类簇都是噪声这一类失效模式，因此本书把这四个类合并成一类，并统

一为噪声失效模式类型。经过整理后，本书将这 22 个类簇合并成 18 类失效模式，并将相同的类簇的计数相加作为该类失效模式的计数。基于 K-means 聚类算法的失效模式提取结果如表 4.5 所示。

表 4.5 基于 K-means 聚类算法的失效模式提取结果

类簇	计数	覆盖范围	描述性术语	失效模式类型	失效模式计数	新类簇编号
类簇 0	8	1.6%	故障、没有、省略	故障	8	C_0
类簇 1	20	4.0%	松动、螺丝、容易、装饰	松动	20	C_1
类簇 2	56	11.3%	噪声	噪声	160	C_2
类簇 8	90	18.2%	噪声、吱吱声、驾驶			
类簇 17	11	2.2%	嘎嘎作响、噪声、白车身			
类簇 18	3	0.6%	导向、损坏、噪声			
类簇 3	24	4.8%	缝隙、错位、锥度	缝隙	39	C_3
类簇 10	15	3.0%	和、之间、缝隙、密封			
类簇 4	14	2.8%	不、接受、气味	气味	14	C_4
类簇 5	13	2.6%	错误、装饰、直接	错误	13	C_5
类簇 6	43	8.7%	划伤、损坏、卡住、接触	划伤	43	C_6
类簇 7	12	2.4%	不能、打开、调整	无法打开	12	C_7
类簇 9	8	1.6%	洞、外、关闭	洞	8	C_8
类簇 11	51	10.3%	波浪形	波浪形	51	C_9
类簇 12	15	3.0%	材料、缺陷	材料缺陷	15	C_10
类簇 13	22	4.4%	调整、功能、噪声、缺陷	调整缺陷	22	C_11
类簇 14	12	2.4%	皱纹、面积、边缘	皱纹	12	C_12
类簇 15	13	2.6%	坠落、脱落、机构	脱落	13	C_13
类簇 16	10	2.0%	缺失、标签、告知	缺失	10	C_14
类簇 19	12	2.4%	不合格、安装、角落	安装不合格	12	C_15
类簇 20	11	2.2%	断差、之间、和	断差	11	C_16
类簇 21	32	6.5%	功能、缺陷、加热	功能缺陷	32	C_17

注：数据之和不为 100%是数据修约所致

另外，本书还利用 RapidMiner 提取了频繁失效模式集，该过程的实现流程如图 4.5 所示。在该部分，质量问题文本经过预处理之后，采用 FP-growth 算法提取频繁项集。为了消除不经常出现的项集，本书选取的最小支持度为 0.02。其中，最小支持度=（项集的出现次数）/（示例集的大小）。经过人工剪枝之后，RapidMiner 提取了 71 类共计 495 个失效模式。

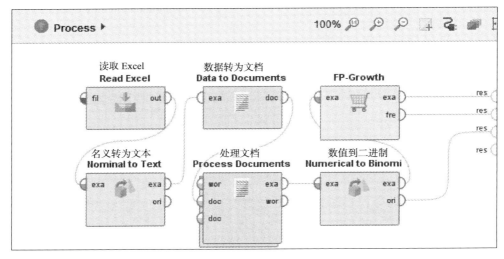

图 4.5 FP-growth 算法的完整实现流程

表 4.6 显示了 FP-growth、K-means 聚类和本书 CFMM 方法这三种方法提取的失效模式的类别和数量。如表 4.6 所示，本书的方法提取了 57 种失效模式，FP-growth 获取了 71 种失效模式，K-means 聚类获取了 18 种失效模式。在用 FP-growth 获取的失效模式中，存在一些用不同单词描述的同一个失效模式。例如，FP-growth 提取的"噪声"失效模式支持度为 109，"嘎嘎作响"失效模式的支持度为 11，然而根据领域专家的意见，这两种失效模式应该为一种失效模式。再如，"波浪形"失效模式的支持度为 55，"皱纹"失效模式的支持度为 12，但二者都表示座椅表面有波纹。因此，在这 71 种失效模式中，有一些同义的失效模式，但并未被合并及标准化。然而，本书的方法不仅提取了频繁的失效模式，且利用 WordNet 对那些同义的失效模式进行了标准化。同时，问题标题通常为短文本，利用向量空间表示这些文本进而进行聚类时，向量将很稀疏。这使得通过聚类算法将相似文本聚类在同一组中并不容易，有时不同的文本将被聚类到一个组中。如表 4.5 中的类簇 6 所示，"划伤""损坏""卡住""接触"都被聚类算法聚到了一类，而它们应该是不同的失效模式。同时，本该聚在一个类的"噪声"却被聚到了类簇 2、类簇 8、类簇 17 和类簇 18 中。因此聚类结果并不能令人满意。总的

来说，本书的方法可以获得高质量的失效模式集合。

表 4.6　三种方法提取的失效模式的类别和数量

模式	FP-growth	K-means 聚类	CFMM
失效模式/种	71	18	57

由于篇幅有限，本书无法列出这三种方法所获取的所有失效模式集合，因此本书选取了支持度计数大于 10 的那些失效模式，并具体比较了这三种方法提取的各种失效模式的效果。同样，从图 4.6 中可以看出，本书的方法获取的大部分的失效模式的数量都是最多的，但对于部分失效模式如"噪声"，聚类的方法获取的数量最多，主要还是因为聚类的过程中，文本较短，聚类的结果不是特别准确。

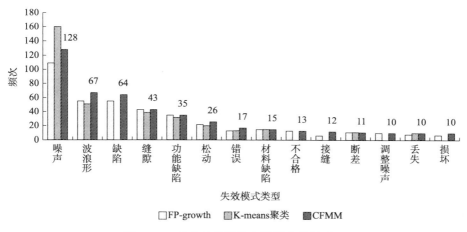

图 4.6　三种方法获得的失效模式数量对比

4.5.3　组件-失效模式矩阵构建结果

本节的研究利用 4.4.2 节中的 CFMM，从质量问题集合中挖掘出座椅组件和失效模式之间的矩阵。该算法从 568 条质量问题中有效识别的座椅组件有 110 种，共计 495 个，有效识别的失效模式有 57 种，共计 495 个。本书将出现次数大于或等于 3 的座椅组件呈现在图 4.7 中。

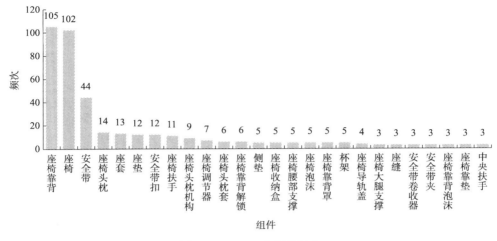

图 4.7　CFMM 获得的组件

从图 4.7 中可以看出,"座椅靠背""座椅""安全带""座椅头枕""座套"是前五种出现次数最多的座椅组件。从实际情况来看,仅包含"座椅"的组件在模块结构中表示"座椅总成",但也存在部分员工在输入的时候没有具体到更细的组件的情况。

本书提取的组件为 110 种,失效模式为 57 种。因此组件-失效模式矩阵是一个 110×57 维的矩阵。在该矩阵中,非零项共计 266 个,即该矩阵中曾经发生过的组件-失效模式组合有 266 种,共 495 个。由于通过 CFMM 获得的矩阵太过庞大,因此本书使用表 4.7 作为示例来说明组件-失效模式矩阵。

表 4.7　组件-失效模式矩阵示例

组件数: 3 失效模式数: 4 问题数: 11	波浪形	损坏	噪声	卡住
安全带	0	1	2	1
座椅靠背	3	0	0	0
杯架	0	0	4	0

从表 4.7 中可以看出,该矩阵是一个 3×4 的矩阵。在该矩阵中,共有 5 个非零项,这表明组件-失效模式组合共出现过 5 组。他们分别是"安全带损坏""安全带噪声""安全带卡住""座椅靠背波浪形""杯架噪声"。同时,从表 4.7 中可以看出,所有组件出现过的失效模式的总次数为 11 次。

另外,本书也利用 RapidMiner 中的 FP-growth 算法来提取组件和失效模式频繁项集。在该方法中,最小支持度设置为 0.02,以消除不经常出现的项集。

人工剪枝后，RapidMiner 中的 FP-growth 算法提取了 50 种组件–失效模式组合。不为 0 的组件–失效模式组合数量为 188 个。在这 50 种组件–失效模式组合中，有 14 种组件和 27 种失效模式。根据该结果，能够构建维度为 14×27 的组件–失效模式矩阵。表 4.8 呈现了 CFMM 和 FP-growth 获得的组件–失效模式组合的数量区别。

表 4.8　CFMM 和 FP-growth 识别的组件–失效模式矩阵结果比较

算法	组件–失效模式矩阵维度	不为 0 的组件–失效模式组合种类/种	不为 0 的组件–失效模式组合数量/个
CFMM	110×57	266	495
FP-growth	14×27	50	188

根据 CFMM 和 FP-growth 算法挖掘的组件–失效模式组合，本书比较了这两种方法提取各个组件–失效模式组合的数量。由于 CFMM 获得的组件和失效模式矩阵太大，本书无法呈现所有的组件–失效模式组合，因此本书将出现次数大于 3 次的组件–失效模式组合呈现在图 4.8 中。

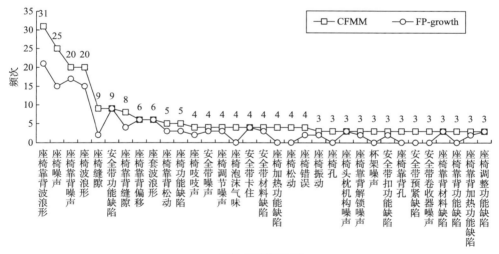

图 4.8　组件–失效模式组合提取结果比较

从图 4.8 中可以看出，CFMM 获得的每一个组件–失效模式组合数量都要大于或等于 RapidMiner 中 FP-growth 算法获得的对应数量，说明本书提出的 CFMM 能提取更丰富的组件–失效模式矩阵。

为了更形象化地呈现座椅组件和失效模式之间的关系，本书利用数字分析软件 Gephi，将 CFMM 挖掘出的组件和失效模式之间的关系矩阵，以网络图的形式呈现。为了更好地呈现效果，本书将关系矩阵中不和其他点关联的、孤立的组件或失效模式删除。如图 4.9 所示，组件和失效模式的节点混合在一起，形成一个复杂的连接网络。其中，节点越大，表示该组件或者失效模式出现的次数越多；在该网络图中，两个直接相连的节点必定是一个组件和一个失效模式，不可能是两个失效模式或者两个组件。两个节点之间的边表示该边连接的组件出现该边连接的失效模式的次数，边越粗，代表该组件出现该失效模式的次数越多。

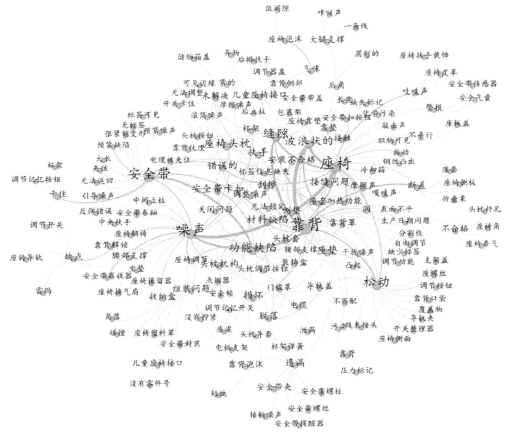

图 4.9　座椅组件-失效模式网络图

通过该网络图，质量管理人员能对组件上出现的失效模式有更宏观的认识。这对于补充企业层面的 DFMEA 具有非常重要的作用。不仅如此，根据识别的座椅组件以及失效模式，质量管理人员可以进一步地根据图 4.9 进行向下钻取，来分析具体每个组件的失效模式的构成，从而将更多的质量管理相关资源重心放在那些重点的组件和失效模式上面。根据组件-失效模式矩阵,本书以出现问题最多的座椅靠背为例,进行进一步的分析,分析结果如图 4.10 所示。从图 4.10 可以看出,座椅靠背上最常出现的三大失效模式分别为"波浪形""噪声""缝隙"。在质量管理实践中,质量管理人员将加强对座椅靠背上这三类问题的关注。

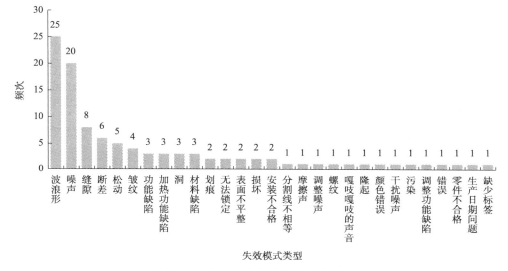

图 4.10　座椅靠背失效模式下钻分析

4.6　本章小结

本章在第 3 章的基础上,研究了质量问题解决中的 know-what 知识挖掘。质量问题解决中的 know-what 知识体现为问题载体和质量问题之间的关系。而这种关系通常隐含在质量数据中,无法直接获得。因此本章提出以组件-失效模式矩阵来表示该 know-what 知识,并且研究了从大量质量问题文本中挖掘组件-失效模式矩阵,以支持 DFMEA 的构建过程。首先,利用 Apriori 算法挖掘失效模式频繁项集。其次,基于 WordNet 构建标准失效模式集。基于该标准失效模式集以及现有的组件集合,将质量问题标题作为纽带,设计 CFMM 来自动构建组件-失效模式矩阵。最后,以某汽车公司的座椅模块质量问题数据为基础,来分析 CFMM 获取的标准化失效模式的结果以及组件-失效模式矩阵挖掘的效果。结果表明,具有标准化特征的失效模式提取方法相比于 FP-growth 和 K-means 聚类的方法,能更有效地提取失效模式。同时，CFMM 相对于 FP-growth，能提取出更多的曾经发生过的组件–失效模式组合，并构建更丰富的组件–失效模式矩阵。需要指出的是，虽然各个行业具有不同的领域特点，但 CFMM 不仅适用于汽车制造业，也适用于其他需要使用 FMEA 来保证产品及系统可靠性的领域。

第5章 基于二分图聚类的质量问题因果知识挖掘

本章在第 3 章研究框架的基础上，深入研究了质量问题解决中的 know-why 知识挖掘。本章采用包含因果关系知识的质量问题解决数据，利用知识管理和数据挖掘方法来获得问题和原因之间的复杂关系，并首次提出利用数据挖掘的方法创建质量管理中常用的原因分析工具——因果图，来数字化地呈现因果关系，即 know-why 知识，为质量问题解决的因果分析提供智能化决策支持。

5.1 问 题 提 出

根本原因分析（root cause analysis，RCA）作为质量问题解决的核心，是采取进一步质量改进措施，并防止质量问题再次发生的重要保障[222]。然而，目前很多制造企业的质量问题解决基本处于"救火"模式，根本原因分析深度不够，使得质量问题解决成为一种"治标不治本"的行为，导致类似质量问题的频发。更糟糕的是，制造商可能会因为无法找出质量问题的根本原因而以临时措施代替长期解决方案，这使得问题在工厂解决，但暴露给客户，造成公司声誉和经济损失。文献表明，出现这种现象的关键原因不是制造企业缺乏可靠的因果分析工具和方法，而是缺乏因果知识[223]。

获取因果知识的方式主要有两种，分别是专家知识[224]和数据[225]。基于专家来获取因果知识的方法，主要针对特定领域，通过结构化问卷或访谈，在专家的帮助下获取因果知识。但这种方式获取的因果知识受限于专家所拥有的知识。基于数据来获取因果知识的方法，主要利用实验数据[226]、观测数据[227, 228]和非结构化自然语言文本[229, 230]。在大多数制造企业，甚至在宝马这样的世界级汽车制造企业中，产品质量问题的因果知识都往往来自专家知识。在学术上，利用数据驱动的方法来获得质量管理根本原因分析中所需的因果知识的研究很少。在质量 4.0 时代，随着物联网等工业 4.0 技术的发展[231]，一些学者[232, 233]基于传感器等获取的各种工业数据进行因果推理，得出质量问题与其影响因素之间的因果关系。然而，如果质量问题解决专家每次遇到问题时，都需要通过因果推理的方法来获取问题的原因，那么质量问题解决既费时又费力。因此，这种方法在实际应用中很少使用。

　　数据是经验和知识的重要载体。因果知识的可能来源之一在于存储在工业信息系统中的质量问题解决数据，这为探索质量问题与生产要素之间的大规模因果关系提供了可能。质量问题解决数据是质量管理人员在整个质量问题解决过程中所做的记录，通常存储在管理信息系统（management information system，MIS）中。例如，全球高端汽车制造商宝马拥有专门的 PQM 系统来记录质量问题解决数据，美国汽车制造商通用汽车公司使用问题交流报告（problem communication report，PCR）系统来存储质量问题解决数据。这些质量问题解决数据主要包括质量问题描述、原因分析、临时措施、长期解决方案和效果评估，其中包含了导致问题的因果知识。例如，PQM 中的某个特定记录的问题字段是"E84 变速箱换挡时发出的噪声"，原因字段是"润滑轴承表面上存在划痕"。这两个字段形成了一个因果对。

　　质量问题解决数据具有以下四个特点。第一，数据中包含因果关系的经验知识，但经验知识与具体的问题情境相关，缺乏普遍性和知识共享的可能性；第二，数据具有很强的术语异质性，即不同的人对于相同问题的描述方式不尽相同；第三，这类数据是半结构化的，即整体上因和果具有基本的结构关系，但真实数据中因和果是相互交叉混合的、局部混乱的、非结构化的；第四，这种数据是多种表现形式的，如文字、数值、符号，甚至图形图像、音频视频等相互掺杂。由于质量问题解决数据的这些特点，企业往往很难使用这些数据。一些信息化水平较高的公司，如宝马，只在 PQM 系统中设置了搜索功能，问题解决者可以通过输入关键字来获取类似问题的历史信息。然而，搜索结果只是一个简单的数据列表，人们需要一一点击，从大量搜索结果中寻找必要的因果知识，这使得获取所需信息具有很大的挑战性。如果能够从这些质量问题解决数据中提取，并使用因果知识，将有助于提高质量问题解决的效率和有效性。

　　因此，制造企业似乎面临一个矛盾的问题。根本原因分析对企业来说是至关重要的，但似乎仅靠专家知识无法很好地解决；在解决质量问题的过程中，会产生大量包含因果关系的数据，但这些数据未被充分利用，而且难以使用。本书以制造企业质量部门的实际管理需求为契机，旨在提出一种大数据驱动的根本原因分析方法来解决该问题，以提高制造企业质量管理水平和产品质量。

本章将围绕如下两个方面的问题展开研究。

（1）适用于原因分析的因果知识模型是什么？如何对混杂数据进行挖掘并构建因果知识模型？质量问题解决中的因果知识相较于一般的因果知识具有什么特点？既能体现质量问题解决数据特点，又有利于因果分析的因果知识模型是什么？

（2）如何利用因果知识模型进行原因分析？在已建立的因果知识模型的基础上，进行因果分析的方法是什么？如何进行实际应用场景的适应性分析，并研究适应性场景下的模型应用条件，为新的质量问题的因果分析提供知识支持、分析方法和分析工具？

针对第一个问题，本章提出了利用二分图模型表示因果知识模型的思路。二分图[234]是一种无处不在的数据结构，可以模拟两种实体类型之间的关系。例如，用户和项目、查询和网页。如果把问题解决数据中的问题和原因看成节点，那么原始记录中的问题和原因以及它们之间的连边构成了一种二分图（bipartite graph）。由于质量问题解决数据的特点，问题和原因二分图中一个问题节点可以对应多个原因节点，而一个原因节点只能对应一个问题节点。因此，该二分图不能体现因果之间的多样性特征，如一因多果、多因多果等[235]。而且，虽然在该集合中的问题节点的编号不同、描述不一，但有可能本质是同一个问题；同样，不同的原因节点有可能是同一个原因。很多学者提出了二分图分区及聚类的方法，来将二分图中的两端节点分别进行聚类，并获得两端节点类别之间的关系[236~239]。本章借鉴该思路，对原始的问题—原因进行分区聚类。对问题和原因分别聚类后，相似的问题能聚在一起，相似的原因也能聚在一起，因此能获得问题类和原因类之间的复杂关系。

针对第二个问题，本章提出了利用数字化因果图来进行原因分析的方法。因果图（又称鱼骨图、石川图）是原因分析中常用的一种质量工具，它是由日本管理大师石川馨先生发明的[240]。因果图是一种表达和分析因果关系的定性分析工具[241]，且能有效地显示问题和原因之间的关系。通常在应用此方法时，首先针对问题点，选择层别方法，定义因果图中的"大要因"。"大要因"是指原因的类别，比如，生产管理中原因分析时的"大要因"一般是人机料法环。其次进行头脑风暴，找出所有可能原因。再次将找出的各要素进行归类、整理，明确原因和"大要因"之间的从属关系。最后分析、选取重要的原因并进行验证，进而将问题解决。然而，以传统的因果图进行原因分析的方法存在以下几方面的不足。首先，创建因果图的过程过度依赖个人经验，而非数据。这样一来，如果组织中人员流动或者人员经验不足，则创建的因果图的可靠性相对较低。其次，以传统因果图方法进行原因分析的过程耗时耗力。再次，因为每次遇到一个问题就需要创建因果图，所以传统因果图不能反映类似问题的因果关系。最后，传统的因果图是一种定性分析，而非定量分析，不能反映因果图中的原因导致问题发生的可能性或者程度。

聚类后的二分图能体现问题和原因之间的复杂关系，而因果图能形象化地表达某类问题对应的原因。如果能进一步根据聚类后的二分图生成具体问题的因果图，将不仅能提供问题和原因之间的复杂关系，更能解决在大规模的二分图中准确识别因果关系的问题。同时，这种方法也打破了传统的通过头脑风暴获得因果图的方法，通过生成数字化因果分析提供更强大的知识支撑。因此，本章的科学问题是，如何通过文本挖掘等方法，从原始的问题和原因之间的关系中找出一类问题和一类原因之间的因果关系，即 know-why 知识，并用数字化因果图的方式呈现问题类和原因类之间的关系，并进行可视化的因果分析。在该研究中，需要重点解决两个挑战。首先，需要从大量的问题数据及原因数据中识别相同或相似的问题和原因。其次，需要将原因分类到因果图中的"大要因"中，以便生成数字化因果图。

针对这两个挑战，本章采用相关的文本挖掘方法进行研究。首先，基于问题和原因的数据特点，采用 K-means 聚类算法，将问题和原因分别进行聚类，将相同或相似的问题或原因聚在一起。其次，基于随机森林（random forest，RF）文本分类器，将原因文本分类成数字化因果图中的"大要因"。基于聚类及分类结果，以及问题和原因之间的关系，本章构建了抽象因果图和具体因果图，作为质量问题的 know-why 知识库。最后，使用某汽车公司的质量数据来验证该方法，并且设计了"Fishbone Next"（下一代因果图）数字化系统，以演示用户如何获得这两种数字化因果图来支持质量问题解决中的因果分析。结果表明，所提出的方法有效地构建了数字化因果图，从而为质量管理问题解决者提供了决策支持，以得出问题的潜在原因，从而提高了因果分析的效率和有效性。

具体而言，本章的研究贡献如下。

（1）本章提出了一种新颖的数据驱动数字化因果图构建方法。传统的因果图过度依赖个人经验，但本书提出的质量问题因果知识获取和数字化因果图的创建过程基于数据而非头脑风暴，这使得因果分析输出更加可靠。

（2）传统的因果图不能反映类似问题和原因之间的因果关系。但是本书提出的抽象因果图和具体因果图是一类问题的因果图，所以一些问题的原因可以作为类似问题的参考。这种方法对解决新的类似问题具有指导意义。

（3）与利用层次分析法[242, 243]或概率法[244]来获得问题原因的权重相比，本书提供了一种简易直接的原因权重制定方法。因此，本书的方法将因果图的功能从定性分析转换为定量分析。

5.2　因果知识研究

5.2.1　因果知识表示模型

因果关系因其影响决策的能力而被认为在人类认知中起着非常重要的作用，它是一种重要的知识形式。因果关系模型有多种表现形式，包括逻辑语句、结构方程、因果图等[245]。最早对因果关系进行形式化表示的是休厄尔·赖特（Sewall Wright），他在 1921 年提出了路径系数的定义，通过数学方法进行因果关系的度量。为了更好地处理潜变量及其指标，赖特利用等式和图的结合来传达因果关系，提出了结构方程模型。在此基础上，朱迪亚·珀尔（Judea Pearl）结合潜在结果框架，提出了结构因果模型（structural causal model，SCM）[246, 247]，该模型被广泛应用于统计学[248]和社会科学[249]研究中。在社会科学中，反事实模型（counterfactual model）的提出[250]和发展[251]给因果关系的研究提供了实践意义，其核心是假设变量同时存在两个相对立的状态，通过变量的平均因果关系来分析因果作用。在经济学领域，诺贝尔经济学奖得主克莱夫·格兰杰（Clive Granger）提出了一种基于自回归模型的因果关系检验方法[252]，来检验一组时间序列是否为另一组时间序列的原因。

很多学者提出以图模型来呈现因果关系，其中，有很多名为因果图的模型却有别于珀尔的因果图模型。因此，本书将这些模型统称为因果图模型。因果图模型[246]是珀尔提出的一种由点和箭头组成的因果关系模型，点表示变量，箭头表示这些变量之间的因果关系。因果图[245]包括因果回路图和有向无环图等。认知图[253]也是一种常见的因果关系模型。将认知图的概念间的三值关系扩展为模糊关系则成为模糊认知图[254]。经过改进使其具有精确语义的形式化模型，称为因果关系图（causal maps）[255]。

贝叶斯网络将变量之间的条件独立性关系与图模型建立起了联系，使得因果关系的发现有了直接的载体。珀尔利用贝叶斯网络的拓扑结构表达变量之间的因果关系，提出了因果贝叶斯网络[256]。它是一种基于网络结构的有向无环图（directed acyclic graph，DAG），节点变量表示要素，连接节点的有向边表示要素之间的因果关系，用条件概率表来表示要素之间的影响程度。在继承因果贝叶斯网络特点的基础上，动态因果图模型[257]采用了直接因果强度取代条件概率，以便于知识获取与表达。

近年来，很多学者研究了事件的因果关系表示[258]。Radinsky 等[259]建立了一个新闻事件因果关系的层次知识流，称为抽象树（abstraction tree，AT）。Ishii 等[260]提出使用话题事件网络模型来表示事件因果知识。裴江南[261]提出了一种突发事件的因果关系模型，该模型用一个有向图来表示突发事件之间的因果关系。哈尔滨工业大学社会计算与信息检索研究中心提出的事理图谱（event logic graph，ELG）[262]描述了事件之间的演化规律和模式，其中，由事件之间因果关系构成的事理图谱是一种因果事理图谱。在因果事理图谱中，因果关系满足原因事件在前、结果事件在后的时间上的偏序关系。因果事件对之间存在的一个介于 0 到 1 之间的因果强度值，表示该因果关系成立的置信度。

综合上述的已有研究可知，因果图模型是现有表示因果关系的主流模型。已有的表示因果关系的网络模型往往只关注具体对象之间的因果关系，现有的研究极少在具体因果网络的基础上构建一个层次化、立体化、抽象化的因果模型去发现更深层的因果关系。这种抽象的因果模型对于发现隐藏在具体因果关系背后更深层次的因果律非常有帮助。

5.2.2　因果知识获取方法研究

1. 因果关系获取

因果关系的获取方式主要有两种，分别是专家知识和数据[261]。基于专家来获取因果知识的方法，主要针对特定领域，采用结构化的问卷或访谈形式，借助专家获取因果知识[263]。但这种方式获取的因果知识有限，受限于专家本身的知识面。传统的基于数据获取因果知识的方式大致可以分为从实验数据中获得和从观察数据中获得。前者主要包括随机对照试验方法[226, 264, 265]和准实验设计方法[227, 266]。然而，多数情况下实施实验的代价很高或者由于伦理道德等因素的限制使得随机对照试验根本不可行。因此，替代方案是从观测数据中获取因果关系[267]。但这方面的研究往往在小规模数据集上进行因果分析，获取的因果性结论应用到大规模数据上时不可靠。

近年来，互联网等领域海量数据给从文本中自动提取因果关系带来了很大的机遇。从文本中自动提取因果关系的方法可以分为基于语言模式匹配的方法和基于机器学习的方法。早期的研究大多利用基于语言模式匹配的方法，如词汇–句法模板[259, 268]，对小规模、具有领域特性的文本集进行手动编码，以获得因果关系。这些研究大多聚焦于包含显式因果关系的句子，需要人工地构建因果关系触发词集合[229]。其集大成者当属 Khoo[269]，他从华尔街日报文章中识别了四大类因果连接词，2082 个因果动词。然而，这些研究不能很好地解决提取隐式因果关系的难题。为了更好地提取隐式因果关系，Girju 和 Moldovan[270]提出了一种结合 WordNet 自动发现表达因果关系的语言模式的算法。在此基础上，Ittoo 和 Bouma[271]利用维基百科的数据，提取出了三种隐式因果关系模式。

　　然而，基于语言模式的方法存在着若干不足之处。首先，多样化的语法很难用单一语法模型来概括和形式化。其次，人工建立语言模式及因果提示词耗时耗力。最后，基于语言模式的方法对于小规模领域数据集有效，对大规模数据集未必适用。因此，利用机器学习的方法获取因果关系的研究应运而生。这部分研究又可分为强监督的方法、弱监督的方法和无监督的方法。强监督的方法是将因果关系提取问题转化为一个分类问题，利用已标注因果关系标签的语料作为训练集进行学习，形成分类器，如 SVM[272, 273]、贝叶斯分类器[274]、决策树[275]等。弱监督的方法是在种子因果关系模板上，通过一种迭代算法让因果知识库进行扩展和自学习的方法[271]。无监督的方法是使用未标注的生语料库来直接学习，从而发现隐含在其中的因果关系的一种方法[276]，目前利用此方法从文本中提取因果关系的研究甚少。

　　从因果知识获取的视角而言，目前从文本中获取因果关系都是从非结构化的句子或段落中获取因果对，难以获取因果链、一因多果、多因一果等基本因果关系。现有研究几乎没有关注从整体关系结构化，而局部内容是非结构化的混杂数据中获取这些基本因果关系的方法。

　　2. 因果知识网络构建

　　传统的因果知识网络构建是一个复杂的过程，需要知识工程师和领域专家的参与。目前，关于有效建立复杂因果知识网络的文献资料很少。有学者尝试根据观测数据，采用贝叶斯网络结构学习的方法来构建因果网络。但是，仅由观察性研究得到的数据不能完全确定所有因果方向，只能得到具有相同马尔科夫性质或相同条件独立性的因果网络集合[277]。因此，张振海等[278]提出融合专家知识的贝叶斯网络结构学习方法，领域专家可根据自己的经验知识确定网络结构中固有的因果关系。然而，这些因果网络都是从小规模数据集中获得的。在复杂系统中，因果关系众多，因果关系网络庞大，传统的方法满足不了自动构建因果关系网络的需求。

　　由于从文本中自动获取因果关系的技术和方法的发展，基于大量文本构建因果知识网络也成为可能。这方面研究的基本思路是首先从文本中抽取因果对（causal pairs）[279]，其次将因果对中的节点进行合并，融合成因果网络。然而，大部分研究并未介绍节点融合的具体方式[280, 281]。节点融合的方式与其表示有关，当节点表示简单时，往往采用精准匹配的方式[282]，将相同的节点融合成一个节点。Sato等[283, 284]提出了一种案例-框架字典的方法，并构建了同义词词库，当不同节点的关键词在概念上相似时，判断这些节点是否可以被合并。然而，当节点的表示较为复杂时，精准匹配或同义词匹配的方式无法有效合并节点。因此，也有学者提出了基于相似度计算[260, 285]的方法，将因果对中相似的节点进行融合，形成因果网络。

已有的研究构建的因果网络专注于具体对象之间的因果关系，但是不能发现因果网络中节点之间抽象的因果模式。极少有研究尝试构建一个层次化因果网络去发现深层的抽象因果规则。这种抽象因果规则对于发现隐藏在具体因果关系背后更深层次的因果律非常有帮助。赵森栋[282]提出了一种方法，将具体因果网络事件中的名词泛化为其 WordNet 中对应的上位词，并使用 VerbNet（动词网）中的动词类别来泛化事件中的动词。然而，该研究的具体事件仅由极少的名词和动词表示，当节点的表示较为复杂时，则无法利用该方法对节点进行归纳与概括。

梳理上述研究不难发现，传统获取因果关系的研究主要基于专家知识、实验数据和观测数据，而从文本中获取因果关系愈来愈受到研究者的重视。现有研究几乎没有关注到如何从整体关系结构化，而局部内容却是非结构化的混杂数据中获取基本因果关系。另外，大部分已有的因果网络构建的研究并未介绍大量基本因果关系是如何融合、形成因果知识网络的。同时，极少研究采用名词和动词泛化的方式对具体因果网络进行归纳与概括，生成层次因果网络，但当节点表示复杂时，该方法并不适用。

5.3   问题–原因知识表示模型

5.3.1   初始问题–原因模型

本章将原始问题集表示为 $P = \{p_1, p_2, \cdots, p_o\}$，原始原因集表示为 $C = \{c_1, c_2, \cdots, c_u\}$。由原始的问题和原因构成的二分图表示为 $G = (V, E)$，其中，节点 V 表示两个不相交的集合 (P, C)，E 表示图中节点之间的边的集合。图通常用矩阵形式来表示[286]。因此本书将原始的问题–原因二分图用矩阵 $P \cdot C$ 表示

$$P \cdot C = \left(p \cdot c_{gh} \right)_{o \times u} = \begin{bmatrix} p \cdot c_{11} & p \cdot c_{12} & \cdots & p \cdot c_{1u} \\ p \cdot c_{21} & p \cdot c_{22} & \cdots & p \cdot c_{2u} \\ \vdots & \vdots & & \vdots \\ p \cdot c_{o1} & p \cdot c_{o2} & \cdots & p \cdot c_{ou} \end{bmatrix} \tag{5.1}$$

其中，$p \cdot c_{gh} = 0$ 表示原因记录 c_h 不是问题记录 p_g 的原因，反之，$p \cdot c_{gh} = 1$ 表示原因记录 c_h 是问题记录 p_g 的原因。由于一个原因只对应一个问题，因此对于每个原因 c_h，有 $\sum_{g=1}^{o} p \cdot c_{gh} = 1$。

5.3.2　问题类–原因知识模型

问题经过聚类后，相类似的问题聚成了一类。假设问题一共聚成了 n 类，那么问题类集合为 $\mathrm{PC} = \{\mathrm{pc}_1, \mathrm{pc}_2, \cdots, \mathrm{pc}_n\}$。问题类–问题集合可以表示成矩阵 PC/P

$$\mathrm{PC}/P = \left(\mathrm{pcp}_{ig} \right)_{n \times o} = \begin{bmatrix} \mathrm{pcp}_{11} & \mathrm{pcp}_{12} & \cdots & \mathrm{pcp}_{1o} \\ \mathrm{pcp}_{21} & \mathrm{pcp}_{22} & \cdots & \mathrm{pcp}_{2o} \\ \vdots & \vdots & & \vdots \\ \mathrm{pcp}_{n1} & \mathrm{pcp}_{n2} & \cdots & \mathrm{pcp}_{no} \end{bmatrix} \tag{5.2}$$

其中，$i = 1, 2, \cdots, n$；$g = 1, 2, \cdots, o$。$\mathrm{pcp}_{ig} = 0$ 表示问题 p_g 不属于问题类 pc_i，反之，$\mathrm{pcp}_{ig} = 1$ 表示问题 p_g 属于问题类 pc_i。由于一个问题只属于一个问题类，因此对于每个问题 p_g，有 $\sum_{i=1}^{n} \mathrm{pcp}_{ig} = 1$。

定义 5-1：问题类和原因的二分图模型为 $G = \left[(\mathrm{PC}, C), E \right]$，其中，节点集合 (PC, C) 由问题类集合 PC 和原因集合 C 构成，E 为 PC 和 C 中的节点连接成的边的集合。二分图中每条边 $\left(\mathrm{pc}_i, c_j \right)$ 的两个节点 pc_i 和 c_j 分别属于两个不同的节点集 PC 和 C。

基于问题和原因之间的关系，以及问题聚类的结果，可以得到问题类别与具体原因之间的关系。本书定义的问题类–原因集合如下：

$$\mathrm{PC}/C = \left(\mathrm{pcc}_{ih} \right)_{n \times u} = \begin{bmatrix} \mathrm{pcc}_{11} & \mathrm{pcc}_{12} & \cdots & \mathrm{pcc}_{1u} \\ \mathrm{pcc}_{21} & \mathrm{pcc}_{22} & \cdots & \mathrm{pcc}_{2u} \\ \vdots & \vdots & & \vdots \\ \mathrm{pcc}_{n1} & \mathrm{pcc}_{n2} & \cdots & \mathrm{pcc}_{nu} \end{bmatrix} \tag{5.3}$$

其中，$\mathrm{pcc}_{ih} = 0$ 表示原因 c_h 不是问题类 pc_i 的原因，反之，$\mathrm{pcc}_{ih} = 1$ 是原因 c_h 是问题类 pc_i 的原因。

问题类-原因集合体现了一类问题存在的所有潜在可能的原因，其矩阵 PC/C 可以通过以下式子获得：

$$PC/C = PC/P \times P/C \tag{5.4}$$

5.3.3　问题类-原因类知识模型

对原始原因进行聚类之后，相似或相同的原因被聚在了一起。同样假设原因一共聚成了 m 类，那么原因类集合为 $CC = \{cc_1, cc_2, \cdots, cc_m\}$。原因类-原因矩阵表示为

$$CC/C = \left(ccc_{jh}\right)_{m \times u} = \begin{bmatrix} ccc_{11} & ccc_{12} & \cdots & ccc_{1u} \\ ccc_{21} & ccc_{22} & \cdots & ccc_{2u} \\ \vdots & \vdots & & \vdots \\ ccc_{m1} & ccc_{m2} & \cdots & ccc_{mu} \end{bmatrix} \tag{5.5}$$

其中，$j = 1, 2, \cdots, m$；$h = 1, 2, \cdots, u$。$ccc_{jh} = 0$ 表示原因 c_h 不属于原因类 cc_j；$ccc_{jh} = 1$ 则相反。

规则 5-1：关于确定原因类的"大要因"标签，由于原因类是通过聚类得到的，因此在一个原因类中可能存在一些具体原因携带不同的"大要因"标签的现象。对于每个原因类，具有最高计数的"大要因"标签被设置为该原因类的标签。

例如，已将 20 个具体原因聚类为一个原因类。在该原因类中，15 个具体原因的标签为"人"，5 个具体原因是其他标签。因此，该原因类的标签设置为"人"。

定义 5-2：问题类-原因类二分图模型为 $GC = (VC, EC)$，其中，节点 VC 表示两个不相交的问题类和原因类集合 (PC, CC)，PC 表示问题类集合，CC 表示原因类集合，EC 表示 PC 和 CC 中的节点连接成的边的集合。二分图中每条边 (pc_i, cc_j) 的两个节点 pc_i 和 cc_j 分别属于两个不同的节点集合 PC 和 CC。

问题类和原因类的二分图可以表示为矩阵 PC/CC

$$PC/CC = \left(pccc_{ij}\right)_{n \times m} = \begin{bmatrix} pccc_{11} & pccc_{12} & \cdots & pccc_{1m} \\ pccc_{21} & pccc_{22} & \cdots & pccc_{2m} \\ \vdots & \vdots & & \vdots \\ pccc_{n1} & pccc_{n2} & \cdots & pccc_{nm} \end{bmatrix} \tag{5.6}$$

其中，$pccc_{ij} = 0$ 表示问题类 pc_i 和原因类 cc_j 没有关系，反之，则表示两者有关系。

矩阵 PC/CC 可以通过以下公式获得：

$$PC/CC = PC/P \times P/C \times (CC/C)^T \tag{5.7}$$

其中，$(CC/C)^T$ 表示原因类-原因矩阵的转置。

5.3.4 数字化因果图模型

根据问题类-原因二分图模型以及问题类-原因类二分图模型,本章定义了两种数字化因果图模型。

定义 5-3:问题类 pc_i 的具体因果图表示为 $\text{DF}(i) = (\text{pc}_i, B, C')$,其中,$B$ 表示因果图事先定义的"大要因",C' 表示该问题类对应的原因子集,C' 中的所有原因根据其所携带的"大要因"标签,以"鱼刺"的形式附在每根大"鱼骨"上。

定义 5-4:问题类 pc_i 的抽象因果图表示为 $\text{AF}(i) = (\text{pc}_i, B, \text{CC}', W)$,其中,$B$ 表示因果图事先定义的"大要因",CC' 表示该问题类对应的原因类子集,CC' 中的所有原因类根据其所携带的"大要因"标签,以"鱼刺"的形式附在每根大"鱼骨"上,W 表示每个原因类的重要度。

根据问题类-原因类矩阵,本书定义对于任意 i 和 j,原因类 cc_j 在问题类 pc_i 的抽象因果图中的重要度为

$$w_{\text{cc}_j \text{pc}_i} = \frac{\text{pccc}_{ij}}{\sum_{j=1}^{m} \text{pccc}_{ij}} \qquad (5.8)$$

5.4 质量问题因果知识挖掘流程

5.4.1 具体因果图挖掘流程

具体因果图的挖掘流程如图 5.1 所示。由图 5.1(a)可知,首先,确定质量问题及其原因的二分关系。在具体数字化因果图构建过程中,原始数据被预处理后,利用向量空间模型(vector space model,VSM)进行表示。其次,利用文本聚类方法对原始问题进行聚类,而不对原因进行聚类。再次,获得问题类和具体原因之间的关系。同时,利用文本分类中的多分类器,将原因分类到因果图的"大要因"中,来获得每个具体原因的类别标签。最后,根据问题类和原因之间的关系,构建具体因果知识图库。在该具体因果图中,每个因果图的"鱼头"表示问题类空间的一个节点,附在每个"鱼骨"上的"鱼刺"是该节点对应的具体原因。具体因果图对于原因分析非常重要,该因果图能让原因分析团队明确导致该类问

题的具体原因都有哪些，进而获取更多的关于该原因的相关数据。

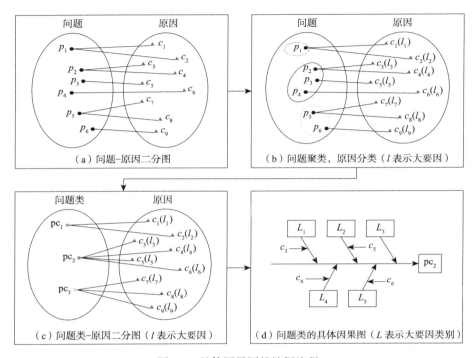

图 5.1　具体因果图的挖掘流程

图 5.2 展示了具体因果图构建的工作流程。

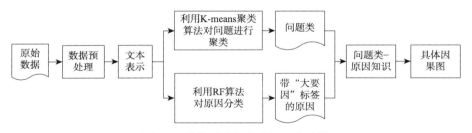

图 5.2　具体因果图构建的工作流程

5.4.2　抽象因果图挖掘流程

抽象因果图的挖掘流程如图 5.3 所示。由图 5.3（a）可知，首先，确定质量问题及其原因的二分关系。在抽象数字化因果图构建过程中，原始数据被预处理后，利用向量空间模型进行表示。其次，利用文本聚类方法分别将原始问题和原

因进行聚类，其中，每个类簇代表相同或相似的问题或原因。例如，图 5.3（b）
中的问题被聚类为三个类簇。同时，利用文本分类中的多分类器，将原因的文本
分类为因果图中的"大要因"，如人机料法环。图 5.3（b）中，每个原因节点后面
括号中的 l 表示原因的"大要因"标签。根据原始数据中的问题和原因的对应关
系，以及原始问题和原因的聚类结果，通过 5.3.3 节中的式（5.7），可获得问题类
pc 和原因类 cc 的对应关系［图 5.3（c）］。在图 5.3（c）中，原因类节点后面括号
中的 L 表示该原因类的"大要因"。根据 5.3.3 节中的规则 5-1 可知，原因类中计
数最高的"大要因"被认为是原因类的标签。此外，根据 5.3.4 节中的式（5.8），
可以计算出原因类对于每个问题类的重要度。最后，基于问题类和原因类的关系，
以及原因类的"大要因"及原因类在问题类中的重要度，构建抽象因果图知识库。
在该抽象因果图知识库中，每个因果图的"鱼头"对应问题类空间中的一个节点，
附在每个"鱼骨"上的"鱼刺"是该节点对应的原因类。在图 5.3（d）中，选择
问题类 pc_2 的抽象因果图进行展示。该抽象的数字化因果图能辅助质量问题解决的
原因分析环节。而且，由于原因类是带权重的，因此该因果图是一种定量分析因
果图。这使得问题解决者能够明确每类原因对于该类问题的贡献程度，进而将原
因分析的重心放在那些对该类问题影响更大的那些原因类上。

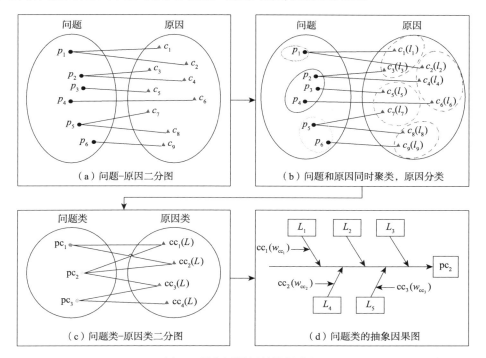

图 5.3　抽象因果图的挖掘流程

根据上述过程，利用图 5.4 来展示嵌入各种方法的抽象因果图构建的工作流程。

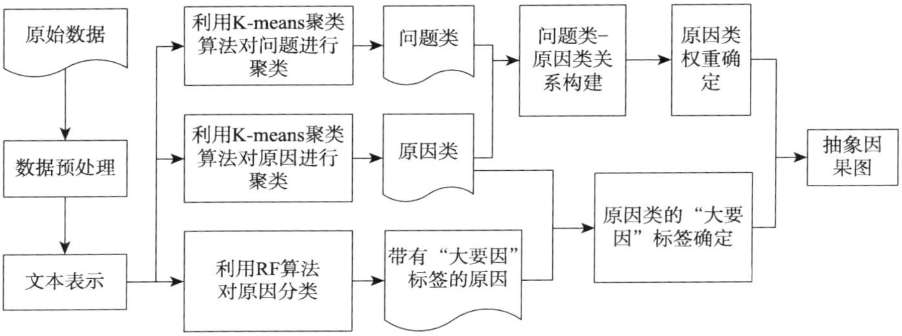

图 5.4　抽象因果图构建的工作流程

5.5　质量问题因果知识挖掘方法

5.5.1　文本预处理及文本表示

在进行文本聚类和分类之前，需要对文本进行预处理并利用相关模型表示文本。预处理在文本挖掘技术和应用中起着重要作用，它是文本挖掘过程的第一步[287]。英文文本预处理过程包括将缩略词转化为完整的单词、词形还原、词干提取、去除停用词、特征表示、特征提取等步骤[288]。中文文本预处理过程主要包括分词、词性标注、特征表示、特征提取等[289]。由于本书中的问题和原因文本均为英文文本，因此进行了英文文本预处理。首先建立领域缩略语词典，将原文中的缩略语转化为完整的单词；其次构建由通用和领域停用词组成的预编译列表，以从原始文本中删除停用词。词干提取的目标是将单词的变形形式（有时是单词的派生相关形式）变换为共同的基本形式[290]。Porter[291]的词干提取算法是最流行的词干提取算法之一，因此本书选用该算法进行词干提取。

特别需要指出的是，由于问题和原因文本通常是由企业不同的人输入的，不同的人有不同的输入习惯，因此对同一个问题或原因的描述往往不一致。基于之前的研究[292]，在预处理过程中，本书利用已有的标准问题描述单词来替换非标准的单词。例如，wrinkle 和 wavy 都表示材料表面的皱纹，而 wavy 是汽车行业常用的表述方式，因此将所有文本中的 wrinkle 用 wavy 来替换。

文档表示有向量空间模型文档表示、N-gram（N 元）模型文档表示，概念文档表示和基于词向量的文档表示等多种方法。本书在聚类和分类研究中，均采用了向量空间模型来表示文档。向量空间模型是 20 世纪 60 年代由 Salton 和 Buckley[293]提出的，最早用在 SMART 信息检索系统中。在该模型中，文档通常是指具有一定规模的片段，如句子、句群、段落等；项/特征项是指向量空间模型中最小的不可分的语言单元，可以是字、词、词组等。特征项的权重表示它们在文档中的重要程度。如果把特征项看作一个 n 维坐标系，而特征项的权重 $w_1, w_2, \cdots, w_n$ 为相应的坐标值，那么一个文本就能表示为 n 维空间的一个向量，称 $d = d(w_1, w_2, \cdots, w_n)$ 为文本 d 的向量表示或向量空间模型。

本书选择问题标题和原因标题作为文本文档，将问题标题和原因标题中的单词作为特征词。然而，如果将问题标题和原因标题中的所有词作为标识符，那么文本向量空间将变得非常高维和稀疏。解决该问题最有效的方法是通过特征提取来降低维数[294]。

典型的特征提取的方法有文档频率、信息增益、互信息、χ^2 统计、TF-IDF 等方法。根据原始变量的特点，本书采用 TF-IDF 来进行特征词的选择。TF-IDF 是一种统计方法，用以评估一个字词对于一个文件集或一个语料库中的其中一份文件的重要程度[295]。TF-IDF 主要体现了以下思想：一个词在特定的文档中出现的频率越高，说明它区分该文档内容属性方面的能力越强；一个词在文档中出现的范围越广，说明它区分文档内容的属性越低。经过 Salton 和 Buckley[293]的多次论证，信息检索领域广泛地使用 TF-IDF 计算权重，其经典计算公式为

$$w_{ij} = \mathrm{tf}_{ij} \times \mathrm{idf}_i \qquad (5.9)$$

词频（term frequency，TF）表示某一个给定的词语在该文件中出现的频率。式（5.9）中 tf_{ij} 可以表示为

$$\mathrm{tf}_{ij} = \frac{n_{ij}}{\sum k n_{kj}} \qquad (5.10)$$

其中，n_{ij} 表示该词 t_i 在文件 d_j 中的出现次数；$\sum k n_{kj}$ 表示在文件 d_j 中所有字词的出现次数之和。

逆向文档频率（inverse document frequency，IDF）是对一个词语普遍重要性的度量。某一特定词语的 IDF，可以由总文件数目除以包含该词语的文件的数目，再将得到的商取对数得到。式（5.11）中 idf_i 公式如下：

$$\mathrm{idf}_i = \log \frac{|D|}{\left|\{j : t_i \in d_j\}\right|} \qquad (5.11)$$

其中，$|D|$ 表示总文档数；$\left|\{j : t_i \in d_j\}\right|$ 表示出现特征项 t_i 的文档数。

根据 TF-IDF，获取问题文本中的特征项，建立特征项集 $T = \{t_1, t_2, \cdots, t_\lambda\}$。同样，获取原因文本中的特征项，建立其特征项集 $T' = \{t_1', t_2', \cdots, t_\alpha'\}$。

5.5.2　问题和原因聚类方法

基于建立的向量空间模型，本书采用 K-means 聚类算法对问题文本进行聚类。K-means 聚类算法是一种以平均值作为聚类中心的平面划分法。对于给定的一个包含 n 个 d 维数据点的数据集 $X = \{x_1, x_2, \cdots, x_n\}$，以及要生成的数据子集的数目 K，K-means 聚类算法将数据对象组织为 K 个划分 $G = \{g_e, e = 1, 2, \cdots, K\}$，每个划分代表一个类别 g_e，每个类别 g_e 有一个类别中心 μ_e，选取欧氏距离作为相似性和距离的判断准则，计算该类别内各点到类别中心 μ_e 的距离平方和 $J(g_e) = \sum_{x_i \in G_e} \|x_i - \mu_e\|^2$。聚类的目标是使各类总的距离平方和 $J(G)$ 最小，其中，$J(G) = \sum_{e=1}^{K} \sum_{i=1}^{n} d_{ei} \|x_i - \mu_e\|^2$。

K-means 聚类算法要求事先确定聚类数 K 值。本书选用肘部法则[296]来确定 K 值。肘部法则的计算原理是成本函数，成本函数是类别畸变程度之和，每个类别的畸变程度等于每个变量点到其类别中心的距离平方和，即 $\mathrm{CF} = \sum_{k=1}^{K} \sum_{C_k} \|x_i - \mu_k\|^2$。在该公式中，$C_k$ 表示第 k 个簇中的数据点，μ_k 表示第 k 个簇的中心，x_i 表示簇成员。如果类别内的成员相对彼此更加紧凑，则类别内的畸变程度会更小。反之，如果类别内的成员相对彼此更加分散，则畸变程度会更大。在选择类别数量上，肘部法则会把不同 K 值的成本函数值画出来。随着 K 值的增大，每个类别包含的样本数会减少，于是样本离其重心会更近，平均畸变程度会减小。随着 K 值继续增大，平均畸变程度的改善效果会不断降低。K 值增大的过程中，畸变程度的改善效果下降幅度最大的位置对应的 K 值就是肘部。

文本聚类后，需要对文本聚类的结果进行类簇标注[297]。按照聚类描述生成的自动化程度，可将其分为人工描述方法和自动描述方法[298]。自动描述方法，主要从聚类生成的类簇中提取重要的词语，根据聚类算法的不同，相应的词语重要性计算方法也有所不同。2001 年，Lawrie 等[299]提出了一种比较有代表性的自动化聚类描述方法，他们从聚类生成类簇的成员中提取 TF-IDF 值大的词语作为聚类描述。因此，本书借鉴该方法来提取每个类簇的标签。对于每个类簇，提取 TF-IDF 值排名前三的词语作为该类簇的标签，并根据专家的判断，将该词语组合成短语。

5.5.3　原因分类方法

在汽车制造业中，因果图中"大要因"通常被分为人员（man）、机器设备（machine）、材料（material）、方法（method）和环境（environment），简称人机料法环，也称 4M1E。其中，人员表示制造产品的人员因素，包括操作工人的技术水平、熟练程度、劳动态度、精神和身体状态等；机器设备表示生产中使用的设备、工具和其他辅助生产设备；材料表示使用的材料、半成品、配件和原材料等；方法表示生产过程中遵循的规则和规定以及制造产品的方法、工艺过程等；环境表示制造产品的环境，包括生产车间的温度、湿度、光线、噪声、粉尘等。根据本书案例的领域特点及数据特点，本书将原因的类别设定为人机料法环这五类。

因此，对原因进行分类是一个多分类问题。在多分类中，每个对象实例可以属于多个不同类别中的一个。常见的多分类器有 LibSVM 分类器、朴素贝叶斯（naive Bayes，NB）分类器、RF 分类器、决策树分类器、k 近邻（k-nearest neighbor，KNN）分类器等。为了找出最适合本书的分类器，本书将这些分类器的分类效果进行比较。

多分类的分类器性能通常采用以下指标进行评估：召回率（recall）、精确率（precision）、准确率（accuracy）、卡帕系数（kappa coefficient）等。这些指标的度量均基于混淆矩阵。在机器学习领域，特别是统计分类问题，混淆矩阵也称为误差矩阵[300]。它是一种特定的表格布局，用来对算法尤其是监督学习算法的性能（在无监督学习中，它通常被称为匹配矩阵）进行可视化。矩阵的每一行代表预测类中的实例，而每一列代表实际类中的实例（或相反亦然）[301]。召回率（recall）也称查全率，即正确识别正元组的百分比，计算公式为 recall = TP/（TP+FN）。精确率（precision）是指正确识别的正元组在识别为正元组中所占的比率，计算公式为 precision = TP/（TP+FP）。准确率（accuracy）是正确识别正负元组的百分比，它是灵敏性和特效性的函数，计算公式为 accuracy=（TP+TN）/（TP+FP+FN+TN）。其中，TP 表示原本为正类（positive），且判断正确的数目；FP 表示原本为正类，但判断错误的数目；FN 表示原本为负类（negative），但判断错误的数目；TN 表示原本为负类，且判断正确的数目。科恩的卡帕系数（κ）是衡量定性（分类）项目的评估者间协议的统计量，人们普遍认为它比简单的协议百分比计算更有力，因为 κ 考虑了协议偶然发生的可能性。通常这些指标的值越高，模型实现的分类准确度越高。

5.6 问题原因推理流程

当出现新的质量问题时，问题解决团队能基于构建的抽象因果图知识库及具体因果图知识库进行问题推理。通过输入关键字或问题查询的方式，从抽象因果图知识库中获取与输入的查询相同或最相似的问题类，进而将其对应的原因类以抽象数字化因果图的方式呈现给问题解决团队。同样，通过检索具体因果图知识库，获得与输入的查询相同或最相似的问题类，进而获得该问题类的具体数字化因果图。由于该具体数字化因果图中呈现的均为历史上实际发生过的原因，而也有可能存在一些潜在的其他原因。因此，用户可以将问题解决团队经过头脑风暴获得的该问题类的原因，输入到具体数字化因果图的各个分支中。然后，该输入内容被存储到具体数字化因果图知识库中。当下一次再有类似的问题发生时，该问题类对应的因果图，将实际发生过的原因以及之前经过头脑风暴输入的原因一起呈现给用户，并通过不同颜色或其他方式将两者进行区分。这样，该问题类-原因知识库将会不断地获得补充，给用户提供的原因参考会更丰富。同时，这些后续输入的原因，由于事先已经进行了人工标注（输入者将这些原因放在某个"大要因"下，该"大要因"即该原因的类别标签）。因此，可将这些原因作为训练原因分类器的新增样本，故而提高原因文本分类器的分类效果。该流程如图5.5所示。

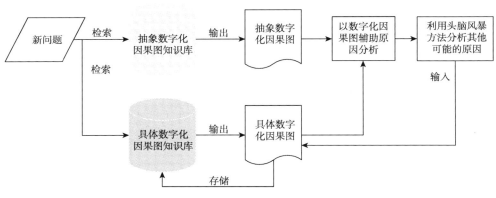

图 5.5 数字化因果图推理流程

抽象因果图和具体因果图结合使用，一方面，能让原因分析团队掌握导致该类问题的最可能的类原因，从而有了工作重点，另一方面，能让原因分析团队对于导致该类问题的所有历史原因有一个全面的了解。

5.7 实 例 分 析

5.7.1 实验数据

本书以某整车制造厂质量问题解决为例,来逐步介绍数字化因果图构建的方法。如表 5.1 所示,从该公司获取了自 2009 年 3 月到 2017 年 6 月的 1844 个问题记录,对应 2000 个原因记录。所有的问题和原因文本均为英语。

表 5.1　实例分析数据情况

数据情况	描述
数据源	某整车制造厂质量数据
语言	英语
时间范围	2009 年 3 月 ～ 2017 年 6 月
问题记录/个	1844
原因记录/个	2000
车型	F1,F3,F4,N2,E8,M1,F5,M2,B4,B3,G3

如表 5.2 所示,一个问题包含问题编号、问题标题和问题描述等信息;同样,原因也包含原因编号、原因标题和原因描述等信息。每个问题和每个原因的编号都是唯一的。一个问题编号对应一个或多个原因编号,而每个原因编号只对应一个问题编号。如表 5.2 中问题 1199 是由 3 个原因导致的,编号分别为 1200、1221 和 1222。本书将 1844 个问题记录和 2000 个原因记录作为聚类和分类的基础。

表 5.2　问题及其对应原因例子

问题编号	问题标题	问题描述
1199	×12 后门开启噪声	2014 年 1 月 11 日×××与前门相比,后门太难打开,并且会发出异常响亮的噪声

原因编号	原因标题	原因描述
1200	侧架法兰偏差	分析中心测量侧架法兰有偏差(2014 年 4 月 11 日报告),根据来自×××-721 的信息,没有进一步的活动
1221	铰链位置偏差	2014 年 4 月 14 日:分析中心的测量结果显示后门铰链位置存在偏差 2014 年 6 月 26 日:根据来自×××-721 的信息,没有进一步的活动
1222	密封压力太大	2014 年 6 月 25 日:密封压力太大

5.7.2　问题聚类结果

基于 5.5.1 节描述的基于 TF-IDF 的特征提取方法, 所有问题文本中包含的单词数量为 1326 个。同时, 将特征词的文档频率占总文档数的比例的阈值设置为 1.5%, 即忽略在所有文档（即问题记录）中文档频率占比不到 1.5% 的词。因此, 特征词的数量为 63 个。图 5.6 显示了文档频率 ≥ 60 的问题文本的特征词。

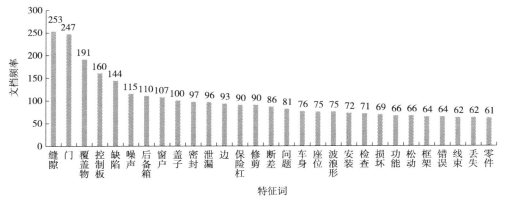

图 5.6　文档频率 > 60 的问题文本的特征词

根据本书所选择的 63 个特征词, 以及每个问题特征词的 TF-IDF, 所有问题均由向量空间模型表示。由于问题向量空间模型包含许多行和列, 本书无法将其全部列出。因此, 利用表 5.3 展示问题向量空间模型中的部分内容。如表 5.3 所示, 每行表示一个问题, 每列表示一个特征词。每个单元格内的值是针对给定问题的特征词的 TF-IDF 值。

表 5.3　问题向量空间模型中部分内容示例

问题编号	保险杠	夹子	覆盖物	门	缝隙	玻璃	…	错误
373	0.61	0	0	0	0	0	…	0
378	0.71	0	0.53	0	0.47	0	…	0
401	0.56	0	0.42	0	0.37	0	…	0
404	0.60	0	0.45	0	0	0	…	0
1079	0	0.60	0	0.35	0	0	…	0
⋮	⋮	⋮	⋮	⋮	⋮	⋮		⋮
1277	0	0.54	0	0	0	0	…	0

根据问题向量空间模型, 采用肘部法则来确定问题集合的最佳聚类数。如图 5.7

所示，1844 个问题记录的最佳聚类数为 41 个。

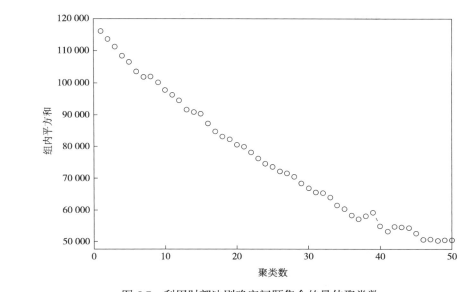

图 5.7　利用肘部法则确定问题集合的最佳聚类数

接着，利用 K-means 聚类算法将 1844 个问题记录聚类成 41 个类簇。表 5.4
展示了所有的问题聚类结果。

表 5.4　基于 K-means 聚类算法的问题聚类结果

类簇	计数	描述性术语	类簇描述
PC_0	50	保险杠（0.73），盖板（0.19），缝隙（0.13）	保险杠盖缝隙
PC_1	50	泄漏（0.82），门（0.11），燃油（0.08）	泄漏问题
PC_2	34	位置（0.67），错误（0.29），线束（0.10）	线束位置错误
PC_3	226	安装（0.06），不合格（0.05），漏水（0.04）	非典型问题
PC_4	51	缝隙（0.74），盖板（0.18），座椅（0.07）	缝隙问题
PC_5	31	偏移（0.73），盖子（0.23），保险杠（0.10）	保险杠盖偏移
PC_6	35	发动机（0.80），电缆（0.07），泄漏（0.07）	发动机问题
PC_7	27	缺陷（0.56），灯光（0.39），曲轴箱（0.03）	灯光缺陷
PC_8	42	损坏（0.85），支架（0.04），覆盖物（0.04）	零件损坏
PC_9	40	规格（0.57），超出（0.48），缝隙（0.08）	零件不合规格
PC_10	35	大（0.66），电缆（0.31），主体（0.06）	电缆问题
⋮	⋮	⋮	⋮
PC_40	23	顶棚（0.79），波浪形（0.11），轨道（0.10）	顶棚波浪形

在表 5.4 中，计数是每个类簇中文档的数量。描述性术语是根据特征词的 TF-IDF 值的次序选择的类簇的代表性术语。对于每个类簇，本书选择按 TF-IDF 值排序的特征词列表中排名前三的单词作为描述性术语。如果该类簇中包含的单词数量小于三，则取全部单词作为描述性术语。描述性术语后面括号中的值是单词的 TF-IDF 值。类簇描述是根据该类簇中描述性术语的 TF-IDF 值进行筛选以及人工调整单词顺序，并根据经验加入相应单词后对该类簇进行表示的描述性短语。在某些类簇中（如 PC_3），所有单词的 TF-IDF 值都非常小，这些类簇被认为是非典型问题类簇，被从问题类中删除。

5.7.3　原因聚类结果

基于 5.5.1 节描述的基于 TF-IDF 的特征提取方法，所有原因文本中包含的单词数量为 1261 个。同时，也将特征词的文档频率占总文档数的比例的阈值设置为 1.5%。因此，原因文本的特征词数量为 39 个。图 5.8 显示了所有原因文本的特征词。

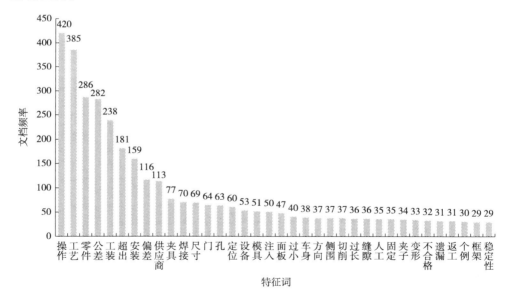

图 5.8　原因文本的特征词

根据原因向量空间模型，采用肘部法则来确定原因集合的最佳聚类数。如图 5.9 所示，2000 个原因记录的最佳聚类数为 40 个。

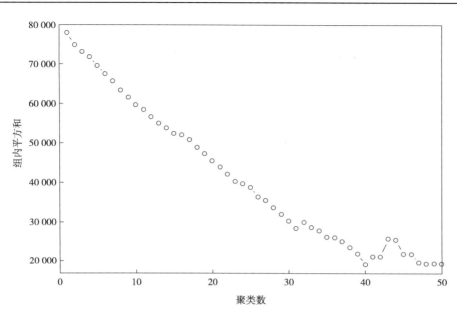

图 5.9　利用肘部法则确定原因集合的最佳聚类数

接着，同样利用 K-means 聚类算法将 2000 个原因记录聚类成 40 个类簇。表 5.5 展示了所有的原因聚类结果。表 5.5 中各列标题的含义与表 5.4 相同。

表 5.5　基于 K-means 聚类算法的原因聚类结果

类簇	计数	描述性术语	类簇描述
CC_0	149	工装（0.96），流程（0.04），零件（0.03）	工装问题
CC_1	118	工艺（0.98），操作（0.04），模具（0.01）	流程问题
CC_2	274	操作（1.00）	操作问题
CC_3	34	材料（0.86），模具（0.12），供应商（0.11）	供应商模具材料
CC_4	27	夹子（0.85），公差（0.09），安装（0.07）	夹子问题
CC_5	47	夹具（0.88），安装（0.09），供应商（0.06）	夹具问题
CC_6	68	公差（0.89），零件（0.24），流程（0.01）	零件超出公差
CC_7	24	缝隙（0.81），公差（0.16），零件（0.07）	缝隙超差
CC_8	12	方向（0.73），偏差（0.52），车身（0.20）	车身方向偏差
CC_9	28	单件（0.71），部分（0.33），输出（0.15）	单件
CC_10	29	返工（0.86），工艺（0.18），零件（0.09）	返工过程
⋮	⋮	⋮	⋮
CC_39	43	尺寸（0.69），公差（0.40），超出（0.33）	尺寸超差

5.7.4 原因分类结果

本书使用2000个原因记录来进行分类实验，邀请了六位质量问题解决专员分别用人机料法环（4M1E）标签来标记每个原因，然后收集所有已标注数据。从所有已标注数据中，提取了被标注上不同标签的原因记录。然后邀请六位专员一起讨论这些原因记录的标签，最终达成了共识。

在进行分类实验时，本书从数据源的选择以及分类器的选择这两个角度进行实验比较。原因文本包括标题和描述，其中，标题是对原因的凝练表达，描述是对原因的具体描述。然而并不清楚以标题为基础的向量空间模型还是以描述为基础的向量空间模型的分类效果哪个更好。因此，本书分别利用向量空间模型来表示标题文本和描述文本，以及将标题文本和描述文本合并后进行向量空间模型表示。针对这三种数据源，来分析基于哪种数据的分类效果最好。

同时，本书选择了一些传统的分类器——包括随机森林、LibSVM、朴素贝叶斯和决策树——进行分类并比较这些分类器的效果。原始数据以3：1的比例进行分层抽样，其中，75%的抽样数据作为训练集，来训练分类器，剩余的25%的数据作为测试集，测试分类器的效果。

基于原因的特征词，所有的原因记录都可以用向量空间模型来表示。表 5.6展示了原因向量空间模型的部分内容。表中每行表示一个原因，每列表示一个特征词，每个单元格内的值是针对给定原因的特征词的 TF-IDF 值。该表的最后一列表示每个原因的"大要因"标签。

表 5.6　原因向量空间模型的部分内容示例

原因编号	切割	操作工	供应商	夹具	…	焊接	标签
2345	0	0.52	0	0	…	0	人
2366	0	0	0	0.43	…	0	机
2377	0.66	0	0	0	…	0	法
3767	0	0	0.56	0	…	0	料
⋮	⋮	⋮	⋮	⋮	⋮	⋮	⋮
5055	0	0	0	0	…	0	环

基于已标注的原因数据，本书使用 RapidMiner 进行分类实验。RapidMiner 是世界领先的数据挖掘解决方案，通过在图像化界面拖拽建模，轻松实现了数据准备、机器学习和预测模型部署，无须编程，简单易用。图 5.10 展示了 RapidMiner 中基于随机森林分类器的分类模型。

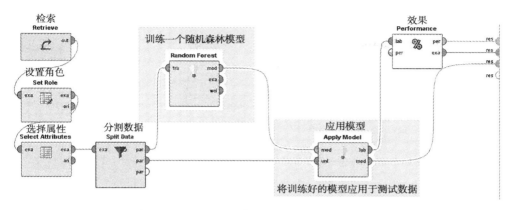

图 5.10　RapidMiner 中基于随机森林的分类过程

如图 5.10 所示，Set Role 操作器（Operator）用来对属性的角色进行指定。在 RapidMiner 中被预测的属性称为"标签"（Label）。Select Attributes 操作器用来筛选属性。在该模型中，Select Attributes 操作器将原因的特征词定义为属性。Split Data 操作器可以将数据划分为训练集和验证集。此处，利用 Split Data 操作器将 2000 个原因记录以 3∶1 的比例划分为训练集和测试集。Random Forest 操作器根据训练数据生成随机森林模型，用于分类。生成后，可以使用 Apply Model 操作器将随机森林模型应用于测试集。Performance 操作器用来对模型的性能进行度量，包括准确率–召回率矩阵、曲线下面积（area under the curve，AUC）等。

然后基于其他三个分类器，也进行分类实验。表 5.7 显示了分类结果。

表 5.7　各分类器的分类结果对比

评价指标	数据源	随机森林	LibSVM	朴素贝叶斯	决策树
	标题	*84.37%*	69.74%	**82.97%**	**83.77%**
准确率	描述	60.52%	58.72%	60.12%	69.74%
	标题+描述	76.15%	64.33%	73.75%	83.57%
	标题	*0.785*	0.590	**0.768**	**0.777**
卡帕系数	描述	0.437	0.438	0.461	0.586
	标题+描述	0.669	0.515	0.647	**0.777**
	标题	**69.29%**	57.66%	*69.77%*	67.40%
加权平均召回率	描述	50.89%	47.98%	52.09%	60.92%
	标题+描述	63.05%	52.63%	65.45%	**76.12%**
	标题	*90.28%*	59.82%	**81.15%**	69.97%
加权平均精确率	描述	74.34%	50.44%	54.69%	70.34%
	标题+描述	86.04%	56.38%	68.62%	**83.04%**

首先，比较每个分类器在使用不同数据源时的评价指标。从表 5.7 中可以看出，对于随机森林、LibSVM 以及朴素贝叶斯这三种分类器，以原因标题为基础分类的四个指标值，相对于以描述和以标题+描述的混合文本为分类数据基础，都是最大的。对于决策树分类器，以原因标题为基础的分类指标中，准确率和卡帕系数是最大的。在表 5.7 中，将这些最大的值加粗表示。该结果说明，在数据源的选择过程中，以原因标题为基础的分类效果最好。

其次，从以标题作为数据源的视角，比较各个分类器的分类效果。从表 5.7 中可以看出，随机森林分类器对应的准确率、卡帕系数和加权平均精确率这三个指标的值都是最大的，因此将其标成斜体加粗。尽管朴素贝叶斯分类器在加权平均召回率指标上表现最好（加粗斜体），但随机森林分类器对应的加权平均召回率指标在四个分类器中的值也能排在第二。因此，在分类器的选择中，随机森林分类器的综合效果最好。

综合分类实验，本书在后续的系统设计中，将以原因标题作为分类的数据基础；同时，以随机森林分类器作为原因分类的分类器。

5.7.5　数字化因果图可视化

在理论研究的基础上，本书基于 Python 编程语言和开源 Web 开发框架 Django 构建了智能质量问题解决系统。本书将在第 8 章中具体介绍系统的构建和实现效果。

5.8　本　章　小　结

本章在第 3 章的基础上，深入研究了质量问题解决中的 know-why 知识挖掘。know-why 知识体现的是问题（果）和问题（因）之间的因果关系。因果图是质量问题解决的因果关系分析中常用的质量工具。而传统的因果图构建在很大程度上依赖个人的经验，创建过程耗时耗力，且不能体现类似问题和原因之间的因果关系。因此本章提出了一种利用数据挖掘的方法从大量的质量问题和原因文本中挖掘因果关系，并以数字化因果图的形式呈现问题（果）和问题（因）的关系，即 know-why 知识。

在该方法中，问题和原因的数据首先被预处理并利用向量空间模型进行表示。其次基于该向量空间模型，利用 K-means 聚类算法对质量问题和原因文本分别进行聚类，得到问题类和原因类之间的关系，以及问题类和具体原因之间的关系。同时，利用随机森林分类器将原因数据进行分类，分类成因果图中的人机料法环这五个"大要因"。根据聚类和分类的结果，获得抽象数字化因果图和具体数字化因果图。最后以某汽车企业的质量问题和原因数据为例，验证了本书方法的可行性和有效性。结果表明，本章提出的自动构建因果图来进行因果分析的方法，能大大提高因果图制作的效率，并且基于数据的因果分析相较于基于经验而言更加可靠。同时，该数字化因果图体现了一类问题的原因，能发散问题解决者的思维，拓展因果分析的思路。

　　从质量管理的角度来看，本章提出的自动构建因果图的方法可以提高因果分析的效率和有效性。因果图是一种重要的因果分析工具，尤其是在质量问题解决中经常被使用。通过使用数字化因果图，质量问题解决团队可以节省大量时间来收集有关问题潜在原因的信息。尽管数字化因果图不能取代问题解决者并做出因果分析决策，但它可以在支持面向质量问题解决的决策中发挥重要作用。虽然从历史数据中获得的 know-why 知识是群体智慧的结晶，但只有结合个人经验（一种隐性知识）和新问题的具体情况，才能发挥适当的作用。另外，know-why 知识库对于培训新手和缺乏经验的问题解决者来说也是非常宝贵的。

　　需要指出的是，本章虽然以制造业为例进行分析，但该方法适用于所有需要进行因果分析的领域，只要该领域有历史的问题和原因数据。另外，问题与原因之间的因果关系可能非常复杂，存在一果多因、一因多果、多因多果等多种情况，还可能存在因果交叉、因果跨级等复杂情况，本书并未就此进行研究。但是本书提出的基于文本数据建立因果关系的思路具有一般性，可以用于进一步扩展和深入研究更为复杂的因果关系以及多层次因果图。此外，在某些情况下，因果关系可能隐藏在质量问题或原因文本中。因此，未来的研究也可以探索从非结构化文本中挖掘因果关系。

第6章 基于知识图谱的质量问题因果知识挖掘

本章在第 5 章的基础上，将质量问题–原因二分图模型拓展为质量问题因果知识图谱模型，同时，考虑了质量问题解决数据的因果关系半结构化特点，深入研究了基于质量问题解决数据，利用数据挖掘方法来获得问题和原因之间的复杂网络关系，并构建质量问题因果知识图谱。同时，本章提出了基于质量问题因果知识图谱的三种质量问题诊断和预测的方法，来为质量管理提供智能化决策支持。

6.1 问 题 提 出

本书在第 5 章中利用二分图模型来表示问题–原因知识，该模型的前提条件是问题和原因节点是两个互不相交的子集。然而，在实际中，某些问题的原因，可能是其他原因导致的结果。从辩证的角度来看，因和果是对立和统一的关系。在一定范围内，因果不能混淆，原因和结果的区分既是确定的又是不确定的。确定性指的是每一组具体的因果关系中，原因是原因而非结果，结果是结果而非原因，不能倒果为因，也不能倒因为果。不确定性是指原因和结果经常互换位置，同一现象在同一关系中是结果，在另一关系中则变成了原因。例如，从图 6.1 显示的因果链中可以看出，发动机盖冲压件不合格既是发动机舱漏水的原因，也是冲压模具磨损的结果。因此，问题和原因的关系未必是简单的二分关系，而是更复杂的网络关系。鉴于此，本章提出了一种质量问题的因果模型，本书将其称为质量问题因果知识图谱模型。

冲压模　　　　发动机盖冲　　　发动机
具磨损　　　　压件不合格　　　舱漏水

图 6.1　因果链示例

另外，本书在第 5 章中并未特别考虑质量问题解决数据半结构化的特点，即整体上，数据中的因和果具有基本的对应关系，但真实数据中因和果是相互交叉混合的、局部混乱的、非结构化的。换言之，质量问题记录中的问题和原因分别被记录在两个不同的字段中，但由于人员记录不规范等原因，问题字段或原因字段对应的文本可能包含因果关系。如表 6.1 所示，在第一条记录中，问题字段的文本内包含了因果关系；在第二条记录中，原因字段的文本内包含了因果关系。质量问题解决数据的这种特点，使得基本因果关系的获取并非一蹴而就，而是既需要从问题和原因的描述文本中挖掘隐含的因果对，又需要将因果对与问题和原因字段本身包含的结构化因果关系相结合，获得完整的基本因果关系。

表 6.1　问题记录示例

问题编号	问题标题	原因编号	原因标题
50985	right rear door leakage（右后门漏水）	50986	[damage of the seal]结果 because of [improper operation of the operator]原因（[密封件损坏]结果 因为 [操作者操作不当]原因）
51043	[left front door leakage]结果 due to [two screws omitted]原因（[左前门漏水]结果 由于 [遗漏两个螺丝]原因）	51044	operator careless（操作工不小心）

因此，本章旨在利用数据挖掘的方法，从质量问题解决数据中获取质量问题与生产要素之间的大规模因果关系，并表示为质量问题因果知识图谱，为质量管理中的因果诊断和预测提供决策支持。为了应对质量问题解决数据存在的特点，首先对半结构化质量问题解决数据进行分类，以识别包含因果关系的数据。其次使用因果语言模式从这些数据中提取原因槽和结果槽。再次，使用具有条件随机场层（conditional random field，CRF）的双向长短期记忆–条件随机场层（bidirectional long short-term memory-conditional random field，BiLSTM-CRF）[302]算法提取质量问题和原因文本的核心内容，并利用缺陷位置和缺陷类型的组合来表示该核心内容。此外，本书设计了四个规则来整合提取的因果关系，并提出了一种节点融合方法来形成质量问题因果知识图谱。以某汽车制造厂商为例，验证了生产过程中车辆质量问题因果知识图谱的获取方法。最后，展示了质量问题因果知识图谱在质量诊断和预测方面的三个潜在应用。

本章的主要贡献可归纳为以下几点。

（1）本章提出了一种新颖的因果知识图谱模型，该模型结合了贝叶斯网络概率性质和知识图谱丰富的节点语义信息，揭示了生产系统中质量与生产要素之间的复杂关系和交互机制。

（2）本章提出了一种创新的多阶段框架，从大量整体结构化而局部非结构化的质量问题解决数据中半自动构建质量问题因果知识图谱。本书通过引入新的数据源和新的数据驱动的因果知识挖掘框架，可以自动获取大规模节点变量之间的因果结构关系和条件概率，推进了现有的因果知识获取研究。

（3）为了进行有效的质量诊断和预测，本章基于质量问题因果知识图谱，展示了基于广度优先推理规则来获取直接导致特定问题的所有原因，基于深度优先推理规则来获得连接根本原因和特定问题的因果链，以及基于广度优先推理规则来预测现有问题可能导致的未知隐藏问题。

在实践中，通过应用本章的方法，质量问题解决团队能够对生产系统中产品质量和生产要素的核心交互机制有一个宏观的了解，可以进一步将其作为有价值的培训材料，分享因果知识。质量问题因果知识图谱在更快、更有效地挖掘新问题的根本原因，甚至预测和预防潜在问题方面也具有显著优势，从而提高了质量管理的效率。

6.2　质量问题因果关系模型

6.2.1　质量问题因果知识图谱模型

知识图谱是一个复杂的网络，具有丰富的节点和边的语义信息，但不能很好地表示节点之间关系的概率分布。贝叶斯网络是一种常用来表示因果关系的因果模型[303]。贝叶斯网络可以通过条件概率分布来描述变量之间的依赖关系，但缺乏节点的语义信息。因此，本书提出了一种结合知识图谱和贝叶斯网络特征的质量问题因果知识图谱模型。

质量问题因果知识图谱模型是由实例问题构成的因果模型。图 6.2 是质量问题因果知识图谱模型示例图。如图 6.2 所示，质量问题因果知识图谱由节点以及节点间的有向边构成。其中，节点表示具体的质量问题；节点之间的有向边表示各节点之间存在的因果关系。每个节点具有三个属性，包括编号、描述和频率。

箭头指向的节点表示结果，箭头发出的节点表示原因。

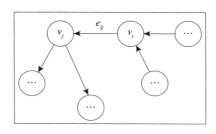

图 6.2　质量问题因果知识图谱模型示例

　　质量问题因果知识图谱可以形式化为有向无环图 $G = (V, E)$，其中，V 是节点集，E 是边集。图 G 有一个映射为

$$E \rightarrow V \times V \tag{6.1}$$

　　在本章的术语中，节点表示为 v_i，边表示为 e_{ij}。假设 G 中有 n 个节点，节点的集合是 $V = \{v_1, v_2, \cdots, v_i, \cdots, v_n\}$。质量问题因果知识图谱中的节点具有丰富的语义信息，且通常由缺陷位置和缺陷类型组成。因果关系集合可以表示为 $E = (e_{ij})_{n \times n}$，其中，边表示为 $e_{ij} = (v_i, v_j, f_{ij})$。$i$ 和 j 分别表示边 e_{ij} 的原因和问题节点，即 v_i 表示一个原因节点指向节点，v_j 表示一个问题节点被指向节点。所有边都是从原因节点到问题节点的有向边。f_{ij} 表示原因 v_i 导致问题 v_j 出现的次数，即边 e_{ij} 的频次。如果 $f_{ij} = 0$，那么意味着节点 v_i 和节点 v_j 没有连接，即两者之间不存在因果关系。当一对因果关系被提取时，边（因果关系）的默认频率为 1。$\mathrm{nt}(v_j)$ 表示节点 v_j 出现的次数，等于所有指向 v_j 的边的频次之和，即 $\mathrm{nt}(v_j) = \sum_{i=1}^{n} f_{ij}$。$w_{ij}$ 表示边 e_{ij} 的因果强度[304]，由因果关系的频率决定的。本书定义所有指向节点 v_j 的有向边的因果强度之和为 1。那么，节点 v_i 指向节点 v_j 的有向边的因果强度为 $w_{ij} = f_{ij} / \sum_{i=1}^{n} f_{ij}$。

　　在质量问题因果知识图谱模型中，一个节点可以表示缺陷位置和缺陷类型的组合。缺陷位置可以是出现问题的产品部件，也可以是设备、人员和工具。例如，在质量问题"车灯裂纹"中，"车灯"为缺陷位置，"裂纹"为缺陷类型。在"工具磨损"中，"工具"为缺陷位置，"磨损"为缺陷类型。

6.2.2　基本因果关系模型

　　如图 6.3 所示，基本因果关系能精练为以下四种形式，即因果对、因果链、一因多果、多因一果。因果对是指一个原因导致一个问题；因果链是指由多个节点构成的有序的因果关系序列；一因多果是指一个原因同时引起多种结果，或者一个原因在不同条件下将引起不同结果；多因一果是指某结果由多种原因共同作用产生，或者某结果由不同原因在不同的条件下造成。在基本因果关系中，节点表示具体问题；节点之间的有向边表示各节点之间存在的因果关系。

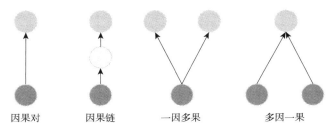

图 6.3　四种基本因果关系

6.3　质量问题因果知识图谱构建

6.3.1　质量问题因果知识图谱构建流程

本书提出一套从质量问题解决混杂数据中提取因果关系，进而生成质量问题因果知识图谱的框架和方法，为质量问题解决中的因果分析提供知识层面的支持。质量问题因果知识图谱构建流程如图 6.4 所示。

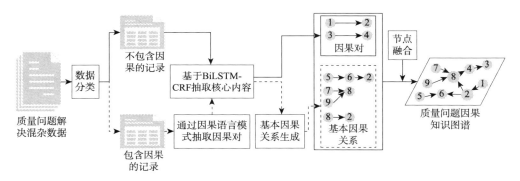

图 6.4　质量问题因果知识图谱构建流程

　　由混杂数据的特点可知，质量问题记录中的问题和原因分别被记录在两个不同的字段中。但由于人员记录不规范等原因，问题字段或原因字段对应的文本可能包含因果关系。因此，如图 6.4 所示，在对所有数据进行预处理的基础上，进行数据分类，将因和果两个字段对应的数据分类为"包含因果的记录"和"不包含因果的记录"。然后，可以对质量问题记录进行划分。"不包含因果的记录"是其问题和原因字段都不包含因果关系的记录。"包含因果的记录"是其问题和/或原因字段包含因果关系的记录。对于"不包含因果的记录"，利用 BiLSTM-CRF 算法从原因字段和问题字段中抽取出核心内容，形成以简洁文字描述的因果对。该过程如图 6.4 上半部分实线连接的路径所示。对于"包含因果关系的记录"，首先，利用基于语言模式匹配的方法将因果关系进行拆分，从中提取原因槽和结果槽。其次，同样利用 BiLSTM-CRF 算法从原因槽和结果槽中抽取出问题描述的核心内容。再次，将新获得的因果对与该问题（原因）在原始记录中对应的原因（问题）进行整合，生成基本因果关系。该过程如图 6.4 下半部分虚线连接的路径所示。最后，将因果对及基本因果关系的集合中所有的节点进行融合，将相同的节点进行合并，生成质量问题因果知识图谱。

　　本章使用一个示例来说明如何将现实世界的概念映射到所提出的框架。表 6.2 列出了五个问题及其相应的原因的示例。表 6.2 显示编号为 51043 的问题与编号为 50986 和 12509 的原因在文本中包含因果关系。接下来，使用基于语言模式匹配的方法将包含因果关系的数据拆分为原因槽和结果槽。比如，问题 51043 被拆分为"left front door leakage"（结果槽，新编号为 51043p）和"two screws omitted"（原因槽，新编号为 51043c）。然后，使用 BiLSTM-CRF 算法从中提取核心内容。编号为 51043c 的新原因的描述将从"two screws omitted"凝练为"screw omitted"，编号为 51043p 的新问题的描述将从"left front door leakage"凝练为"door leakage"。在利用 BiLSTM-CRF 算法抽取核心内容之后，将原始因果关系与拆分的因果对相结合。比如原来的两个因果节点 51043 和 51044 会变成 51044（operator）→51043c（screw omitted）→51043p（door leakage）的因果链。→表示导致。同样，原来的 12509→12508 因果对会变成 12509c（package）→12508（seal damage）。

表 6.2　五个问题及其相应原因的示例

问题编号	问题描述	原因编号	原因描述
4514	leakage from the front right door during water test （淋水测试时右前门漏水）	4516	dent on the surface of the body panel （车身面板表面有凹痕）
12508	front right door seal damaged （右前门密封件损坏）	12509	[package during transportation]原因槽 led to [seal damage]结果槽 （[运输过程中的包装]原因槽 导致 [密封件损坏]结果槽）

续表

问题编号	问题描述	原因编号	原因描述
25837	b-pillar harness plug broken（b 柱线束插头损坏）	25838	supplier incorrect packaging（供应商包装错误）
50985	right rear door leakage（右后门漏水）	50986	[damage of the seal]结果槽 because of [improper operation of the operator]原因槽（[密封件损坏]结果槽 因为 [操作者操作不当]原因槽）
51043	[left front door leakage]结果槽 due to [two screws omitted]原因槽（[左前门漏水]结果槽 由于 [遗漏两个螺丝]原因槽）	51044	operator careless（操作工不小心）

通过上述步骤后，能够获得一组新的因果关系，如表 6.3 所示。这些新的因果关系将通过合并节点形成一个因果知识图谱，如图 6.5 所示。

表 6.3　通过因果关系挖掘获得的新的因果关系

问题编号	问题标签	原因编号	原因标签
4514	door leakage（门漏水）	4516	body panel dent（车身面板凹痕）
12508	seal damage（密封件损坏）	12509c	package（包装）
25837	harness plug broken（线束插头损坏）	25838	package（包装）
50985	door leakage（门漏水）	50986p	seal damage（密封件损坏）
50986p	seal damage（密封件损坏）	50986	operator（操作工）
51043p	door leakage（门漏水）	51043c	screw omitted（遗漏螺丝）
51043c	screw omitted（遗漏螺丝）	51044	operator（操作工）

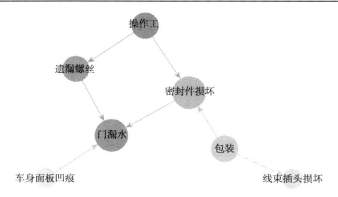

图 6.5　因果知识图谱示例

基于该因果知识图谱，质量管理人员可以厘清所有质量问题之间的复杂关系。

当遇到新的质量问题时，质量管理人员可以利用网络查找问题原因，更快、更有效地解决问题。

6.3.2　文本预处理和文本表示

在进行文本分类之前，首先进行英文文本预处理，包括将缩略词转化为完整的单词、去除停用词、词干提取、特征提取等步骤[287]。其次采用向量空间模型[293]，来将文本文档表示为标识符的向量（如索引项或特征项）。本书选择问题和原因标题作为文本文档，并将这些标题中的单词作为特征词。但是，如果将问题和原因中的所有单词都视为标识符，则文本向量空间将变得非常高维和稀疏。因此，采用文档频率方法来提取问题和原因文本的特征词。随后，使用 TF-IDF 计算组成文本向量的特征词的权重，公式为 $w_{ij} = \mathrm{tf}_{ij} \times \mathrm{idf}_i$，其中，$\mathrm{tf}_{ij}$ 是词 t_i 在文本文档 d_j 中出现的频率，idf_i 是词 t_i 的普遍重要性的量度。

6.3.3　质量问题解决数据分类

虽然质量问题记录中问题和原因分别记录在两个不同的字段，但问题字段或原因字段对应的文本可能包含因果关系。因此，需要将包含因果关系的文本和不包含因果关系的文本进行区分，该过程可被视为一个二分类的问题。在二分类中，每个对象实例可以属于两个不同类别之一。

在算法选择方面，本章考虑了常规分类器和集成分类器。本书从常用的常规分类器中选择了SVM、逻辑回归（logistic regression，LR）、NB和KNN。根据每个弱分类器之间是否存在依赖关系，集成分类器可以分为两大流派：boosting（提升法）和bagging（自举汇聚法）。然后，本书选择了boosting流派的极端梯度提升（eXtreme Gradient Boosting，XGBoost）和bagging流派的RF分类器。综上所述，选择XGBoost、RF、SVM、LR、NB和KNN进行分类，并比较这些分类器的效果。

此外，标准信息检索指标[305]的 P 值（精确率）、R 值（召回率）、F1 值和 ROC_AUC 用于评估分类器的质量。这些指标均是基于混淆矩阵计算的。精确率是指正确识别的正元组在识别为正元组中所占的比率。召回率也称查全率，即正确识别正元组的百分比。F1 值是精确率和召回率的调和平均值。ROC_AUC 是受试者操作特征（receiver operating characteristic，ROC）的曲线下面积，是指模型将随机正类别样本排列在随机负类别样本之上的可能性[306]。

6.3.4　基本因果关系建立

1. 通过使用基于语言模式匹配的方法分割包含因果关系的句子来提取因果关系

对质量问题解决记录进行分类之后，那些包含因果关系的句子将会被识别出来。本节的目的是从包含因果关系的问题和原因文本中抽取因果关系，以形成因果对。如表 6.4 所示，通过文本分类后，该问题记录将被贴上 1 的标签，即该问题语句中包含因果关系。因此，需要将其进行拆分。根据分析可知，问题描述语句中的 "due to" 为因果提示词（causal cue phrase）[276]。因此，将因果提示词之前的所有内容视为结果槽，因果提示词后的所有内容视为原因槽。这样就形成了一个因果对，其中，"因" 是 "minor damage to the spark plug at the Tiexi vehicle plant"，"果" 是 "n20cn engine misfiring"。但如果因果对这样描述，则无法准确简练地描述网络中的节点。因此需要利用相关的方法从非结构化的原因槽和结果槽中提取核心内容。

表 6.4　从包含因果关系的质量文本中抽取因果关系示例

问题编号	问题描述	原因编号	原因描述
34986	[n20cn engine misfiring]结果槽 [due to]因果提示词 [minor damage to the spark plug at the Tiexi vehicle plant]原因槽 （[n20cn 引擎熄火]结果槽 [由于]因果提示词 [铁西工厂火花塞轻微损坏]原因槽）	34987	cylinder head unloading process mistake （气缸盖卸载过程错误）

本节的核心问题是从非结构化文本中抽取因果关系。从文本中自动抽取因果关系的方法大体可以分为基于语言模式（linguistic patterns）匹配的方法和基于机器学习的方法。前者主要针对包含显式因果关系的文本，后者主要针对包含隐式因果关系的文本。显式因果关系语句中往往存在一些明显的因果提示词，如因为、所以、导致等。针对这种类型的语句，需要人工地构建因果提示词集合，然后通过对不同因果提示词的因果句法模式进行分析，并设计相应的因果关系抽取规则，根据规则来抽取句子中包含的因果关系。隐式因果关系语句中没有明显的因果提示词，需要根据上下文内容或语义特征判断句子中或句子间是否包含因果关系。在隐式因果关系的研究中，多数研究者在事先对因果关系标注的基础上进行识别，采用基于机器学习方法识别句间或跨句文本间的因果关系。

在质量问题解决混杂数据中，问题或原因字段往往是用一句话来描述，且如果句中包含因果关系，那么通常都会有较为明显的因果提示词，即句中因果关系为显式因果关系。从这种数据中抽取因果关系更适合的方法是使用基于语言模式匹配的方法。因此，需要构建因果提示词集合及因果句法模式，并设计相应的因果关系抽取规则，根据规则来抽取句子中包含的因果关系。通常有两类因果提示词[229]：使役动词（causative verbs）和因果链接（causal links）。使役动词是表示因果动作的单个动词［例如，make（导致）、cause（引起）、generate（生成）和trigger（触发）］。因果链接是用来连接从句或短语并表示它们之间的因果关系的词。Altenberg[307]提供了一种因果链接的综合分类体系，他将因果链接分为四种主要类型：状语链接（adverbial linkage）[例如，hence（因此）和 therefore（因此）]、介词链接（prepositional linkage）[例如，because of（因为）和 on account of（由于）]、从属关系（subordination）[例如，because（因为）、as（因为）、since（既然）、for（因为）、so（所以）等]和从句–整合链接（clause-integrated linkage）[例如，that is why（这是因为）和 the result was（结果是）]。除了上述两种因果提示词，还有因果条件（causal conditions）也可以用于表示因果关系。因果条件通常用于描述某些条件或情况必须存在才能导致特定的结果或效果。

　　基于这些类型的因果提示词，本书构建了一组因果语言模式，计算机程序可以使用这些语言模式来识别句子中的因果关系。结果如表 6.5 所示。

表 6.5　因果语言模式

模式编号	模式类型	因果提示词类型	因果提示词	语言模式
1	由因到果居中式	因果链接	lead to（导致），result in（导致）	{原因槽}，<连词>{结果槽}
		使役动词	cause（引起），make（使得）	{原因槽}<动词>{结果槽}
2	由因到果前端式	因果链接	because（因为）	<介词/连词>{原因槽}，{结果槽}
3	由果溯因居中式	因果链接	due to（由于），cause by（引起于），by（由），result from（结果来自），result of（的结果），because of（因为）	{结果槽}<介词>{原因槽}
4	由因到果配套式	因果条件	if…，then…（如果…，那么）	<连词>{原因槽}，<连词>{结果槽}
5	由果溯因配套式	因果链接	…，the reason is（原因是）…；…，the root cause is（根本原因是）…	<连词>{结果槽}，<连词>{原因槽}

　　模式 1 是指因果提示词在原因槽和结果槽之间，并且在句子中原因在结果之前。模式 2 是指因果提示词位于原因槽和结果槽之前，而且在句子中原因在结果之前。模式 3 是指因果提示词位于结果槽和原因槽之间，而且在句子中结果在前，原因在后。模式 4 是指因果提示词同时出现在原因槽之前和结果槽之前，而且原因在结果之前。模式 5 是指因果提示词同时出现在结果槽之前和原因槽之前，而且结果在前，原因在后。

　　基于因果语言模式的因果分裂过程可以形式化如下。将质量问题解决记录集

合表示为 $R = \{r_1, r_2, \cdots, r_n\}$，其中，每个问题记录 $r_i = (p_i, c_i)$。当质量问题 p_i 中包含因果关系时，p_i 将被拆分为 pp_i 和 pc_i。这两个新节点的关系为 pc_i 是因，pp_i 是果。当原因 c_i 中包含因果关系时，c_i 将被拆分为 cp_i 和 cc_i。这两个新节点的关系为 cc_i 是因，cp_i 是果。

2. 基于 BiLSTM-CRF 的节点表示

完成问题–原因对提取后，能够获得每个包含因果关系的字段的原因槽及结果槽。然而由于原因槽和结果槽都是混杂的文本，包含大量的无用信息，因此无法很好地对节点进行表示。本节的目的是从质量问题的非结构化文本中提取核心内容，以减少质量问题因果知识图谱中节点的信息冗余。质量问题的核心内容往往由缺陷位置和缺陷类型构成。如 6.3.4 节中的原因槽 "minor damage to the spark plug at the Tiexi vehicle plant"，其核心内容为 "spark plug damage"，其中，"spark plug" 是缺陷位置，"damage" 是缺陷类型。因此本书提出了一种基于 BiLSTM-CRF 的方法来从所有质量问题因果数据中提取出缺陷位置和缺陷类型，并将两者的组合作为质量问题因果知识图谱中节点的表示。此处的质量问题因果数据，既包括经过因果拆分后的原因槽及结果槽，也包括不包含因果关系的原始记录。具体方法步骤如下。

步骤 1：将所有质量问题因果数据划分为训练集、测试集、验证集和预测集。

步骤 2：基于缺陷位置和缺陷类型列表，本书使用 BIO[begin（开始）、inside（内部）、other（其他）]和 DL（defect location，缺陷位置）、DT（defect type，缺陷类型）符号来表示单词的位置信息和质量问题的语义角色。因此，一共设置了五个标签，分别是 B-DL、I-DL、B-DT、I-DT 和 O，来标记训练集、验证集和测试集。具体来说，标签 "O" 代表 "其他"，表示对应的词与所有问题无关。标签 "B-DL" 代表 "缺陷位置的开头"，标签 "I-DL" 代表 "缺陷位置的中间"，标签 "B-DT" 代表 "缺陷类型的开头"，标签 "I-DT" 代表 "缺陷类型的中间"。图 6.6 展示了质量问题序列标注的示例。基于标记方案，使用标签分别标注问题实体 "noise"（噪声）和 "cup holder"（杯架）。

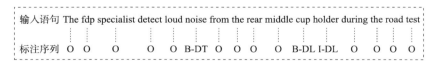

图 6.6　BIO 标注示例

步骤 3：对标注数据进行人工修正。

步骤 4：将修正后的标注数据作为训练集，来训练一个 BiLSTM-CRF 模型。

接着，利用训练好的模型，来标注预测集。

步骤 5：将每个标注数据点的 BIO 标签分别整合，形成"缺陷位置+缺陷类型"的表示方式。例如，图 6.6 中的句子将被整合为"cup holder noise"。

用于缺陷位置和缺陷类型序列标记的 BiLSTM-CRF 主要结构框架如图 6.7 所示。该模型整体上可以分为四个部分。

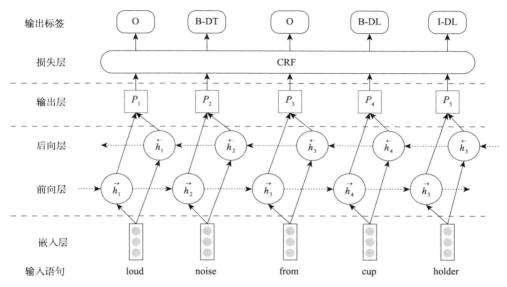

图 6.7　用于缺陷位置和缺陷类型序列标记的 BiLSTM-CRF 主要结构

第一部分为嵌入层。其中，每个句子中的每个词嵌入都是单独输入的，每个词相当于一个时刻。现有的词嵌入使用预训练的通用嵌入（general embeddings，GE），如 Google（谷歌）的 word2vec[308]、Glove[309]或通用评论嵌入[310]。在本书的研究中，使用 Google 的 word2vec 进行词嵌入。

第二部分是 BiLSTM 层，它结合了前向长短期记忆层和后向长短期记忆层，用于从前后标记中学习信息。长短期记忆（long short-term memory，LSTM）是一种特殊的循环神经网络（recurrent neural network，RNN）类型，可以学习长期依赖信息。LSTM 由 Hochreiter 和 Schmidhuber[311]提出，并在近期被 Graves 和 Schmidhuber[312]进行了改良和推广。前向 LSTM 从前往后将每一个词向量映射为隐状态向量 $\overrightarrow{h_i}$，后向 LSTM 从后往前将每一个词向量映射为隐状态向量 $\overleftarrow{h_i}$，将每一个时刻的前向隐状态和后向隐状态向量进行拼接，得到该时刻的隐状态向量 $h_i = [\overrightarrow{h_i}, \overleftarrow{h_i}]$。

第三部分为输出层。该层是线性层，将第二层每一个时刻的隐状态向量 h_i 映

射为一个 k 维的向量 $P_i = [p_1, p_2, \cdots, p_k]$，$k$ 是编码标签的类别数量，p_k 相当于当前字被标注为第 k 个标签的打分值，相当于对每一个位置进行 k 分类。如果再使用 softmax 函数进行概率的归一化，得到的将是只使用 BiLSTM 进行序列标注的结果，但是这种情况缺少了相邻标签之间的约束信息。例如，如果使用 "BIOES" [begin（开始）、inside（内部）、other（其他）、end（结束）、single（单独）]标注体系，B 标签表示一个命名实体的开始，I 标签表示一个命名实体的中间，E 标签表示命名实体的结束，S 标签表示单字的命名实体，O 标签代表其他。所以在一个句子中，O 标签后面不可能直接是 I 标签，S 标签后面不可能直接是 E 标签。而单独使用 BiLSTM 不能表示标签之间的约束信息。所以需要加入 CRF 来对标签之间的关系进行约束。

第四部分是损失层，CRF 嵌入在损失层中。CRF 通过一个转移矩阵来实现标签之间的约束关系。假设 M 是 BiLSTM 层输出的打分矩阵，M 大小为 $n \times k$，n 为一句话中字的数量，k 为标签的数量，M_{ij} 表示第 i 个词在第 j 个标签上的得分。用 N 表示转移分数矩阵，N_{ij} 表示由标签 i 转移为标签 j 的分数。

对于某一个预测序列 $Y = (y_1, y_2, \cdots, y_n)$ 而言，该序列的总得分为

$$S(X, Y) = \sum_{i=0}^{n} N_{y_i, y_{i+1}} + \sum_{i=1}^{n} M_{i, y_i} \tag{6.2}$$

其中，X 表示输入序列。

在输入序列 X 的条件下，利用 softmax 函数，为每一个标签序列 Y 定义的一个概率值如下：

$$P(Y \mid X) = e^{S(X, Y)} \Big/ \sum_{Y' \in Y_X} e^{S(X, Y')} \tag{6.3}$$

对两边取对数得到的预测序列的似然函数为

$$\ln \left[P(Y \mid X) \right] = S(X, Y) - \ln \left[\sum_{Y' \in Y_X} S(X, Y') \right] \tag{6.4}$$

其中，Y' 表示真实的标注序列；Y_X 表示所有可能的标注序列。

最后使用 Viterbi（维特比）算法解得得分最高的序列为

$$y^* = \arg_{Y' \in Y_X} \max S(X, Y') \tag{6.5}$$

3. 因果关系整合

经过上述步骤之后，包含因果关系的问题和原因字段被拆分为因果对，且拆分后的原因槽及结果槽都能利用缺陷位置和缺陷类型的组合进行表示。但依然需要对拆分后的结果，与原始记录中的因果字段对应的因果关系进行重新组合，以便获得清晰的因果关系。例如，表 6.4 经过上述因果关系提取和节点表示两步处

理后，变成了如表 6.6 所示的形式。其中，pc 表示原始的问题经过因果拆分后的原因槽，pp 表示经过因果拆分后的结果槽。然而，需要确认 "spark plug damage" 和 "engine misfire" 与 "cylinder head unloading process mistake" 之间的关系，才能将这一条记录的因果关系厘清。

表 6.6　原始的问题-原因记录经过因果拆分之后的结果

问题					原因编号	原因描述
问题编号	pc_编号	pc_描述	pp_编号	pp_描述	34987	cylinder head unloading process mistake（气缸盖卸载过程错误）
34986	34986c	spark plug damage（火花塞损坏）	34986p	engine misfire（引擎熄火）		

根据因果拆分规则可知：当 p_i 中包含因果关系时，p_i 将被拆分为 pp_i 和 pc_i。这两个新节点的关系为 pc_i 是因，pp_i 是果。当 c_i 中包含因果关系时，c_i 将被拆分为 cp_i 和 cc_i。这两个新节点的关系为 cc_i 是因，cp_i 是果。因此，本书设计了以下四种规则，以重新组合包含因果关系字段的记录。

规则 6-1：如果问题记录 r_i 中 p_i 和 c_i 均不可以拆分，则保持原始因果关系不变。

规则 6-2：如果 r_i 中 p_i 可以拆分为 pp_i 和 pc_i，c_i 不可以拆分。那么需要比较 c_i 和 pc_i。

（1）若 c_i 和 pc_i 相同，则形成新记录 $c_i(pc_i)$ — pp_i。例如，一条记录的问题编号为 27439，描述为 "f18 h52 temo engine vibration due to ignition coil cracked"（f18 h52 temo 发动机因点火线圈破裂而抖动），对应的原因编号为 27440，描述为 "the ignition coils show the typical cracks"（点火线圈显示出典型的裂纹）。那么，27439 拆分后的原因 27439c 可以表示为 ignition coil crack（点火线圈裂纹），和 27440 对应的表示一致。因此，形成新因果对记录 27439c [ignition coil crack（点火线圈裂纹）]—27439p [engine vibration（发动机抖动）]。

（2）若 c_i 和 pc_i 不同，则形成一条因果链 c_i — pc_i — pp_i，表示为两个新的因果对记录：c_i — pc_i 和 pc_i — pp_i。例如，一条记录的问题编号为 57533，描述为 "m13 vs01 atg ashtray is loose causing rattle noise"（m13 vs01 atg 烟灰缸松动，发出嘎嘎声），对应的原因编号为 57534，描述为 "ashtray fixation not optimal"（烟灰缸固定不理想）。那么，57533 拆分后的原因 57533c 可表示为 "ashtray loose"（烟灰缸松动），这与 57534 中的表示 "ashtray fixation"（烟灰缸固定）不同。这条记录被拆分和整合，形成一条因果链 "ashtray fixation（烟灰缸固定）—ashtray loose（烟灰缸松动）—noise（噪声）"。

规则 6-3：如果 r_i 中 p_i 不可以拆分，c_i 可以拆分为 cp_i 和 cc_i。那么需要比较 cp_i 和 p_i。

（1）若 cp_i 和 p_i 相同，则形成新记录 cc_i——cp_i（p_i）。

（2）若 cp_i 和 p_i 不同，则形成一条因果链 cc_i——cp_i——p_i，表示为两个新的因果对记录：cc_i——cp_i 和 cp_i——p_i。

规则 6-4：如果 r_i 中 p_i 可以拆分为 pp_i 和 pc_i，c_i 可以拆分为 cp_i 和 cc_i。则需要比较 cp_i 和 pc_i。

（1）若 cp_i 和 pc_i 相同，则形成一条因果链 cc_i——cp_i（pc_i）——pp_i，表示为两个新的因果对记录：cc_i——cp_i（pc_i）和 cp_i（pc_i）——pp_i。

（2）若 cp_i 和 pc_i 不同，则形成一条因果链 cc_i——cp_i——pc_i——pp_i，表示为三个新的因果对记录：cc_i——cp_i、cp_i——pc_i 和 pc_i——pp_i。

因果关系重新组合之后，质量问题解决记录集合被转化为因果对集合。

6.3.5　通过合并节点和边生成因果知识图谱

部分研究者在构建因果网络时，将意思相近的节点进行融合[260]。然而，当节点表示是由非常少的单词组合成的短文本时，计算节点相似度将不够准确。而且，当将相似的节点进行合并之后，可能会产生一些前后矛盾的因果关系。为了获得更准确的因果网络，本书采用将相同的节点进行融合的方法来构建因果网络。具体做法如下。

基本因果关系中，每个因果对的因节点和果节点均带有一个编号，且用缺陷位置和缺陷类型的组合进行表示。不同编号的节点，可能表示同样的内容，如编号为 52432 和 32821 的节点均为 "trunk lid noise"（行李箱盖噪声）。因此，将所有因果对中的因和果的缺陷位置+缺陷类型描述排列在一起，并对描述重新进行编码，每个描述对应一个新的特定的编号，构成了质量问题因果网络的节点集合 $V = \{v_1, v_2, \cdots, v_i, \cdots, v_n\}$，每个节点 v_i 具有三个属性，分别为编码编号、描述和频数。对因果对集合中的节点进行汇总统计，就能够获得节点的频数。

类似地，将指向节点（因）和被指向节点（果）都相同的因果对进行合并，就能够获得因果网络中边的频数。每条边可以表示为 $e_{ij} = (v_i, v_j, f_{ij})$，$v_i, v_j \in V$，且 v_i 表示指向节点，v_j 表示被指向节点，f_{ij} 表示边的频数。边的集合为 E。通过这种方式，就形成了质量问题因果网络 $G = (V, E)$。

在获得上述数据后，利用相关的工具构建因果网络并进行可视化展示。目前较为流行的网络构建工具或方法主要有 Gephi、neo4j、MATLAB、Python 等。本书将在实例分析中利用 Gephi 来获得因果网络。

6.4　实　例　分　析

6.4.1　实验数据

为了演示构建质量问题因果知识图谱的全过程，本书与一家汽车制造商的质量部门合作，从该公司获得了 7000 条质量问题解决记录。由于原始数据的混杂性，如数据存在结构不完整、描述不完整以及数据冗余等问题。因此，对原始数据进行了筛选，从中选出了 6750 条记录。每条记录中的所有问题和原因文本均以英文书写。问题包含问题编号、问题标题和问题描述；同样地，原因包括原因编号、原因标题和原因描述。每个问题和每个原因的编号都是唯一的。

问题标题可以概括和解释这些领域的主要事实和内容，而问题描述则是对内容的详细而具体的表达。如表 6.7 所示，问题标题很少是完整的句子，但它们相当简洁地表达了文档中最关键的信息；因此，它们通常使用简短而直接的语法。因此，本书以问题标题和原因标题作为当前研究的数据来源。

表 6.7　问题及其对应原因示例

问题编号	问题标题	原因编号	原因标题
12508	front right door seal damaged（右前门密封件损坏）	12509	package during transportation led to seal damage（运输过程中的包装导致密封件损坏）
25837	b-pillar harness plug broken（b 柱线束插头损坏）	25838	supplier incorrect packaging（供应商包装错误）
51043	left front door leakage due to two screws omitted（由于遗漏两个螺丝，左前门漏水）	51044	operator careless（操作工不小心）

此外，从该公司获得了描述问题的车辆故障编码（vehicle fault coding，VFC）系统。VFC 包括缺陷位置和缺陷类型列表等内容。本书总共获得了 11 345 种缺陷位置和 1621 种缺陷类型。表 6.8 给出了一些缺陷位置的例子，表 6.9 给出了一些缺陷类型的例子。

表 6.8　VFC 系统中的缺陷位置示例

VFC 类型	缺陷位置编号	缺陷位置描述
FO_K	10272	ignition starter switch（点火启动开关）
FO_K	11151	intake valve（进气阀）
FO_K	11705	tire（轮胎）
FO_K	11917	roof shell（顶棚外壳）
⋮	⋮	⋮
FO_K	36030	sun visor（遮阳板）

注：FO_K 为缺陷位置-零件

表 6.9　VFC 系统中的缺陷类型示例

VFC 类型	缺陷类型编号	缺陷类型描述
FA	00019	dent（凹痕）
FA	00025	oil leak（漏油）
FA	00375	screw missing（螺丝缺失）
FA	00395	loose clip（夹子松动）
⋮	⋮	⋮
FA	00506	gap（缝隙）

注：FA 为缺陷类型

6.4.2　质量问题解决记录分类结果

6750 条记录对应的问题和原因数量之和为 13 500。从这 13 500 条数据中，随机选择了 3700 条用来训练和测试分类模型，剩下的 9800 条作为预测集。进一步，对 3700 条数据进行人工标注，如果包含因果关系，则标注为 1，否则为 0。标注之后，493 条数据的标签为 1，3207 条数据的标签为 0。将这些数据以 7∶3 的比例拆分，其中，70%的采样数据用作训练集以训练分类器，其余 30%的数据用作测试集以测试分类器。

在文本分类之前，按照 6.3.2 节的方法进行了文本预处理、文本表示和特征提取，并且比较了 XGBoost、RF、SVM、LR、NB 和 KNN 这些分类器的分类效果。

表 6.10 展示了各文本分类器的比较结果。从表 6.10 中可以看出，XGBoost 分类器的召回率、F1 值和 ROC_AUC 值都是最高的。KNN 的精确率高于其他算

法的精确率。总体而言，XGBoost 分类器优于其他选择的分类器，且四个指标的值均高于 0.9，可以达到对分类模型的要求。

表 6.10　各文本分类器比较结果

指标　分类器	SVM	LR	NB	KNN	XGBoost	RF
精确率	0.912	0.897	0.751	0.946	0.928	0.909
召回率	0.864	0.876	0.912	0.714	0.921	0.893
F1	0.886	0.886	0.823	0.810	0.925	0.901
ROC_AUC	0.925	0.930	0.933	0.854	0.955	0.940

因此，本书选择 XGBoost 分类器来对预测集进行标注。标注之后，13 500 条数据中有 665 条数据标签为 1，12 835 条数据标签为 0。

6.4.3　因果对提取结果

利用 6.3.4 节提出的五种因果语言模式匹配的方法，从标签为 1 的 665 个包含因果关系的数据中提取 635 个因果对。另外的 30 条数据中并未提取出因果对，这是因为文本分类存在一定的误差，部分数据的分类结果不准确。表 6.11 展示了这五种因果语言模式分别提取的因果对的数量。

表 6.11　不同语言模式提取的因果对数

编号	模式类型	因果提示词	因果对计数/个
1	由因到果居中式	lead to，result in	41
		cause，make	189
2	由因到果前端式	because	9
3	由果溯因居中式	due to，cause by，by，result from，result of，because of	344
4	由因到果配套式	if…，then…	0
5	由果溯因配套式	…，the reason is…；…，the root cause is…	52

6.4.4　缺陷位置和缺陷类型的抽取结果

6750 条原始记录对应的问题和原因数量之和为 13 500。但是经过因果对提取的步骤之后，将拆分后的原因槽、结果槽以及未被拆分的数据整合在一起，一共获得 14 181 条数据（每条数据为带编号的短句）。将这些数据划分为训练集、验证集、测试集和预测集，来训练一个 BiLSTM-CRF 模型，以获得每条数据的核心内容。学者在设置训练集、验证集和测试集的比例时往往都较为随意，目前没有科学的标准的定论。例如，Gao 等[313]在训练一个 LSTM 时，将数据划分为训练集和测试集，比例为 8∶1；Miao 等[314]在一个 BiLSTM-CRF 模型中设置训练集和测试集比例为 3∶1。因此本章在这些比例范围中选择一个中间值，将这些数据的 60% 作为训练集，10%作为验证集，10%作为测试集，剩下的 20%作为预测集。表 6.12 显示了数据集的四种因果标签的统计数据。

表 6.12　数据集中不同类型标签的统计　　　　　　　　　　单位：个

标签类型	训练集	测试集
B-DL	5 444	874
I-DL	3 718	626
B-DT	6 772	1 141
I-DT	2 541	454
总计	18 475	3 095

TensorFlow是由谷歌人工智能团队开发的深度学习框架，被广泛应用于实现各类机器学习算法。本书使用TensorFlow 2.5.0进行模型搭建。在训练过程中，使用TensorFlow预训练的300维词嵌入。LSTM的隐藏状态大小（hidden size）设置为100。随机失活（dropout）设置为0.5。为了解决梯度爆炸问题，对模型进行梯度归一化[315]，阈值（threshold）设置为5.0。训练过程采用的优化方法是自适应矩估计（adaptive moment estimation）[316]，训练学习率（learning rate）为0.001。批大小（batch size）设置为20。在测试集上，在所有200个轮次（epoch）中，F1值最高的为最优模型。

不同模型在因果关系提取上的表现如表6.13所示。从表6.13中可以看出，缺陷类型的精确率、召回率和F1值均大于缺陷位置。缺陷位置的精确率、召回率、F1值接近80%；缺陷类型的精确率、召回率和F1值均超过80%，证明了本书提出的方法的有效性。

表 6.13　测试集上缺陷位置和缺陷类型的精确率、召回率、F1 值

实体类型	精确率	召回率	F1 值
所有	83.57%	80.69%	82.10%
缺陷位置	79.86%	77.69%	78.76%
缺陷类型	86.38%	82.94%	84.63%

6.4.5　基本因果关系获取结果

经过 6.4.4 节后，能够获得所有数据的核心内容，这些核心内容以缺陷位置+缺陷类型组合来表示。接着，利用 6.3.4 节中的规则，将拆分后的原因槽、结果槽与原始的因果关系进行整合。如 6.3.4 节所述，规则 6-1 对应原始记录中因和果均不可拆分；规则 6-2 对应原始记录中问题字段可拆分，原因字段不可拆分；规则 6-3 对应原始记录中问题字段不可拆分，原因字段可拆分；规则 6-4 对应原始记录中问题字段和原因字段均可拆分。通过分析，符合各规则的记录数量如表 6.14 中的第二列所示。符合各规则的原始记录经过因果拆分及整合后形成的因果对数量如表 6.14 中的第三列所示。从表 6.14 中可以看出，原始的 6750 条记录经过因果拆分和整合后，最终获得了 7045 个因果对。

表 6.14　不同规则对应的记录进行因果拆分后获得的因果对数量　单位：个

规则	符合规则的记录数量	因果拆分及整合后的因果对数量
规则 6-1	6138	6138
规则 6-2	136	261
规则 6-3	453	603
规则 6-4	23	43
总计	6750	7045

6.4.6　质量问题因果知识图谱构建结果及分析

表 6.14 获得的 7045 个因果对中，有些节点的核心内容是相同的，但编号不同。因此采用 6.3.5 节中合并节点的方法，将相同的节点进行合并。合并后，共获得 9434 个节点，6865 条边。所有节点的频数之和为 14 090，所有边的频数之和为 7045。图 6.8 是所有节点的词云图。从图 6.8 中可以看出，操作问题、组装问题、座椅噪声、内板缝隙、供应商质量等问题是常出现的问题。通过对问题的分析统计，质量管理人员可以将重点放在解决这些出现频次多的问题上面。

图 6.8　质量问题节点词云图

　　本书使用 Gephi 0.9.2 数据分析平台来可视化质量问题因果知识图谱。为了更好地展示该网络，筛选出频次大于 2 的节点，并且删除网络中与其他节点无关系的孤立节点。如图 6.9 所示，将因果节点混合在一起，形成一个复杂的质量问题因果知识图谱。所展示的部分质量问题因果知识图谱包含 912 个节点和 1052 条边。根据节点表示的内容，将这些节点人工划分为 14 种类别，如表 6.15 所示。在图 6.9 中，节点越大，问题出现的次数越多。在该知识图谱中，所有边的类型为有向边。有向边连接的两个节点中，指向的节点为果节点，指出的节点为因节点。有向边的粗细表示该边连接的因果关系出现的频次。边越粗，边连接的因果关系次数越多。

图 6.9　质量问题因果知识图谱示例

表 6.15　质量问题因果知识图谱中节点类别及数量

编号	节点类别	节点数	示例
1	装配	43	引擎盖安装不合格
2	漏水	36	燃油管泄漏
3	环境	13	温度过低
4	紧固件	50	夹子松动
5	功能	90	播放器功能
6	缝隙/偏移	97	门饰板缝隙
7	几何尺寸	68	行李箱盖尺寸短
8	机器	36	工具磨损
9	人	20	操作员组装错误
10	材料	71	保险杠材料缺陷
11	方法	63	组装顺序
12	噪声	42	门玻璃噪声
13	表面缺陷	122	保险杠盖波浪形
14	其他	161	聚氯乙烯胶不合格

6.5　质量问题因果知识网络的潜在应用

质量问题因果知识网络可以用于质量诊断和预测。基于质量问题因果知识图谱，质量管理人员可以从"执果索因"和"执因预果"两个方面进行因果分析。前者是在查明质量问题的前提下，快速、准确、高效地找出问题发生的原因的过程；而后者则是根据已经发生的质量问题来预测下一步可能发生的质量问题的过程。如图 6.10 所示，在遇到"门饰板缝隙"问题时，通过质量问题因果知识图谱分析可知，该问题可能是由"安装设备""门板超差""门体结构"等八个原因引起的。因果关系连边的粗细表明，"主载体变形""门板超差""门体结构"是造成此问题的主要原因。基于质量问题因果知识网络，质量管理人员也可以"执因预果"。如图 6.11 所示，"门体结构"的问题可能进一步导致诸如"车窗导轨缝隙"和"门断差"等方面的问题。根据该信息，可以提前采取预防措施，防止这些问题的发生。

图 6.10　使用广度优先推理规则，"执果索因"是诊断出所有直接导致结果的原因

图 6.11　使用广度优先推理规则，"执因预果"是预测由原因节点触发的潜在问题

此外，基于质量问题因果知识图谱也能生成数字化因果图，只需将质量问题因果知识图谱中的节点分类为因果图中的人机料法环。对于质量问题因果知识图谱中的每个节点，基于广度优先的推理规则，能够获得指向问题节点的所有原因节点（图 6.10），根据原因节点携带的人机料法环标签以及边的概

率，能进一步获得问题节点的数字化因果图。该数字化因果图包括"鱼头"和人机料法环五根"大鱼骨"。其中，"鱼头"表示被指向的问题节点（如图 6.10 中的"门饰板缝隙"），每根"大鱼骨"上附着的"鱼刺"表示的是指向问题节点的原因节点。该方法同样可以提高因果图的制作效率，增强因果分析的可靠性。

　　此外，质量问题因果知识图谱的另一个潜在应用是可以智能生成五个为什么（five whys）。五个为什么方法是一种传统的因果分析工具，用于探索问题背后的因果关系。该技术的主要目标是通过重复问"为什么"（why）来确定缺陷或问题的根本原因。该技术最初由丰田佐吉（Sakichi Toyoda）开发，并在丰田汽车公司的制造方法演变过程中被使用。目前，五个为什么方法已在丰田汽车公司以外的企业广泛使用，主要用于问题解决[317]、精益生产[318]和六西格玛[319]。

　　质量问题因果知识图谱为质量管理团队通过五个为什么来识别根本原因提供了一种新的数据驱动的思路。对于网络中的每一个节点，根据深度优先推理规则，能通过因果路径追溯其根本原因。如图 6.12 所示，当质量问题解决团队遇到"CD 播放器声音缺陷"的问题时，可以在网络中找到该问题对应的点，进而搜寻导致该问题出现的系列原因，辅助质量管理人员进行五个为什么分析。图 6.12 所示的因果路径可以转化为如图 6.13 所示的五个为什么。

图 6.12　使用深度优先推理规则获取因果链

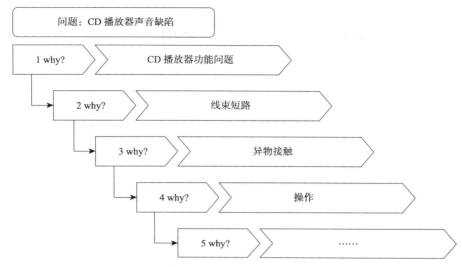

图 6.13 基于质量问题因果知识图谱的五个为什么分析

从因果网络中抽取五个为什么的方法，一方面解决了原因分析治标不治本的问题，另一方面也是传统质量改进中五个为什么工具的智能化和数字化手段。

6.6 本 章 小 结

针对质量管理中因果分析效率低、因果知识获取困难、质量问题频繁重现等问题，本书提出了一种从质量问题解决数据中挖掘质量问题与生产要素之间的大规模因果关系的方法，为质量管理中的原因分析提供知识资源支持。在该方法中，本书首先对半结构化质量问题解决数据进行分类，并识别出那些包含因果关系的数据。其次使用因果语言模式匹配方法从这些数据中提取原因槽和结果槽。最后利用 BiLSTM-CRF 算法提取了由缺陷位置和缺陷类型组成的问题的核心内容。此外，本书设计了四种规则，将分割的因果关系与原始记录中的因果关系整合起来，并提出了一种节点合并方法来形成一个质量问题因果知识图谱。本章以某个汽车制造公司为例，验证了生产过程中汽车产品质量问题因果知识图谱的获取方法。质量问题因果知识图谱从全局角度展示了所有车辆质量问题与生产要素之间复杂的因果关系，为根本原因分析提供了决策依据，提高了质量问题解决的效率和有效性。此外，本书还讨论了基于质量问题因果知识图谱的三种实用推理方法，用于质量诊断和预测，以实现常用质量管理工具和方法的数字化和智能化。

从理论的角度而言，本书为因果知识发现提供了一种新的方法和数据源。数据缺乏仍然是因果关系提取中尚未解决的问题[320]。质量问题解决数据中包含因果关系的经验知识，为未来大规模因果关系发现的研究带来新的启示。本书还通过引入一种新的因果知识图谱模型来改进因果模型，该模型结合了贝叶斯网络概率性质和知识图谱的直观性特征。此外，所提出的从大量半结构化质量问题解决数据中自动构建质量问题因果知识图谱的框架对于自动获取因果知识的研究具有价值。

从实践的角度而言，本章的研究主要聚焦于制造业质量管理实践中的业务需求，具有非常现实的应用背景和应用价值。本书提出的方法可供众多制造企业参考。此外，使用本书提出的新颖的推理方法来进行质量问题诊断和预测，质量问题解决团队可以节省大量时间来收集有关问题潜在原因的信息、预知潜在出现的问题并提前采取预防措施。虽然质量问题因果知识图谱不能替代问题解决者并做出因果分析决策，但它在辅助质量管理团队进行问题解决中可以发挥重要作用。

第7章 基于二分图聚类的质量问题解决方案知识挖掘与推荐

本章在第 3 章研究框架的基础上，深入研究了质量问题解决中 know-how 知识挖掘，并提出了问题解决方案知识的发现与推荐方法。以问题-方案的知识挖掘过程为例，首先提出了问题-方案二分图模型、问题类-方案工具箱模型、问题包-方案类模型以及问题类-方案类模型。其次提出了基于缺陷位置和缺陷类型的两阶段问题聚类方法，以及基于动词聚类和名词聚类的典型方案知识提取方法来构建这些知识模型。最后进行案例研究，分析了该方法的可靠性和有效性，并展示了典型方案知识推荐的过程。本章可为生产管理人员解决质量问题提供新的思路和知识支持。

7.1 问 题 提 出

根据第 3 章的质量问题解决系统结构模型可知，问题-解的知识有两类，分别是问题（果）-临时措施知识和问题（因）-方案知识。问题与解的关系，即 know-how 知识是问题解决过程中的重要参考。"解"的拟定并不是一个"直线式"的推进过程，而是一个不断"试错"的过程，即"猜测—反驳—再猜测—再反驳"直至结束。在"解"拟定的过程中，会有很多"无用功"，这既浪费了大量的人力、物力、时间等各种资源，又阻滞了工作的进度。然而，在质量问题解决的临时措施拟定以及长期方案拟定的过程中，记录和形成了大量的"解数据"。目前很多对质量问题的记录都是由一线工人或质量技术人员以文本的形式进行记录的，导致质量问题解决团队难以充分利用这些数据。然而，如果能从"解数据"中挖掘并提取

know-how 知识，且将该类知识反馈到临时措施拟定和长期方案拟定的过程中，那么该过程就会突破个人经验的局限，从而大幅减少试错的反复次数，提高临时措施和长期方案实施的成功率，进而提高质量问题解决的效率和效益。

因此，本章的研究内容是利用数据挖掘的方法从大量的质量问题解决数据中挖掘问题与解的关系，即 know-how 知识，进而为一类问题提供典型的解决方案，来提高质量问题解决的效率和效益。

聚类方法是常用的问题解决知识挖掘的方法。早期的研究使用聚类方法来找到设计问题的同构解[321]。为了更好地解决可靠性优化问题，Taboada 和 Coit[322]提出了一种方法，将预期解决方案聚类，以生成更小、更易于管理的预期解决方案集，并选择首选的最终设计解决方案。在医学的一些领域，学者采用聚类方法来获得治疗某类疾病的典型治疗方案。Chen 等[323]使用近邻传播聚类算法，以将医生订单集序列聚类为具有高级描述的治疗过程集群。Guo 和 Chen[324]引入了一种 MapReduce 增强的基于密度峰值的聚类方法，从包含时间和异构医学信息的大量电子病历中挖掘治疗解决方案。Chen 等[325]提出了一种融合框架，该框架结合多视图相似性网络融合方法和聚类分析方法提取典型的处理方案模式。

上述的研究主要采用聚类方法对方案进行聚类，找到典型的方案模式。在质量问题解决中，一个问题可以对应若干个方案。但问题之间、方案之间往往是没有直接关系的。因此问题和方案之间的关系可以用二分图进行表示。在由问题和方案构成的二分图中，不同的方案节点可能表示相同或相似的方案。类似地，用不同方式描述的问题也可能是相同或类似的问题。因此，需要对问题和方案构成的二分图两端分别进行聚类，找到更深层次的一般性的"问题-方案"知识。

在二分图聚类的研究中，推荐系统相关研究是一个重要研究方向。它涉及诸如向用户推荐旅游景点[326]、电影[327]或杂志[328]等研究。然而，在质量管理问题解决领域，鲜有学者研究过通过数据挖掘技术获得产品质量问题解决知识，也鲜有学者研究质量问题和解决方案二分关系的聚类。不仅如此，质量问题解决知识挖掘的过程中还存在以下几方面的挑战。首先，问题和方案的组成文本较为复杂。质量问题往往包含问题发生的主体以及问题的类型；解决方案往往体现的是一种行为，表明"做了什么"，并且往往包含动词和名词的搭配。因此，如何从大量的具有此类特征的解决方案数据中，识别类似的解决方案，也将是一个很大的挑战。其次，由于质量问题解决是一个复杂的、跨多部门合作的活动，因此组织中不同部门的人会使用不规范不统一的方式来描述问题和方案，这些不规范的数据给文本的聚类带来了挑战。最后，以往的推荐研究中很少考虑推荐内容的效果，而解决方案具有有效性的属性，因此，设计一个良好的推理机制来向新问题推荐最佳的解决方案知识也是一个挑战。

为了解决上述问题，本章提出了一种从制造业质量问题解决数据中挖掘

know-how 知识的方法，为企业更快速、高效和高质量地解决质量问题提供知识支持。在该方法中，首先利用问题解决数据构建问题-方案二分图模型、问题类-方案工具箱模型、问题包-方案类模型和问题类-方案类模型。其次提出了基于二分图聚类思想的"问题类-方案工具箱"知识、"问题包-方案类"知识和"问题类-方案类"知识的获取方法。鉴于问题和方案描述的不规范性，本书同样利用第 4 章提出的基于 WordNet 建立标准领域词库的方式对问题和方案术语进行标准化。鉴于问题和方案内容结构的特殊性，本书提出了两阶段的问题聚类方法和两阶段的方案聚类方法。获取了 know-how 知识后，本书设计了一种新颖的方案知识推理方法，以向问题解决者提供最佳的解决方案，来解决新的质量问题。最后，本书利用某汽车企业的质量问题解决数据验证了上述方法的可行性和有效性，并设计了一个方案推荐和问题分析的系统。本书的研究为众多拥有宝贵的问题解决数据的制造企业，甚至不限于制造企业，提供了 know-how 知识获取、共享和使用的模型和方法，对促进产品质量提升、促进制造业转型升级具有重要意义。

7.2　质量问题解决方案知识挖掘与推荐流程

本章的研究内容是通过相关的文本挖掘方法，从已有的质量问题解决数据中，提取问题-解知识，即 know-how 知识，并为指定的问题和原因推荐相应的 know-how 知识。由于问题-解的两类知识挖掘的过程类似，因此接下来本书以"问题-方案"知识为例，来逐步介绍对其进行挖掘和推荐的过程。本章的研究框架如图 7.1 所示。

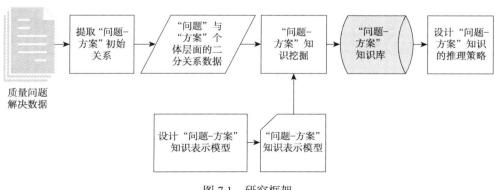

图 7.1　研究框架

从图 7.1 中可以看出，首先基于初始的质量问题解决数据，利用相关方法从中获取"问题"与"方案"个体层面的关系，同时，设计"问题–方案"知识表示模型。其次提出"问题–方案"知识挖掘的方法，并获得"问题–方案"知识库，在此基础上，针对新的质量问题的解决方案推荐，设计"问题–方案"知识的推理策略。最后，以某公司的实际质量问题解决数据为例，将上述方法在实际中进行应用。

7.3　"问题–方案"知识表示模型

7.3.1　质量问题解决系统结构模型

本节利用直接建模的方法，构建了质量问题解决系统结构模型，并且进行了系统分析。根据第 3 章中提出的质量问题解决流程，包括识别及定义质量问题、采取临时措施、原因分析、方案制订及验证、方案实施和总结评价，本书提取质量问题解决系统的关键四大要素，分别为问题（果）、问题（因）、临时措施和长期方案。根据该四大要素在质量问题解决实践中的关系，构建了质量问题解决系统结构模型，如图 7.2 所示。该结构模型是关于系统结构，即要素及其之间关系的整体表达。同时它也是一种非常简单明了的模型，它突出了系统的组成和关系，而暂时忽略了对象和关系的属性。该模型是由节点和边组成的模型，其中，节点表示要素，边表示要素之间的关系。

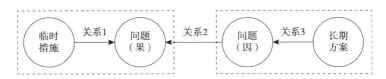

图 7.2　质量问题解决系统结构模型

如图 7.2 所示，质量问题解决系统结构模型包括三种关系。其中，关系 2 是因果关系，它表示问题（果）是由问题（因）引起的。例如，汽车前挡风玻璃漏水是由于机器人涂胶不均引起的，那么漏水是"果"，机器人涂胶不均是"因"。关系 1 和关系 3 都是质量问题与解决方案的关系。解决方案是解决问题的方法和过程的一个计划。

　　质量问题解决中，问题的解决方案有两种类型。首先，当发生质量问题时，需要第一时间做出反应，采取相应的措施控制问题，不让问题扩散和流出。这种问题的解决方案称为临时措施（short-term remedies）[329]。临时措施是在短期内采用的一种措施，它往往发生在问题原因分析之前，是一种"治标不治本"的解决方案。在问题解决的初期，问题发生的根本原因并不明朗，无法"对症下药"来彻底解决问题。因此，临时措施对于问题解决而言非常重要。在问题解决过程中，当已经完成原因分析并找到问题潜在可能发生的原因后，需要提供另一种解决方案。这种解决方案称为长期方案，其主要针对的是问题发生的根本原因，并且在实施该方案后能起到"治本"的作用，即能消除问题发生的根本原因，并使问题不再继续发生。

　　例如，针对"汽车前挡风玻璃漏水"问题，采取的临时措施为人工补胶。人工补胶能防止漏水，但是没有解决机器人涂胶不均这个"因"，如果只采取这个措施，那么下次还会继续出现同样的问题。针对该问题，如将优化机器人涂胶程序作为长期方案，则能彻底地解决漏水问题，因为该长期方案解决了机器人涂胶不均这个"因"。

　　质量问题解决中的上述三种关系和知识之间存在一定的一致性。其中，关系 2，即问题（果）和问题（因）之间的因果关系，可以看成原理知识（know-why）；关系 1 和关系 3，即质量问题与解决方案的关系，体现的是问题解决过程中的执行程序、步骤和方法，可以视为技能知识（know-how）。

　　以质量问题解决系统结构模型为基础，可将质量问题解决的过程视为寻找上述关系的过程。常规的质量问题解决过程实际上是人工地去寻找问题解决结构模型中关系的过程，该过程在很大程度上依赖的是人的直觉和经验。然而，在问题解决的各个阶段，问题解决者会记录相关的问题解决数据。因此，如何从数据中挖掘问题解决知识，是本书关注的问题。在上述三种关系中，本书将主要关注质量问题与解决方案的 know-how 知识挖掘。由于问题–方案的两类 know-how 知识挖掘的过程类似，因此本书以问题–方案为例，来研究 know-how 知识的挖掘过程及结果。

7.3.2　"问题–方案"知识概念模型

　　单个方案往往是针对具体情境下的单个问题，包含的知识不具有代表性和一般性，不能适应于相似或同类问题。在初始问题和方案二分图中，不同的问题节点有可能是同一类问题；同样，不同的方案节点有可能是同一类方案。为了实现方案知识能在问题之间共享，需要建立如下四种模型。第一种，问题与方案个体层面的二分图模型。第二种，将质量问题进行聚类，获得多个问题类及每类问题的方案工具箱，并建立"问题类–方案工具箱"知识模型（图 7.3）。第三种，将方案进行聚类，并依据方案类对相关问题打包，即问题包，建立"问题包–方案类"知识模型（图 7.4）。第四种，问题和方案分别聚类，建立"问题类–方案类"知识模型（图 7.5）。

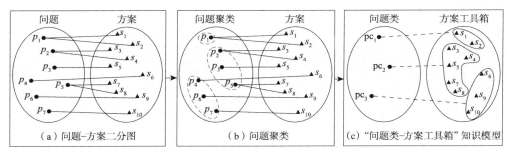

图 7.3　"问题类–方案工具箱"知识获取过程

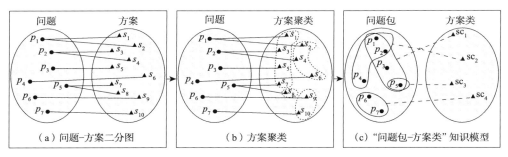

图 7.4　"问题包–方案类"知识获取过程

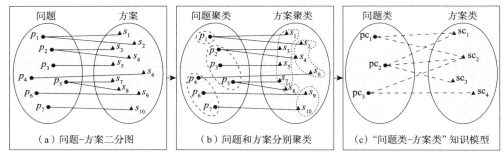

图 7.5　"问题类–方案类"知识获取过程

第一，"问题"与"方案"个体层面的二分图中，问题和方案是一对多的关系，一个问题编号（节点）对应一个或多个方案编号（节点），但一个方案编号（节点）只能对应一个问题编号（节点）。从该原始的二分图中，能够获取单个问题对应的方案。

第二，将问题进行聚类，相似的问题被聚类成一个类簇。对于每一个类簇，其中的问题节点都与方案集中的方案节点连接。根据该关系，能够获得每类问题对应的所有方案，本书将这些方案的集合称为方案工具箱（solution toolbox）。本书将问题聚类和方案工具箱的获取过程用图 7.3 进行表示。图 7.3（a）表示的是从原始的问题解决数据中获得的问题与方案个体层面的关系，其中，p 表示问题，s 表示方案；图 7.3（b）展示了问题聚类的过程。图 7.3（c）表示的是"问题类–方案工具箱"知识模型，其中，pc 表示问题类。如图 7.3（c）所示，问题类空间中的问题类节点连接的方案包区域围起来的方案为方案工具箱。

第三，将方案的集合进行聚类，相似的方案被聚类成一个类簇。同样，每个方案类簇中的节点都与问题集中的节点连接。根据该关系，能够获得每类方案对应的所有问题，本书将这些问题的集合称为问题包。本书以图 7.4 为例来展示"问题包–方案类"知识获取的过程。其中，图 7.4（a）是问题与方案个体层面的二分图，图 7.4（b）表示的是方案聚类的过程，图 7.4（c）表示的是"问题包–方案类"知识模型，其中 sc 表示方案类。如图 7.4（c）所示，方案类空间中的方案类节点连接的问题空间的三个包围区域为问题包。问题包–方案类知识对于质量问题解决者而言也同样重要，根据该知识，问题解决者能够清晰地知道每类方案都能解决哪些质量问题。进而也能知道哪些方案类较为常用，哪些方案类不经常使用。

第四，将问题和方案分别同时聚类，将获得每类问题和每类方案之间的复杂关系。通过该关系，问题解决团队能够知道，每类问题通常都有哪些类的方案。反之，每类方案也能获得能解决的问题类的知识。本书将问题聚类和方案聚类，以及"问题类–方案类"知识获取过程用图 7.5 进行表示。其中，图 7.5（a）是问题与方案个体层面的二分图，图 7.5（b）表示的是问题和方案分别进行聚类的过程，图 7.5（c）表示的是"问题类–方案类"知识模型。

经过二分图聚类后获得的新知识，相较于原始的问题解决数据，更具有抽象性和一般性。同时，聚类的过程隐含了知识迁移的过程。基于这些模型，根据类比推理思想，方案知识能在不同的问题之间进行迁移，即单个问题的解决方案知识迁移到该问题类中的任何一个问题。如图 7.3 所示，原本用来解决问题 p_3 的方案 s_5，通过知识挖掘后，能解决问题 p_3 所在的问题类中的所有问题，即问题 p_3 对应的方案知识，迁移到了新的问题解决中。

7.3.3　"问题–方案"知识数学表示模型

根据"问题–方案"知识概念模型，接下来构建"问题–方案"知识数学表示模型。

本章将问题集合表示为

$$P = \{p_1, p_2, \cdots, p_n\} \tag{7.1}$$

其中，p_i 表示问题集合中的第 i 个问题，$i = 1, 2, \cdots, n$。

解决方案是为解决问题而使用或提议的行动、计划、办法或处理手段。本书将方案集合表示为

$$S = \{s_1, s_2, \cdots, s_m\} \tag{7.2}$$

其中，s_j 表示方案集合中的第 j 个方案，$j = 1, 2, \cdots, m$。

每个方案都有其对应的解决问题的有效性，本书将 eff_{ij} 表示为方案 s_j 解决其对应问题 p_i 的有效性（effectiveness）。问题解决方案的有效性在操作上通过对成功程度的评估来判定。

由问题和方案构成的二分图表示为 $\Lambda = (V, E)$，其中，节点 V 表示两个不相交的集合 P 和 S 的并集，即 $V = P \cup S$；二分图中每条边连接的两个节点分别属于两个不同的节点集。图通常用矩阵形式来表示，因此本章将原始的问题-方案二分关系用邻接矩阵 PS 表示：

$$PS = \left(ps_{ij}\right)_{n \times m} = \begin{bmatrix} ps_{11} & ps_{12} & \cdots & ps_{1m} \\ ps_{21} & ps_{22} & \cdots & ps_{2m} \\ \vdots & \vdots & & \vdots \\ ps_{n1} & ps_{n2} & \cdots & ps_{nm} \end{bmatrix} \tag{7.3}$$

其中，$ps_{ij} = \begin{cases} 1, & \text{方案} s_j \text{与问题} p_i \text{有关系} \\ 0, & \text{方案} s_j \text{与问题} p_i \text{无关系} \end{cases}$。

在问题-方案二分图中，一个问题连接一个或多个方案（每一行之和大于或等于 1），但每个方案只能对应一个问题，因此对于每一个方案，有 $\sum_{i=1}^{n} a_{ij} = 1$。

7.3.4 "问题-方案"知识生成过程

问题经过聚类后，相似的问题聚成了一类。每个问题类包含的是根据相似度计算后获得的一类相似的问题。假设 n 个问题一共聚成了 q 个类簇，那么问题类集合可以表示为

$$PC = \{pc_1, pc_2, \cdots, pc_q\} \tag{7.4}$$

其中，pc_α 表示第 α 个质量问题类，$\alpha = 1, 2, \cdots, q$。

根据问题聚类的结果，本书将问题类-问题的集合表示成矩阵 PCP

$$PCP = \left(pcp_{\alpha i}\right)_{q \times n} = \begin{bmatrix} pcp_{11} & pcp_{12} & \cdots & pcp_{1n} \\ pcp_{21} & pcp_{22} & \cdots & pcp_{2n} \\ \vdots & \vdots & & \vdots \\ pcp_{q1} & pcp_{q2} & \cdots & pcp_{qn} \end{bmatrix} \tag{7.5}$$

其中，$pcp_{\alpha i} = \begin{cases} 1, & 问题p_i属于问题类pc_\alpha \\ 0, & 问题p_i不属于问题类pc_\alpha \end{cases}$。

同样，由于一个问题只能属于一个问题类，因此对于每个问题 p_i，有 $\sum_{\alpha=1}^{q} pcp_{\alpha i} = 1$。

类似地，方案经过聚类后，相似的方案聚成了一类，假设方案一共聚成了 k 类，那么方案类集合可以表示为

$$SC = \left\{sc_1, sc_2, \cdots, sc_k\right\} \tag{7.6}$$

其中，sc_β 表示第 β 个方案类，$\beta = 1, 2, \cdots, k$。

根据方案的聚类结果，本书将方案类-方案的关系集合表示成矩阵 SCS

$$SCS = \left(scs_{\beta j}\right)_{k \times m} = \begin{bmatrix} scs_{11} & scs_{12} & \cdots & scs_{1m} \\ scs_{21} & scs_{22} & \cdots & scs_{2m} \\ \vdots & \vdots & & \vdots \\ scs_{k1} & scs_{k2} & \cdots & scs_{km} \end{bmatrix} \tag{7.7}$$

其中，$scs_{\beta j} = \begin{cases} 1, & 方案s_j属于方案类sc_\beta \\ 0, & 方案s_j不属于方案类sc_\beta \end{cases}$。

同样，由于一个方案只属于一个方案类，因此对于每个方案 s_j，有 $\sum_{\beta=1}^{k} scs_{\beta j} = 1$。

接下来构建问题类-方案工具箱模型。本书首先将"问题类-方案"知识模型表示成 0-1 矩阵 PCS

$$PCS = \left(pcs_{\alpha j}\right)_{q \times m} = \begin{bmatrix} pcs_{11} & pcs_{12} & \cdots & pcs_{1m} \\ pcs_{21} & pcs_{22} & \cdots & pcs_{2m} \\ \vdots & \vdots & & \vdots \\ pcs_{q1} & pcs_{q2} & \cdots & pcs_{qm} \end{bmatrix} \tag{7.8}$$

其中，$pcs_{\alpha j} = 1$ 表示方案 s_j 和问题类 pc_α 相关，可以作为解决问题类 pc_α 的备选项；$pcs_{\alpha j} = 0$ 表示方案 s_j 和问题类 pc_α 无关。

问题类-方案可以通过以下公式获得：

$$PCS = PCP \times PS \tag{7.9}$$

根据问题类-方案关系能够获得每个问题类对应的方案工具箱及最佳方案。问

题类 pc_α 的方案工具箱是指所有可以用来解决该问题类的方案的集合，将其表示为 $\mathrm{SP}_\alpha = \{\mathrm{pcs}_{\alpha j} \mid j = 1, 2, \cdots, m, \text{且} \mathrm{pcs}_{\alpha j} \neq 0\}$，每个问题类都有一个方案工具箱。本书将方案工具箱的集合表示为 $\mathrm{SP} = \{\mathrm{SP}_1, \mathrm{SP}_2, \cdots, \mathrm{SP}_q\}$。其中，$\mathrm{SP}_\alpha$ 表示第 α 个方案工具箱，$\alpha = 1, 2, \cdots, q$。方案工具箱的大小间接地说明了问题解决的难易程度，那些拥有的方案工具箱较大的问题类，往往比较容易解决，因为问题解决者会有很多选项来解决该问题。本书将第 α 个问题类对应的方案工具箱大小表示为 $\mathrm{size}(\mathrm{SP}_\alpha)$，所有方案工具箱大小的集合为 $\mathrm{SIZES} = \{\mathrm{size}(\mathrm{SP}_1), \mathrm{size}(\mathrm{SP}_2), \cdots, \mathrm{size}(\mathrm{SP}_q)\}$。

　　每个方案工具箱中，都有一些最佳方案。最佳方案指的是方案工具箱中，优先向问题推荐的那些方案。本书将最佳方案集合表示为 $\mathrm{BS} = \{\mathrm{BS}_1, \mathrm{BS}_2, \cdots, \mathrm{BS}_q\}$。其中，$\mathrm{BS}_\alpha$ 表示问题类 pc_α 的方案工具箱中的最佳方案集合，本书将在"问题–方案"知识推理的过程中给出最佳方案的获取方法。

　　"问题类–方案工具箱"知识获取过程如表 7.1 所示。

表 7.1　"问题类–方案工具箱"知识获取过程

输入：P，S，PCP，PS	
输出：PCS，SP	
1	Compute　PCS=PCP·PS
2	Return　PCS
3	For　$\alpha \leftarrow 1$　to　q　do
4	$t = 0$
5	For　$j \leftarrow 1$　to　m　do
6	If　$\mathrm{pcs}_{\alpha j} == 1$　then
7	$t \leftarrow t + 1$
8	Return　$X[t-1] \leftarrow j$
9	End if
10	End for
11	Return　$\mathrm{size}(\mathrm{SP}_\alpha) \leftarrow t$　▷ 每个问题簇的解决方案工具箱的大小是非零项目的数量
12	Return　$\mathrm{SP}_\alpha \leftarrow \mathrm{set}(s_\lambda)$　where　$\lambda \in X$　▷ 选择所有 s_λ 作为 SP_α 的成员
13	End for
14	Return　$\mathrm{SP} \leftarrow \mathrm{set}(\mathrm{SP}_\alpha)$，$\mathrm{SIZES} \leftarrow \mathrm{set}(\mathrm{size}(\mathrm{SP}_\alpha))$

　　接下来构建问题包–方案类模型。本书将"问题–方案类"知识模型表示为

$$\mathrm{PSC} = \left(\mathrm{psc}_{i\beta}\right)_{n \times k} = \begin{bmatrix} \mathrm{psc}_{11} & \mathrm{psc}_{12} & \cdots & \mathrm{psc}_{1k} \\ \mathrm{psc}_{21} & \mathrm{psc}_{22} & \cdots & \mathrm{psc}_{2k} \\ \vdots & \vdots & & \vdots \\ \mathrm{psc}_{n1} & \mathrm{psc}_{n2} & \cdots & \mathrm{psc}_{nk} \end{bmatrix} \tag{7.10}$$

其中，$\mathrm{psc}_{i\beta} \neq 0$ 表示问题 p_i 和方案类 sc_β 相关，即方案类 sc_β 可以作为解决问题 p_i 的参考知识，$\mathrm{psc}_{i\beta} = 0$ 表示方案类 sc_β 与问题 p_i 无关。

问题-方案类可以通过以下公式获得：

$$\mathrm{PSC} = \mathrm{PS} \times (\mathrm{SCS})^{\mathrm{T}} \tag{7.11}$$

根据问题-方案类关系能够获得每个方案类对应的问题包、问题包的大小。方案类 sc_β 的问题包指的是该方案类能解决的问题集合，将其表示为 $\mathrm{PP}_\beta = \left\{ \mathrm{psc}_{i\beta} \mid i = 1, 2, \cdots, n, \text{且} \mathrm{psc}_{i\beta} \neq 0 \right\}$，每个方案类都对应一个问题包。本书将方案类对应的问题包的集合表示为 $\mathrm{PP} = \{\mathrm{PP}_1, \mathrm{PP}_2, \cdots, \mathrm{PP}_k\}$。其中，$\mathrm{PP}_\beta$ 表示第 β 个方案类对应的问题包，$\beta = 1, 2, \cdots, k$。根据方案类的问题包，问题解决者能够明确该方案类都能解决哪些问题。问题包越大，即问题包中包含的问题数量越多，说明该方案类能解决的问题越多。通过对方案类对应的问题包的大小进行排序，问题解决团队能够获得常用的方案类的信息。本书将第 β 个方案类对应的问题包大小表示为 $\mathrm{size}(\mathrm{PP}_\beta)$，所有问题包大小的集合为 $\mathrm{SIZEP} = \{\mathrm{size}(\mathrm{PP}_1), \mathrm{size}(\mathrm{PP}_2), \cdots, \mathrm{size}(\mathrm{PP}_k)\}$。所有问题包大小排序表示为 $\mathrm{rank}(\mathrm{SIZEP})$。

"问题包-方案类"知识获取和问题包排序的过程如表 7.2 所示。

表 7.2　"问题包-方案类"知识获取和问题包排序的过程

输入：P，S，PS，SCS	
输出：PSC，PP，SIZEP，$\mathrm{rank}(\mathrm{SIZEP})$	

1	计算 $\mathrm{PSC} \leftarrow \mathrm{PS} \cdot (\mathrm{SCS})^{\mathrm{T}}$
2	Return PSC
3	For $\beta \leftarrow 1$ to k do
4	$t = 0$
5	For $i \leftarrow 1$ to n do
6	If $\mathrm{psc}_{i\beta} \neq 0$ then
7	$t \leftarrow t + 1$
8	Return $X[t-1] \leftarrow i$
9	End if
10	End for
11	Return $\mathrm{size}(\mathrm{PP}_\beta) \leftarrow t$　▷ 每个解决方案簇的问题包的大小是非零项目的数量
12	Return $\mathrm{PP}_\beta \leftarrow \mathrm{set}(p_\lambda)$ where $\lambda \in X$　▷ 选择所有的 p_λ 作为 PP_β 的成员
13	End for
14	Return $\mathrm{PP} \leftarrow \mathrm{set}(\mathrm{PP}_\beta)$ and $\mathrm{SIZEP} \leftarrow \mathrm{set}(\mathrm{size}(\mathrm{PP}_\beta))$
15	$\mathrm{rank}(\mathrm{SIZEP}) = \mathrm{sort}(\mathrm{SIZEP})$
16	Return $\mathrm{rank}(\mathrm{SIZEP})$

根据问题和方案之间的关系及两者分别聚类的结果，构建问题类-方案类模

型，本书将问题类–方案类知识模型表示为

$$PCSC = \left(pcsc_{\alpha\beta}\right)_{q\times k} = \begin{bmatrix} w_{11} & w_{12} & \cdots & w_{1k} \\ w_{21} & w_{22} & \cdots & w_{2k} \\ \vdots & \vdots & & \vdots \\ w_{q1} & w_{q2} & \cdots & w_{qk} \end{bmatrix} \quad (7.12)$$

问题类–方案类知识体现了一类问题与一类方案之间的关系，其矩阵 PCSC 可以通过以下公式获得

$$PCSC = PCP \times PS \times \left(SCS\right)^{T} \quad (7.13)$$

在问题类–方案类知识中，$w_{\alpha\beta}$ 表示方案类 sc_{β} 中的具体方案解决问题类 pc_{α} 中包含的所有具体问题的次数，本书将其定义为方案类对于问题类的权重。权重越大，说明该类方案越常用来解决该类问题。对于问题类 pc_{α}，将其对应的所有方案类的权重从大到小进行排序，选择排名前五的方案类优先向该问题类进行推荐。

7.4　"问题–方案"知识挖掘方法

7.4.1　基于词嵌入的文本表示

质量问题解决数据是实践过程中由人记录下的真实数据，其中，关于问题和方案的记录往往是以文本的形式来描述的，因此本书以质量问题解决文本数据作为数据基础。为了将问题和方案文本进行聚类，需要对其进行文本表示。传统的文本表示方式如向量空间模型往往需要利用特征工程的方法，找出文本集合的特征项，形成文档–特征词向量。而该向量往往维度较大，同时也很稀疏。深度学习中常用到的词嵌入的方式能大幅度降低文档表示向量的维度。然而，基于词嵌入形成文档嵌入后进行聚类的结果存在可解释性差的问题，不能对类簇进行很好的描述。因此，本书首先提出了一种基于词嵌入的文本表示方式，并比较了该表示方式与基于传统向量空间模型的文本表示的文本聚类的效果。

现有的词嵌入的深度学习模型使用预训练的 GE，如 Glove[309]或通用评论嵌入[310]。但是问题和解决方案群集是复杂的任务，也需要细粒度的领域嵌入(domain embeddings, DE)。因此，即使在 DE 语料库不大的情况下，使用 DE 也很重要[330]。因此，本书同时利用了 GE 和 DE。如图 7.6 所示，本书首先利用 Google 的 word2vec

来训练领域词向量。其次将领域词向量和通用词向量进行组合，形成组合嵌入
（combined embedding，CE）。在组合这两种嵌入时，常用的方式是将两者进行平
均或者拼接，本书采用了拼接的方式。拼接后，本书能获得新的嵌入。在拼接的
过程中，为了减少两个嵌入分布之间的差异，需要对 GE 和 DE 进行相应的处理，
通常的做法是分别对 GE 和 DE 进行除以标准差、减均值以及再一次除以标准差
的操作[331]。以 GE 为例，首先除以标准差的操作为 $GE' = GE\big/\sqrt{\sum_i GE_i^2}$；其次减
均值的操作为 $GE'' = GE' - \mu$，其中，μ 表示词嵌入 GE' 的均值；最后再一次除以
标准差获得新的通用嵌入 GE'''。对 DE 进行同样的操作之后获得新的领域嵌入
DE'''。最后获得拼接后的嵌入，记为组合嵌入 CE，$CE_K^D = (GE''', DE''')$，其中，D
表示 CE 的维度，K 表示进行嵌入单词的数量。基于对语料库中所有单词的 CE，
可以构建组合嵌入词向量查找表。

接下来，需要获取用于聚类的文档向量。此处的文档是问题记录或解决方案
记录。由于每个文档中包含很多单词，因此有必要将单词向量集成到文档向量
中。在这里，采用一种新颖的方法，将文档-特征词向量与组合嵌入词向量查找
表相乘，生成 CEM①。文档词矩阵是使用 TF-IDF 算法计算得出的文档的矢量表
示。组合嵌入加权文档向量矩阵的构建过程如图 7.6 所示，其中，d_n 表示文档，
w_m 表示特征词。

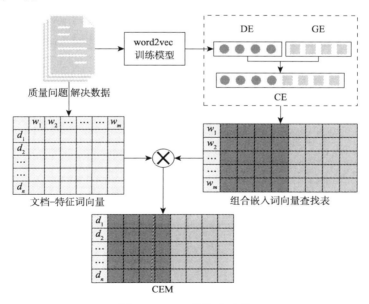

图 7.6　CEM 的构建过程

---

① CEM 表示组合嵌入加权文档向量矩阵（combined embedding weighted document-vector matrix）。

7.4.2 两阶段问题聚类方法

产品质量问题通常以自由文本的形式进行记录，内容往往包含缺陷位置和缺陷类型两部分，如"右后制门器裂缝"中，"制门器"表示是的缺陷位置，"裂缝"表示的是缺陷类型。缺陷位置即发生问题的部件，根据已有的汽车产品结构树，能够获得所有的缺陷位置集，即部件集。然而，不同的问题解决的部门、人员在描述同一个缺陷类型时，会用不同的单词来描述。因此需要建立标准的缺陷类型集。在第 4 章中，本书以汽车座椅模块为例，研究了标准失效模式集获取过程。本章同样利用该方法，首先将问题记录中的所有部件包含的单词及其他停用词排除，利用 FP-growth 算法获取频繁出现的项集，其次利用基于 WordNet 的方法，将其中的同义词进行合并，并构建标准化的缺陷类型集。

接下来的任务就是利用已有部件集合和标准缺陷类型集，从问题记录文本中获取部件和缺陷类型之间的关系，即找出所有部件出现过的质量问题。然而，问题记录者在记录问题时，描述的缺陷位置和缺陷类型可能不一定准确，比如，缺陷位置集合中编号为 51411 的部件为 "door trim panel"（门饰板），问题解决者 A 描述的一个问题为 "plug too loose in door panel"（门板上的插头太松），问题解决者 B 描述一个问题为 "door trim panel hard to assemble"（车门饰板难以组装），这两个问题中缺陷位置实际是同一个部件。如果直接将部件集中的部件单词和每个问题进行匹配，那么很多问题中可能找不出部件集中的部件。比如，问题解决者 A 描述的问题中，找不到 "door trim panel"（门饰板）。同样，如果利用缺陷类型集和问题去进行匹配，有些问题也可能找不到缺陷类型集中包含的缺陷类型。但如果对问题集进行聚类，那么将解决这个难题。因此，本书提出了如图 7.7 所示的两阶段聚类方法，来获得缺陷位置和缺陷类型之间的关系，形成典型的问题集。

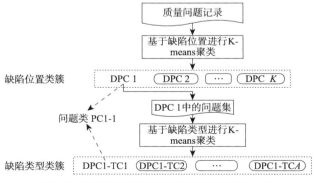

图 7.7 基于两阶段聚类的问题类簇获取方法

在两阶段聚类方法中，首先基于缺陷位置进行聚类。在第一阶段，本书将问题集合中的缺陷类型作为停用词，将其和通用停用词一起从问题集合中删除。由于问题集由每个问题标题构成，比较简短，因此很少包含其他冗余信息。缺陷类型和通用停用词被删除后，每个问题标题中剩下的内容基本只和缺陷位置相关。其次利用 K-means 聚类算法对问题集中剩下的内容进行聚类，根据每个类簇中包含的单词的 TF-IDF 值的大小，获得每个类簇的描述性术语。领域专家根据这些描述性术语以及已有的缺陷位置对每个类簇进行类簇标注，每个类簇的标签为缺陷位置集中的一个成员。如图 7.7 所示，假设所有的问题集合根据第一阶段的聚类，被聚成 K 类。当然，在利用 K-means 聚类算法之前需要设置聚类数量。本书利用常用的肘部法则来获得最佳聚类数 K。

根据第一阶段的聚类结果，获得每个缺陷位置类簇（defect place cluster，DPC）中包含的问题成员及其标题文本。接着，对所有的 DPC 中包含的问题集合进行第二次聚类。在这个聚类过程中，本书首先将每个 DPC 的标签中包含的单词作为停用词，将其和通用停用词一起从问题集中删除。例如，DPC 1 的标签为"door trim panel"，则将"door""trim""panel"这些单词作为停用词，从 DPC 1 中包含的问题成员中删除。这样，DPC 1 的问题成员中和缺陷类型相关的单词将会被保留。其次同样利用 K-means 聚类算法对 DPC 1 中的成员进行聚类，同样根据每个类簇中包含的单词的 TF-IDF 值的大小，获得每个类簇的描述性术语。领域专家根据这些描述性术语以及已有的缺陷类型对每个类簇进行类簇标注，每个类簇的标签为缺陷类型集中的一个成员。再次将两个阶段聚类获得的标签进行合并，获得问题类的标签。例如，DPC 1 在第二次聚类中共聚成了 A 类，其中，DPC1_TC1 的标签为"noise"，那么，DPC 1 和 DPC1_TC1 组合成问题类 PC1_1，PC1_1 的标签为"door trim panel noise"。最后对剩下的 DPC 分别进行第二阶段聚类，通过同样的方式进行组合后，获得所有问题类及其标签。

假设第一阶段聚类数为 K，则第一阶段聚类后的 DPC 集合为 $\{\mathrm{DPC}_1, \mathrm{DPC}_2, \cdots, \mathrm{DPC}_k\}$。令 t_i 表示第 i 个缺陷位置类簇 DPC_i 第二次聚类后的类簇数量，则 DPC_i 进行第二阶段聚类后的集合为 $\left\{\mathrm{DPC}_i^{\mathrm{TC}_1}, \mathrm{DPC}_i^{\mathrm{TC}_2}, \cdots, \mathrm{DPC}_i^{\mathrm{TC}_{n_i}}\right\}$。$\mathrm{PC}_i^j$ 表示第一阶段聚类结果 DPC_i 及其第二阶段聚类结果中 $\mathrm{DPC}_i^{\mathrm{TC}_j}$ 的结果组合。所有问题经过两次聚类后的总类簇数为 $\sum_{i=1}^{K} t_i$。

7.4.3　两阶段方案聚类方法

方案体现的是行为或动作，要表达的意思是"做什么"，其核心内容往往是动词和名词的组合，比如，"调整机器人程序"中"调整"是动词，"机器人程序"是名词。方案中的动词能反映用户的意图和行为[332]，表明用户"做了什么"；名词能体现动作的主体和客体[333]，在方案中体现的是活动的对象。很多学者提出了动词聚类[334]和名词聚类[335]的方法，来提取典型的针对对象采取的行为。Shutova等[336]提出了基于动词聚类和名词聚类的隐喻识别方法。因此鉴于方案文本的特点，本书提出了如图 7.8 所示的基于动词聚类和名词聚类的两阶段聚类方法，来获取典型的问题解决方案。其中，VC 表示动词类簇，NC 表示名词类簇。

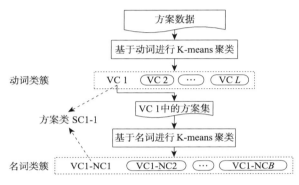

图 7.8　基于动词聚类和名词聚类的两阶段聚类方法

如图 7.8 所示，首先，进行第一阶段的动词聚类。将方案文本进行去停用词等预处理，进行词性标注，并获得所有动词的文档频率。其次，利用基于 WordNet 的标准化方法，将动词进行标准化。同时，设定一定的阈值，从标准化后的动词集中筛选出符合阈值要求的动词集。再次，以该动词集中的动词数量作为 K-means 聚类的聚类数 K。最后利用动词特征项集来表示方案文本，利用 K-means 聚类算法对方案进行聚类。进行动词聚类之后，需要对文本聚类的结果进行类簇标注。对于每个类簇，从聚类生成类簇的成员中提取 TF-IDF 值最大的动词作为该类簇的描述性词语及类簇标签。

完成动词聚类后进行第二阶段的名词聚类。将每一个类簇所包含的方案文本中的动词过滤掉，保留名词。同时，利用肘部法则获取每个类簇包含的方案文本集的最佳聚类数，并利用名词向量空间模型表示每个类簇，同样利用 K-means 聚类算法对每个类簇分别进行聚类。进行名词聚类之后，同样需要对文本聚类的结果进行类簇标注。对于每个类簇，从聚类生成类簇的成员中提取 TF-IDF 值排名前三的词语作为该类簇的描述性词语，如果类簇中 TF-IDF 值大于零的项小于三，则将 TF-IDF 值大于零的项全部作为该类簇的描述性词语。接着，根据领域专家的判断，将描述性词语组合成短语，作为类簇标签。

如图 7.8 所示，若第一阶段基于动词聚类获得的类簇数为 L，那么在进行名词聚类时，需要进行 L 次聚类。两个阶段聚类后，将动词类簇的类簇标注和名词聚类后的类簇标注进行组合，生成新的类簇标注，作为方案类的描述。例如，图 7.8 中的方案集进行动词聚类后，类簇 VC 1 的类簇标签为"优化"，对类簇 VC 1 中的类簇成员进行名词聚类之后，类簇 VC1-NC1 的类簇标签为"软件程序"，则将两层的类簇标签组合在一起，即"优化软件程序"，作为类簇 SC1-1 的新的类簇描述，并将类簇 SC1-1 作为一个方案类。

假设第一阶段类簇数为 L ，则第一阶段聚类后的 VC 集合为 $\{VC_1, VC_2, \cdots, VC_L\}$。令 n_i 表示第 i 个动词类簇 VC_i 第二次聚类后的类簇数量，则 VC_i 进行第二阶段聚类后的集合为 $\left\{ VC_i^{NC_1}, VC_i^{NC_2}, \cdots, VC_i^{NC_{n_i}} \right\}$。$SC_i^j$ 表示第一阶段聚类结果 VC_i 及其第二阶段聚类结果中 $VC_i^{NC_j}$ 的结果组合。所有问题经过两次聚类后的所有方案类簇数为 $\sum_{i=1}^{L} n_i$。

7.5　实　例　分　析

7.5.1　实验数据

在上述理论研究的基础上，本节利用企业实际数据来进行相应的分析和验证。

本节的实验数据来源于某整车制造厂质量部。从该公司，本书获取了 3000 条问题记录，共对应 3800 条方案记录。经过数据处理后，共获得 2914 条问题记录，对应 3547 条方案记录。如表 7.3 所示，每个问题包含问题编号、问题标题和问题描述等信息；同样方案也包含方案编号、方案标题和方案描述等信息。每个问题和每个方案的编号都是唯一的。每个问题编号对应一个或多个方案编号，而每个方案编号只对应一个问题编号。如表 7.3 所示，针对问题 P261，采取编号为 S249 的方案来解决该问题。

表 7.3　问题及其对应方案示例

问题编号	问题标题	问题描述	方案编号	方案标题	方案描述	有效性
P261	聚乙烯醇隔墙骨料复合密封问题	X30 组件也有问题，并且已经解决。X35 组件是用另一种工具制作的	S249	优化密封件	优化了泡沫。它更柔软，因此更可压缩，并且更坚固，可以密封更大的缝隙	70%

在这些数据中，问题标题是对问题和方案的内容的精练总结，能高度概括与

说明主要事实和内容；问题描述是对这些内容展开详细、具体的描述。问题标题往往不是完整的句子，而是简洁地表示了文档中最重要的信息，且它们通常语句简短，句法简单[218]。因此本书以问题和方案的标题作为聚类的数据源。

7.5.2　数据预处理

在进行数据聚类前，需要对原始的数据进行相应的预处理。由于质量问题解决数据的混杂性，在常规的文本预处理之前，本书对原始数据进行了如下处理：①删除部分无效记录，如方案标题和描述都为 solution；②由于案例企业为中德合资企业，官方语言为英语，但质量问题描述数据中包含少量的中文和德语；本书利用机器翻译的方法，将这些中文和德语自动翻译成英语。经过上述处理后，本书利用常规的文本预处理的方法，包括将缩略词转化为完整单词、去除停用词、词根化处理等，对文本进行预处理。由于不同的用户可能会使用不同的词语来描述同样的问题或方案，因此有必要构建标准化的问题和方案术语集合。所以，本书在常规的文本预处理之前增加了领域词汇标准化的过程，并构建了领域动词和名词同义词词表。基于同义词词表，将原始数据中的非标准词用其对应的标准同义词替换。

7.5.3　基于不同文本表示的聚类效果比较

本书在第 7.4.1 节中介绍了基于词嵌入的文本表示形式，并提供了一种构建 CEM 的方法。基于传统 VSM 和词嵌入的文本向量化表示各有优缺点。因此，本书基于以下四种文本向量化方法进行了比较实验，比较文档聚类的效果，四种文本向量化方法分别是 VSM、DEM①、GEM②、CEM。首先，使用 Google 的 word2vec 来训练 DE。由于 skip-gram 模型在少量训练数据上效果很好，因此选择 skip-gram 模型来训练单词嵌入，并将嵌入向量的维数设置为 100。此外，使用 Glove 的 100 维词向量作为 GE。根据 7.4.1 节中的方法，将 DE 和 GE 拼接在一起以获得新的 200 维 CE。根据 7.4.1 节中的方法可获得 CEM。同样，也可以构建 DEM 和 GEM。

戴维斯−博尔丁指数（Davies-Bouldin index，DBI）通常用于评估聚类效果[337]。可产生具有低集群内距离和高集群间距离的聚类的算法具有低 DBI。基于此标准，产生具有最小 DBI 的聚类集合的聚类算法被认为是最佳算法。本书使用 K-means

---

① DEM 为域嵌入加权−文档向量矩阵（domain embedding weighted document-vector matrix）。
② GEM 为通用嵌入加权文档−向量矩阵（general embedding weighted document-vector matrix）

聚类算法对问题进行聚类，比较了在不同 K（范围从 10 到 200）下基于这四个文本向量化的聚类效果。实验中使用了 2914 个问题文本。图 7.9 给出了对比实验的结果。

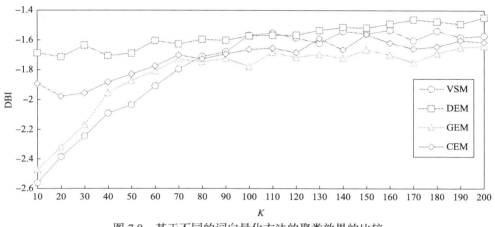

图 7.9　基于不同的词向量化方法的聚类效果的比较

　　从图 7.9 可以看出，当 K 小于 80 时，基于 VSM 的 DBI 最小。但是，当 K 大于 80 时，随着 K 值的增加，基于 GEM 的 DBI 总是最小的。结果表明，当簇数小于 80 时，基于 VSM 的聚类效果良好。当 K 大于 80 时，基于 GEM 的聚类效果更好。此外，基于 DEM 的 DBI 值一直是最大的，这表明从小规模域语料库获得的 DE 并没有太多地帮助文本聚类。根据经验法则 $K \leqslant \sqrt{n}$（n 是样本数，K 是最佳聚类数），2941 个项目的最佳聚类数是 54。从图 7.9 可以看出，当 K 在 54 附近时，基于 VSM 聚类的 DBI 值最小。

　　因此，根据比较实验，在后续聚类研究中，使用传统的 VSM 来表示文本。

　　尽管提出的 CEM 在 K 小于 80 时的性能不如 VSM 好，并且当 K 大于 80 时 GEM 也优于 CEM。但是，从理论上讲，CEM 是一个更全面的表示形式，因为它考虑了领域词汇的特征，而 GEM 仅在一般情况下考虑词嵌入。出现上述结果的原因可能是，与用于训练 GE 的数据量相比，用于训练 DE 的数据量相对较小。同时，从图 7.9 中可以看出，当 K 值越来越大时，CEM 越来越接近 GEM，并且有超过 GEM 的趋势。因此，有理由相信，当数据量很大时，将 DE 和 GE 组合在一起的效果会更好。

7.5.4　问题聚类

1. 标准问题术语集合

由于质量问题解决的过程是一项跨部门甚至跨工厂的活动，各个环节涉及的人员众多。不同的人在描述同一种问题现象时会用不同的单词。例如，在描述异常的声音这种问题现象时，有些人用"noise"，有些人用"rattling"。因此需要构建规范化的术语，本章在 4.5.2 节的基础上，利用同样的基于 WordNet 构建同义词集的方法，建立了问题术语同义词集合。如表 7.4 所示，同义的问题术语被合并成一组，一共获得 23 组问题术语同义词集合。每个问题术语后面的括号中的数字表示该问题术语的支持度。对于绝大多数同义词组而言，支持度最大的组内成员被视为该组的标准问题术语。少数同义词组经过专家判断，选择了一个最为专业的术语作为标准问题术语。

表 7.4　标准问题术语集合

编号	问题术语同义词集	标准问题术语
1	pollutant（污染物）（1），contamination（污染）（8），pollution（污染）（1）	contamination（污染）（8）
2	crack（裂缝）（15），cracking（开裂）（3），cracked（破裂）（4），torn（撕裂）（1），break（断裂）（6），broken（破损）（17）	crack（裂缝）（17）
3	failure（故障）（11），malfunction（故障）（5），defect（缺陷）（153），fault（故障）（11），faulty（错误的）（16），error（错误）（9）	defect（缺陷）（153）
4	deformed（变形）（15），deformation（变形）（16），twisted（扭曲的）（12），twisting（扭曲）（1）	deformed（变形）（16）
5	ash（灰烬）（1），dust（灰尘）（2）	dust（灰尘）（2）
6	friction（摩擦）（6），chafing（擦伤）（3），rubbing（摩擦）（1），chafe（擦伤）（1），scrubbing（擦洗）（1）	friction（摩擦）（6）
7	seized（锁定）（1），locked（锁定）（4）	locked（锁定）（4）
8	movement（运动）（3），loose（松动）（5）	loose（松动）（5）
9	lubricant（润滑剂）（3），lubricating（润滑）（1），grease（润滑脂）（1）	lubricant（润滑）（3）
10	lose（丢失）（1），omitted（省略）（3），omit（省略）（1），missing（遗漏）（54）	missing（遗漏）（54）
11	squeaking（吱吱声）（6），buzzing（嗡嗡声）（3），knocking（敲击声）（5），creaking（吱吱声）（1），sound（声音）（5），rattle（嘎嘎声）（10），rattles（嘎嘎声）（5），rattling（嘎嘎声）（4），noise（噪声）（189）	noise（噪声）（189）
12	aroma（香气）（1），smell（气味）（3），odor（异味）（6），scent（气味）（1）	odor（异味）（6）
13	drivetrain（传动系统）（1），powertrain（动力总成）（7）	powertrain（动力总成）（7）
14	residue（残留物）（1），slag（残渣）（2）	residue（残留物）（1）
15	thread（线）（10），stitch（缝线）（1），sewing（缝纫）（1），seam（接缝）（6）	seam（接缝）（6）
16	jammed（卡住）（2），pinched（夹住）（2），stuck（卡住）（6）	stuck（卡住）（6）
17	stiff（僵硬）（2），stiffness（僵硬）（1），tight（紧的）（10），tightness（紧密）（1）	tight（紧的）（10）
18	collision（碰撞）（12），collides（碰撞）（3），touch（触碰）（2），touched（触碰）（1），touching（触碰）（12）	touch（触碰）（2）
19	vibration（震动）（11），shake（摇动）（1）	vibration（震动）（11）
20	warning（警告）（7），alarm（警报）（1）	warning（警告）（7）
21	wrinkle（皱纹）（3），wrinkled（有皱纹的）（4），waviness（波状）（10），wave（波浪）（1），wavy（波浪形的）（92）	wavy（波浪形的）（92）
22	windshield（挡风玻璃）（7），windscreen（挡风玻璃）（22）	windscreen（挡风玻璃）（22）
23	incorrect（不正确的）（14），incorrectly（不正确地）（1），wrong（错误的）（63）	wrong（错误的）（63）

根据同义词表，将问题同义词组中的单词用标准问题描述词进行替换。

2. 问题聚类结果

由聚类效果比较结果可知，当利用 VSM 来进行文本表示时，聚类的效果是最好的。因此，在预处理之后，本书利用 VSM 来表示 2914 条问题记录，并根据两阶段聚类方法，进行第一阶段基于缺陷位置的聚类。在利用 K-means 聚类之前，需要获得最佳的聚类数。本书利用肘部法则的方法来获得最佳 K 值。首先，根据经验规则 $K \leqslant \sqrt{n}$ 可知，2914 条问题的聚类数设置为 54 比较合适。因此在 0 到 70 的区间范围内查找肘部法则推荐的最佳 K 值。肘部法则获得的最佳聚类数如图 7.10 所示，从图 7.10 中可以看出，肘部位于 $K=15$ 和 $K=40$ 的位置。在 K 值增加的过程中，这两个点的畸变程度的改善效果最大。根据数据的特点、专家的判断以及经验法则的推荐，选择 $K=40$ 作为 K-means 聚类的最佳类簇数。

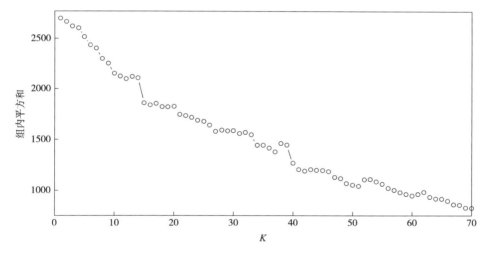

图 7.10　肘部法则获取的质量问题第一阶段最佳类簇数

确定 K 值后，利用 K-means 聚类算法来对所有的问题进行聚类。

从表 7.5 中可以看出，通过第一阶段聚类后，所有问题被聚成了 40 类。表 7.5 中的计数是每个类簇中文件的数量。描述性术语是根据术语的 TF-IDF 的次序选择的类簇的代表性术语。描述性术语后的括号中的数值表示该单词的 TF-IDF 值。对于每个群集，本书选择按 TF-IDF 值排序的单词列表中排名前三的单词作为描述性术语。如果该类簇中包含的单词数量小于三，则取全部单词作为描述性术语；类簇描述是根据该类簇中描述性术语的 TF-IDF 值进行筛选以及人工调整单词顺序，并根据经验加入相应单词后对该类簇进行表示的描述性短语。

表 7.5　基于 K-means 聚类算法的问题的第一阶段聚类结果

类簇	计数	描述性术语及 TF-IDF 值	类簇描述
DPC_1	63	线束（0.60），电线（0.14），夹子（0.03）	线束
DPC_2	58	把手（0.39），支架（0.33），外部（0.12）	把手支架
DPC_3	144	门（0.86），密封（0.11），锁（0.08）	门
DPC_4	144	车顶（0.30），密封（0.30），框架（0.25）	车顶框架密封
DPC_5	48	轮子（0.64），拱门（0.35），房子（0.10）	车轮拱罩
DPC_6	148	行李箱（0.57），盖子（0.54），扰流板（0.07）	后备箱盖
DPC_7	44	车轴（0.79），托架（0.16），轴（0.06）	轴
DPC_8	41	水（0.63），泵（0.29），管道（0.11）	水泵
DPC_9	140	保险杠（0.74），盖板（0.26），拖车（0.05）	保险杠盖
DPC_10	40	冷却液（0.67），管道（0.17），涡轮增压（0.10）	冷却液管道
⋮	⋮	⋮	
DPC_40	55	燃料（0.56），油箱（0.31），填充物（0.14）	油箱

接下来，将在第一阶段中获得的每个簇再次聚类。这次，将问题中的缺陷类型作为聚类的基础。以缺陷位置类簇 DPC_1 为例来说明该过程。DPC_1 中有 63 个问题。在对这些问题文本进行预处理之后，提取缺陷类型集中包含的单词，作为缺陷类型聚类的特征项。为了反映该方法的丰富性，与肘部法则不同，近邻传播（affinity propagation，AP）聚类算法[338]可以自动确定最佳类簇数[339]。如图 7.11 所示，DPC_1 的最佳类簇数为 8。

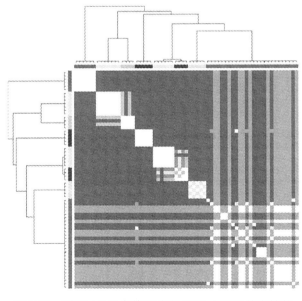

图 7.11　利用 AP 聚类算法确定 DPC_1 的最佳类簇数

在确定最佳类簇数 K 值后，本书利用 K-means 聚类算法获得了 DPC_1 基于缺陷类型的聚类结果，如表 7.6 所示。表 7.6 中每列表头的含义和表 7.5 相同。最后一列中的合并聚类标签是两阶段聚类后的缺陷位置聚类标签和缺陷类型聚类标签的组合。例如，类簇 DPC_1 的描述为"线束"，在基于缺陷类型对 DPC_1 进行第二阶段群集之后，将 DPC_1 分为 8 组。在这 8 个组中，DTC_1 被描述为"长"。所以，PC1_1 的组合群集标签为"线束长"。

表 7.6　DPC_1 的第二阶段聚类结果

类簇	计数	描述性术语及 TF-IDF 值	DTC 描述	合并类簇标签
DTC_1	28	长（0.67），裂纹（0.07），新（0.07）	长	线束长
DTC_2	4	难以（0.73），组装（0.58）	很难组装	线束难以组装
DTC_3	6	损坏（1.00）	损坏的	线束损坏
DTC_4	5	安装（0.94），难以（0.14）	难以安装	线束难以安装
DTC_5	8	太（0.70），短（0.38）	太短	线束太短
DTC_6	5	错误（0.84），位置（0.32）	位置错误	线束位置错误
DTC_7	4	松动（1.00）	松动	线束松动
DTC_8	3	遗漏（1.00）	遗漏	线束遗漏

注：DTC 为 defect type cluster，缺陷类型类簇

按照该方法继续将剩余的缺陷位置类簇分别基于缺陷类型进行聚类后，获得所有的问题类簇。两阶段聚类后，共获得 267 个典型问题类簇。本书将两阶段聚类后的部分结果用表 7.7 进行展示。其中，类簇列为第一阶段进行缺陷位置聚类获得的类簇，计数为该类簇包含的问题数，DPC 标签为第一阶段的类簇标签。典型问题类族为缺陷位置类簇标注和缺陷类型类簇标注组合后，生成的新的类簇标注。例如，缺陷位置聚类后的类簇 DPC_1 的类簇描述为"线束"，对 DPC_1 进行缺陷类型聚类后的 DTC_1 类簇描述为"长"，因此组合后的典型问题类簇为"线束长"。由于每个 DPC 包含的典型问题类簇数量比较多，本书只选择其中五个展示。例如，第二行中的 DPC_1 展示的五个 DTC 分别是线束长（28）、线束太短（8）、线束损坏（6）、线束位置错误（5）、线束难以组装（4）等。典型问题类簇后括号中的数值为该问题类包含的问题个数。

表 7.7　问题的聚类结果

类簇	计数	DPC 标签	典型问题类簇（DPC＋DTC）
DPC_1	63	线束	线束长（28）、线束太短（8）、线束损坏（6）、线束位置错误（5）、线束难以组装（4）等
DPC_2	58	手柄支架	手柄支架难以组装（7）、手柄支架噪声（29）、手柄支架遮光（6）、手柄支架松动（6）、手柄支架偏移（2）等

续表

类簇	计数	DPC 标签	典型问题类簇（DPC + DTC）
DPC_3	144	门	门漏水（15）、门难关（3）、门噪声（12）、门偏移（11）、门缝隙（12）等
DPC_4	144	车顶框架密封	车顶框架密封划痕（42）、车顶框架密封不合（16）、车顶框架密封太松（11）、车顶框架密封表面波浪（24）、车顶框架密封凹痕（14）等
DPC_5	48	车轮拱罩	轮拱孔（5）、轮拱缝隙（20）、轮拱缺少螺栓（4）、轮拱配合不好（4）、轮拱腐蚀（8）等
DPC_6	148	行李箱盖	行李箱盖缝隙（16）、行李箱盖噪声（5）、行李箱盖夹杂物（7）、行李箱盖密封剂（9）、行李箱盖漏水（10）等
DPC_7	44	车轴	车轴损坏（15）、车轴松动（4）、车轴腐蚀（10）、车轴螺栓扭矩异常（5）、车轴噪声（6）等
DPC_8	41	水泵	水泵漏水（5）、水泵冷却管（4）、水泵停机异常（2）、水泵漏水（3）等
DPC_9	140	保险杠盖	保险杠盖漆损坏（6）、保险杠盖遮光（5）、保险杠盖缝隙（20）、保险杠盖松动（15）、保险杠盖表面波浪（9）等
DPC_10	40	冷却液管	冷却液管接触（15）、冷却液管错误（3）、冷却液管损坏（4）、冷却液管松动（2）、冷却液管泄漏（14）等
⋮	⋮	⋮	
DPC_40	55	油箱	油箱泄漏（6）、油箱损坏（7）、油箱压力高（4）、油箱腐蚀（4）、油箱安装困难（2）等

7.5.5　方案聚类

1）标准方案动词集合

将方案文本进行词性标注后，本书从 3547 条方案中提取了 426 个动词。经过人工处理并将其中一些非及物动词，如 going、be、done 等词删除后，根据动词文档频率提取结果，利用基于 WordNet 的标准化方法，并结合领域专家的建议，构建方案文本中动词同义词集。表 7.8 中展示了方案动词同义词集。如表 7.8 所示，方案动词同义词组合在一起，一共有 22 组。每组方案动词后括号中的值为该动词的词频。取每组动词同义词集中词频最高的动词作为该组的标准方案动词。

表 7.8　标准方案动词集

编号	方案动词同义词集	标准方案动词
1	adjust（调整）（132），adjustment（调整）（101），adjusted（调整）（19），adjusting（调整）（19），readjust（微调）（2），fine tuning（细调）（15），fine-tune（细调）（1），tuning（调整）（34），recalibrated（重新校准）（1）	adjust（调整）（132）
2	positioning（定位）（17），alignment（对齐）（16），aligned（校准）（1），centering（找中心）（7），relocate（重定位）（1）	alignment（对齐）（17）
3	assemble（组装）（9），mount（装配）（1），mounting（装配）（14），assembled（组装）（6），assembling（装配）（8），install（安装）（6）	assemble（组装）（14）

续表

编号	方案动词同义词集	标准方案动词
4	modify（修改）（59）, modifying（修改）（2）, modified（修饰）（7）, modification（改进）（54）, change（改变）（300）, revise（修改）（2）, revision（修改）（10）, switch（转换）（12）, replace（替换）（8）, replacement（替换）（4）, exchanged（更换）（1）	change（改变）（300）
5	check（检查）（146）, checking（校验）（55）, checked（检验）（11）, monitor（检查）（15）, examination（检查）（3）, inspection（视察）（32）, inspect（视察）（3）, see（确保）（3）	check（检查）（146）
6	clean（清洁）（16）, cleaning（清洁）（13）, brush（刷净）（3）	clean（清洁）（16）
7	masking（遮盖）（5）, covering（覆盖）（1）	covering（覆盖）（5）
8	cutting（切割）（39）, shorten（减少）（6）, shortened（缩短）（2）, truncate（截断）（1）	cutting（切割）（39）
9	reinforce（加强）（2）, reinforced（加固）（1）, reinforcement（巩固）（8）, reinforcing（加固）（2）, strengthen（加强）（7）, strengthened（加强）（2）, strengthening（巩固）（4）, enhancement（提高）（3）, enhanced（增进）（2）, enhance（增强）（10）	enhance（增强）（10）
10	enlarge（放大）（14）, enlarged（扩展）（4）, expanding（增强）（1）	enlarge（放大）（14）
11	extend（延长）（9）, extended（延长）（9）, extension（延伸）（8）, elongation（拉长）（1）, longer（加长）（5）, lengthen（加长）（3）	extend（延长）（9）
12	optimize（优化）（298）, optimized（最优化）（95）, optimizing（最优化）（32）, optimization（优化）（316）, improve（改进）（127）, improvement（改进）（82）, improving（改善）（3）, improved（改进）（29）, update（更新）（33）, updated（更新）（9）, updating（提供最新信息）（2）, stabilize（使稳定）（4）	optimize（优化）（316）
13	punching（冲制）（16）, pressing（冲压）（6）, stamping（模锻）（2）	pressing（冲压）（16）
14	reduce（减少）（43）, reduced（减少）（4）, reducing（减少）（3）, reduction（降低）（4）, decrease（缩减）（4）, decreased（缩减）（1）	reduce（减少）（43）
15	remove（消除）（13）, removed（去除）（2）, removal（移除）（7）, eliminate（消除）（7）, eliminated（消除）（2）, elimination（消除）（7）, cancel（撤销）（5）, cancelation（取消）（2）, canceled（废除）（2）, delete（删除）（4）, deleted（删除）（1）	remove（消除）（13）
16	grind（磨碎）（1）, grinding（粉碎）（3）, polish（抛光）（12）, polishing（抛光）（4）, milling（碾磨）（7）, sanding（打磨）（14）	sanding（打磨）（14）
17	separate（分割）（9）, separation（区分）（1）, sort（排序）（2）, sorted（分类）（1）, sorting（分类）（17）	sort（排序）（17）
18	glued（用胶水粘牢）（2）, glue（用胶水粘牢）（22）, stick（粘）（12）, sticked（粘）（2）, sticking（粘住）（1）	stick（粘）（12）
19	tighten（拧紧）（3）, tightening（拧紧）（7）, fastening（系牢）（3）	tighten（拧紧）（7）
20	train（培训）（29）, training（训练）（130）, trained（培训）（16）, retrain（再培训）（16）, teach（训练）（1）, instruct（指导）（1）	train（培训）（130）
21	use（使用）（61）, used（使用）（9）, using（利用）（13）, apply（应用）（7）, applying（应用）（6）	use（使用）（61）
22	weld（焊接）（3）, welded（焊接）（2）, welding（焊接）（86）, soldering（焊接）（3）, brazing（硬焊）（1）	welding（焊接）（86）

根据方案动词同义词集，将方案文本中的动词用标准方案动词进行替换。将动词标准化并合并统一后，获得标准化后的动词 66 个，其中，出现频次大于 20 次的标准方案动词共 37 个，且分布如图 7.12 所示。

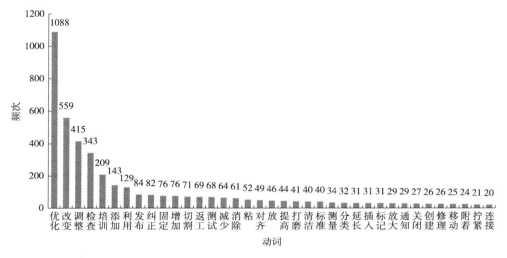

图 7.12　频次大于 20 次的标准方案动词分布

2）方案聚类结果

接着，将这 37 个文档频次大于 20 的动词作为文本表示的特征项，利用 K-means 聚类算法对方案文本进行聚类，类簇数 K 设置为 37。

3547 条方案文本经过动词聚类后的结果如表 7.9 所示。其中，计数为每个类簇包含的方案的数量。描述性术语为每个类簇中 TF-IDF 值排名前三的单词，每个描述性术语后的括号中的值为该描述性术语的 TF-IDF 值。根据这些描述性术语的 TF-IDF 值大小，人工地进行类簇描述。

表 7.9　方案文本基于动词聚类的结果

类簇	计数	描述性术语及 TF-IDF 值	VC 标签
VC_1	59	测试（0.94），检查（0.05），优化（0.04）	测试
VC_2	192	检查（0.97），优化（0.05），更改（0.03）	检查
VC_3	333	调整（0.98），优化（0.03），改变（0.02）	调整
VC_4	417	改变（0.99），优化（0.03）	改变
VC_5	37	清洁（0.89），增加（0.05），引入（0.04）	清洁
VC_6	823	优化（1.00）	优化
VC_7	29	延长（0.91），发布（0.04），标准（0.04）	延长

类簇	计数	描述性术语及 TF-IDF 值	VC 标签
VC_8	29	放大（0.93），保留（0.03），确保（0.03）	放大
VC_9	44	设置（0.86），检查（0.17），调整（0.05）	设置
VC_10	67	增加（0.96），优化（0.04），改变（0.04）	增加
⋮	⋮	⋮	⋮
VC_37	27	插入（0.92），对齐（0.10），更改（0.04）	插入

接着，对每个动词类包含的方案进行第二阶段的聚类，此时以方案中名词作为聚类的基础。以动词聚类后的 VC_1 类簇为例来说明该过程。

VC_1 类簇中共包含 59 个方案，对这些方案文本进行预处理后，提取出其中的重要名词，作为名词聚类的特征项。之后，同样利用 AP 聚类算法获取这些方案的最佳聚类数，如图 7.13 所示，59 个方案的最佳聚类数为 10。

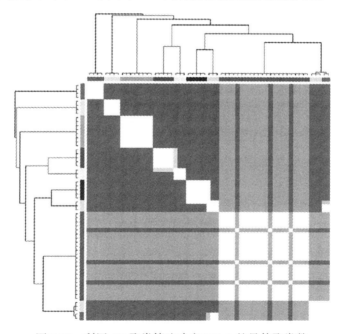

图 7.13　利用 AP 聚类算法确定 VC_1 的最佳聚类数

获得最佳 K 值后，即获得了 VC_1 类簇的名词聚类结果。同样，其结果如表 7.10 所示。其中，计数为每个类簇包含的方案的数量。描述性术语为每个类簇中 TF-IDF 值排名前三的单词，每个描述性术语后的括号中的值为该描述性术语的 TF-IDF 值。根据这些描述性术语的 TF-IDF 值大小，人工地进行类簇描述。

表 7.10　以 VC_1 类簇为例进行名词聚类的结果

类簇	计数	描述性术语及 TF-IDF 值	NC 标签	合并类簇标签
NC_1	17	负载（0.12），温度（0.12）	非典型类簇	非典型类簇
NC_2	4	冷（0.59），参数（0.39），传感器（0.35）	冷	冷试
NC_3	5	工具（0.94），供应商（0.15）	工装	工装测试
NC_4	4	电动（1.00）	电气	电测试
NC_5	4	几何（0.65），程序（0.45）	几何	几何测试
NC_6	3	材料（0.93），工具（0.20）	材料	材料测试
NC_7	5	过程（0.80），几何（0.26）	过程	过程测试
NC_8	5	配件（0.51），供应商（0.37），工作站（0.33）	配件	拟合测试
NC_9	5	泄漏（1.00）	泄漏	泄漏试验
NC_10	7	EOL（1.00）	EOL	EOL 测试

注：EOL 为下线点（end of line）

　　按照该方法继续将剩余的动词类簇进行名词聚类后，获得所有的方案类别。表 7.11 中呈现了所有动词类簇进行名词聚类的结果。其中，类簇列为第一阶段进行动词聚类获得的类簇，计数为该类簇包含的方案数，VC 标签为该类簇的类簇标注，典型方案类簇为动词类簇标注和名词聚类后的类簇标注进行组合后，生成的新的类簇标注。例如，动词聚类后的类簇 VC_1 的类簇描述为"测试"，对 VC_1 进行名词聚类后的 NC_1 类簇描述为"道路"，因此组合后的方案类为"道路测试"。由于每个 VC 包含的典型方案类簇数量比较多，本书只选择其中五个展示。例如，表 7.11 第二行中的 VC_1 展示的五个方案类簇分别是道路测试(4)、电气测试(4)、几何测试（4）、泄漏测试（5）、EOL 测试（7）等。典型方案类簇后括号中的数值为该方案类包含的方案个数。

表 7.11　典型方案的聚类结果

类簇	计数	VC 标签	典型方案类簇（VC+NC）
VC_1	59	测试	道路测试（4）、电气测试（4）、几何测试（4）、泄漏测试（5）、EOL 测试（7）等
VC_2	192	检查	操作员检查插头（12）、检查夹具（6）、检查零件包装状态（19）、用相机检查（5）、检查零件（56）等
VC_3	333	调整	调整工装（24）、调整注塑参数（15）、调整孔径（7）、调整夹具（11）、调整肋高（6）等
VC_4	417	更换	更换固定夹（16）、更换新零件（14）、更改间隙公差（8）、更改拧紧顺序（10）、更改焊接工艺（7）等
VC_5	37	清洁	清洁 PVC 蜡（14）、清洁载体（2）、清洁零件（8）、清洁工具（5）、用润滑剂清洁供应商零件（5）等
VC_6	823	优化	优化封装方法（42）、优化注塑参数（32）、优化喷漆程序（13）、优化焊接位置（10）、优化夹子（14）等

续表

类簇	计数	VC 标签	典型方案类簇（VC+NC）
VC_7	29	延长	延长密封长度（3）、延长电缆（5）、延长处理时间（5）、延长密封唇（6）
VC_8	29	扩大	扩大开孔直径（13）、扩大面板间隙（6）、扩大孔（3）、扩大地垫（4）、扩大销钉直径（3）
VC_9	44	设置	设置装配位置（14）、设置工艺参数（4）、预设新值（4）、设置供应商喷射质量（7）、设置验收站（3）、设置引擎（5）、设置检查点线（7）
VC_10	67	增加	增加壁厚（12）、增加肖氏硬度（10）、增加清洁频率（4）、增加公差（2）、增加夹子材料强度（5）等
⋮	⋮	⋮	⋮
VC_37	27	插入	插入螺栓（15）、插入泡沫垫（4）、插入控制模块（2）、插入模具零件（4）、插入附加模拟物（2）

7.5.6　方案知识分析

1）"问题类-方案工具箱"知识分析

根据问题聚类结果以及问题和方案之间的关系，本书根据表 7.1 获得了问题类和方案工具箱之间的关系。将非典型的问题类删除后，共获得 267 个典型问题类。进一步，根据图 7.3 中"问题类—方案工具箱"知识获取过程，本书能够获得每个问题类对应的方案工具箱。图 7.14 展示了问题类对应的方案工具箱分布情况（问题类数量 ≥ 20）。

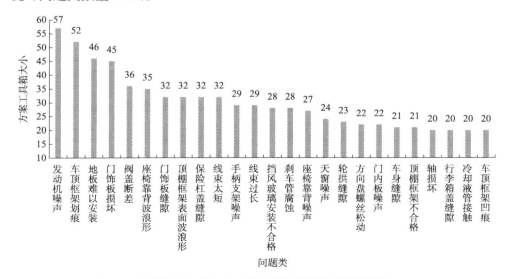

图 7.14　问题类对应的方案工具箱分布情况（问题类数量 ≥ 20）

由于每个问题类对应的方案工具箱都比较大，因此还需要考虑如何从方案工具箱中的具体方案中选择合适的具体方案，来解决新的问题。鉴于每个具体方案在以往解决过程中都会被评估其效果，因此本书将方案工具箱中的所有方案按效果值从大到小排序，优先推荐解决问题效果好的方案给该问题类。如图 7.14 所示，门饰板缝隙这类问题，其方案工具箱大小为 32，意味着有 32 个具体的方案能解决这类问题。如图 7.15 所示，这 32 个方案对应的有效性的值分别为图中圆点中的数值。其中，深色的节点为有效性最高的方案，有效性达到 100%。其方案编号分别为 402951、40897、57889、26226、404605 和 52612。因此，本书拟将这些方案优先推荐给问题解决者，来解决新的问题。在第 8 章中，本书将介绍这些知识怎样通过问题处理系统提供给用户。

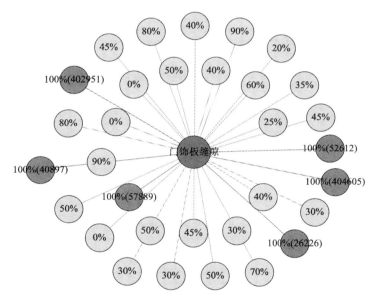

图 7.15　门饰板缝隙问题类的方案工具箱

2）"问题包-方案类"知识分析

根据方案聚类结果以及问题和方案之间的关系，本书根据表 7.2 获得了问题包和方案类之间的关系。在选取典型的方案类过程中，本书将非典型的方案类簇删除，保留了其他所有的类簇。图 7.16 展示了方案类对应的问题包分布情况（问题包大小 ≥ 20）。

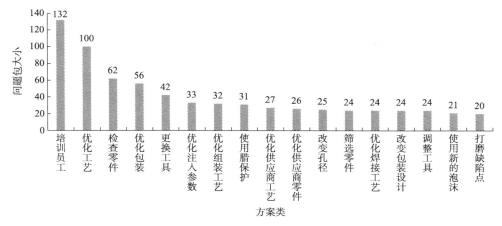

图 7.16　方案类对应的问题包分布情况（问题包大小 ≥ 20）

图 7.16 展示了所有方案类对应的问题包大小，即每个方案类能解决的问题个数。从图 7.16 中可以看出，共有 132 个问题都采用了培训员工的解决方案，说明这些问题可能和人相关。通过图 7.16，管理者及问题解决者能了解哪些类型的方案是在解决问题过程中常用的，在下一次遇到问题时，可以优先考虑使用一些常用的解决方案。

7.6　"问题类-方案工具箱"知识推理过程

7.6.1　"问题类-方案工具箱"推理方法

进行问题聚类及方案聚类后，根据"问题-方案"知识模型，能获得"问题类-方案工具箱"知识库、"问题包-方案类"知识库和"问题类-方案类"知识库。方案推理的目的在于从这些知识库中获取解决新问题的知识。因此，以新问题为出发点，本书主要介绍基于"问题类-方案工具箱"知识库的推理过程。由于聚类算法的准确性，问题聚类过程中，不可避免地会有一些本不属于某一类簇的问题被划分到该类簇。因此需要设计更加精确的方案推荐方法，根据"问题类-方案工具箱"知识库，向新问题推荐有效的方案。

在基于"问题类-方案工具箱"知识推理的过程中，计算新问题与所有问题类之间的相似度（sim），并设置相似度最高阈值 u_1 和最低阈值 l_1，同时制定如下规则。

规则 7-1：如果有超过最高阈值的类簇，那么把这些类簇选出来，计算新问题和这些类簇中所有具体问题之间的相似度，从中选取最相似的 λ 个具体问题。同时，将这些具体问题对应的方案的有效性的值与相似度分别相乘，并将结果从大到小排序。从这些具体方案中，选择排名前 k 的方案推荐给决策者。此时，新问题作为一个新成员被纳入到和其最相似的那个类簇中。

规则 7-2：如果所有的相似度值都小于最高阈值，且有部分类簇的相似度处于最高值和最低值之间，那么此时从这些类簇中选择一个相似度值最高的类簇。接着，计算新问题与该类簇中所有具体问题的相似度，从中选取最相似的 λ 个具体问题。同时，将这些具体问题对应的方案的有效性的值与相似度分别相乘，并将结果从大到小排序。从这些具体方案中，选择排名前 k 的方案推荐给决策者。此时，新问题作为一个新成员被纳入到和其最相似的那个类簇中。若所有的相似度都低于最低阈值，则意味着问题类空间中没有与该新问题类似的。此时，不向新问题推荐方案，将该问题作为一个独立的类簇的成员。

图 7.17 展示了推理过程。如图 7.17 所示，根据相似度计算，只有问题类 pc_2 与新问题之间的相似度超过最高阈值 u_l。pc_2 中包含的三个具体问题分别为 p_2、p_3 和 p_5。接着，继续计算新问题与这三个具体问题之间的相似度，并选取最相似的 2 个 $(\lambda=2)$ 具体问题 p_2 和 p_3。从图 7.17 中可以看出，p_2 的具体方案为 s_3 和 s_4，且它们的有效性分别为 eff_{23} 和 eff_{24}。p_3 的具体方案为 s_5 和 s_6，且其有效性分别为 eff_{35} 和 eff_{36}。如果此时 k 值设置为 3，意味着从这些方案中选择 3 个最佳的方案，那么将相似度和有效性相乘后的方案排序依次为 s_3、s_5 和 s_4。因此，这三个方案将一起以排序的方式推荐给新问题，作为解决该问题的知识参考。质量问题解决团队根据领域专家的知识或者产品本身多年来形成的相关工艺规范，从中选择合适的解决方案。

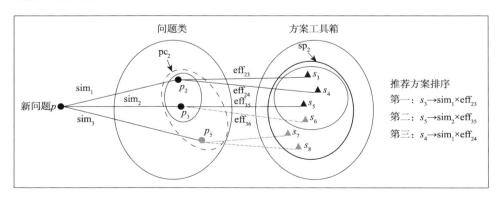

图 7.17　"问题类–方案工具箱" 知识推理

7.6.2　问题解决方案推荐的系统

根据上述的理论研究，本书利用 Python 等技术构建了问题解决方案推荐的系统。在系统中，u_l 设置为 0.9，l_l 设置为 0.7，λ 和 k 均设置为 5。该系统包含两个模块，问题分析模块和方案推荐模块。

问题分析模块主要用于分析某类缺陷位置上曾经发生过的所有缺陷类型，以及发生过某类缺陷类型的所有缺陷位置。这些知识源于两阶段问题聚类的结果。如图 7.18 所示，质量管理者可以在缺陷位置框中输入或者选择他们需要分析的缺陷部件，在缺陷类型框中输入或者选择他们需要分析的缺陷类型。当用户在两个输入框中的其中一个输入内容时，另一个输入框会展示对应内容。如图 7.18 所示，当用户在缺陷位置框中选择或输入 wire harness（线束）后，缺陷类型框会自动出现 wire harness 曾经出现过的缺陷类型清单，包括 long（长）、too short（太长）、damaged（损坏）、hard to fit（难以安装）和 wrong position（位置错误）。进一步，用户在缺陷类型框中选择了 too short，那么在页面的下半部分区域会展示两个柱状图，分别为 wire harness 曾经发生过的缺陷类型，以及曾经发生过 too short 问题的缺陷位置。当然，用户也可以输入其他想要查询分析的缺陷位置和缺陷类型，以便进行相关的统计分析。

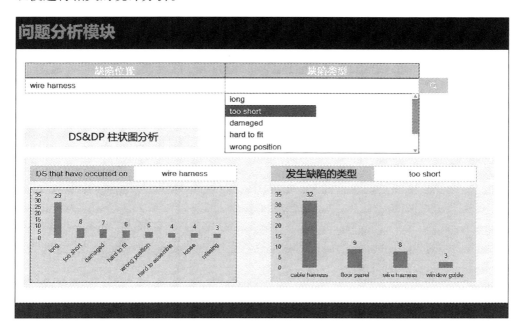

图 7.18　问题分析模块界面

　　方案推荐模块主要基于"问题类–方案工具箱"推理方法。目的在于通过推理方法，向新发生的问题推荐最佳的解决方案。如图 7.19 所示，当质量问题解决者遇到新的质量问题时，可以在搜索框中输入要查找的问题。系统自动根据方案的打分排名向该问题推荐排名前五的方案（当方案不足五个时，全部列出）。如图7.19 所示，当用户输入线束过短时，系统自动推荐了五个解决方案。在推荐的方案列表中，包含了方案编号、方案标题、有效性、相似度、分数和细节。其中，前三列内容为方案自带数据。相似度为根据 7.6.1 节中的算法计算得到的结果。由7.6.1 节可知，新问题首先需要和所有的问题类进行相似度计算，根据相似度计算结果选择相似度值超过最高阈值（0.9）的问题类或相似度最高的问题类（当最大相似度值介于 0.7 ~ 0.9 时）。其次再次计算输入问题和这些问题类中包含的具体问题的相似度。该相似度即图 7.19 中的相似度。在计算相似度时，系统将文本利用TF-IDF 向量空间模型进行表示，并利用余弦相似度算法计算文本相似度。分数为有效性和相似度的乘积。细节为方案的详细信息，用户可以点击该按钮获得方案的所有信息。

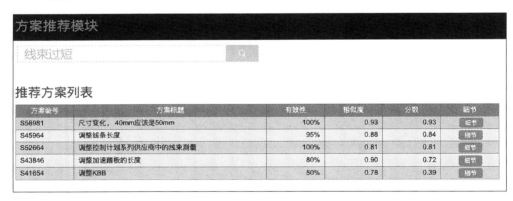

图 7.19　解决方案推荐模块的概念验证演示器

7.7　本　章　小　结

　　本章提出了一种从制造业质量问题解决数据中挖掘解决方案知识的方法，为企业更快速、高效和高质量地解决质量问题提供知识支持。在该方法中，本书首先利用问题解决数据构建问题–方案二分图模型、问题类–方案工具箱模型、问题包–方案类模型以及问题类–方案类模型。其次提出了基于二分图聚类思想的"问题类-方案工具箱"知识、"问题包-方案类"知识和"问题类-方案类"知识的获取方法。鉴于问题和方案内容结构的特殊性，本书提出了基于缺陷位置聚类和缺陷类型聚类的两阶段的问题聚类方法，并提出了基于动词聚类和名词聚类的两阶段的方案聚类方法。获取了解决方案知识后，本书设计了一种新颖的方案知识推理方法，以向问题解决者提供最佳的解决方案，来解决其遇到的新质量问题。最后，本书利用某汽车企业的质量问题解决数据验证了上述方法的可行性和有效性，并设计了一个方案推荐和问题分析的系统。

　　在聚类过程中，为了解决问题和方案描述不规范的问题，本书在原有研究的基础上，获得了 23 组标准的缺陷类型集合和 22 组标准的方案动词集合，为汽车质量管理中术语标准化提供了参考。同时，为了解决传统基于向量空间模型的文本表示带来的高维稀疏问题，本书设计了一种新颖的结合领域嵌入和通用嵌入的文本表示方法（该方法将文本表示为 CEM）。经过比较基于这两种文本表示方式的聚类结果发现，在样本量达不到大数据级别的情况下，基于向量空间模型的文本表示的聚类效果更好。为了解决传统的质量管理信息系统搜索结果多、寻找有效信息困难的问题，本书设计了一种新颖的"问题类-方案工具箱"推理方法，使得系统能够综合计算输入问题与历史问题的相似度以及问题解决方案的有效性，来推荐最优的解决方案。

　　本书的研究价值在于通过知识管理的方法和技术，获取质量问题解决过程中产生的经验知识，并将其转化为企业可控、可用的知识，继而实现知识的存储、传递和共享，一方面能防止组织知识的流失，另一方面将打破人员之间、问题之间，甚至部门组织之间的知识壁垒，使得知识在整个产品生命周期中得以传播。同时，知识的有效共享和利用，将尽早规避产品质量问题的发生，提高质量问题解决效率和效益，进而提高产品质量和客户满意度，从而推进企业核心竞争力的全面提升。企业如果能获得具有共性的一类问题的典型解决方案，将为新的质量问题提供更优的解决方案。不仅如此，通过问题和解决方案的聚类，原有的对应于单个问题的解决方案知识，将迁移到新的质量问题解决过程中，即单个新的质量问题，能够学习到此类问题的解决方案，这能为新的质量问题解决提供思考。

第8章 面向汽车制造业的智能质量问题解决系统

本章以上述几个章节的研究为理论基础，开发了汽车质量管理中的决策支持系统，本书称之为智能质量问题解决系统。该系统从已有的质量问题管理信息系统中获取数据，并通过相应的知识挖掘模块将问题解决数据转化为问题解决知识，最终通过系统界面将这些知识传达给问题解决者。本章分析了该系统的框架以及其中的数据库结构，并通过一个实际质量问题的例子，介绍了系统实现的过程。

8.1 应 用 背 景

汽车工业是制造业的标杆，是国民经济的支柱产业，也是当今世界衡量一个国家生产力和经济发展水平的重要标志[340]。随着消费水平和购买力的提升，人们对汽车产品质量的要求也随之提升，因此质量管理在汽车企业的作用越发明显。实例企业华晨宝马汽车有限公司(BMW Brilliance Automotive, BBA)，成立于2003年，位于中国沈阳，是一家外资汽车公司与中国汽车公司的合资企业。该公司拥有非常成熟的质量管理体系，其质量管理流程和大部分质量管理信息系统是从外国母公司引入的。BBA 在进行质量问题解决时，有一套完整的流程，即问题管理流程(problem management process，PMP)。问题管理流程分为 14 个阶段，每个阶段对应不同的任务，同时也会有不同的角色参与其中。这 14 个问题管理阶段包括了本书第 3 章中提出的问题解决六阶段，即识别及定义质量问题、采取临时措施、原因分析、方案制订及验证、方案实施、总结评价。另外，PQM 系统是 BBA 记录质量问题、推动质量问题解决和存储相关信息的重要平台。对于 BBA 而言，作为问题管理流程的 IT（information technology，信息技术）支持工具，PQM 已渗透到所有业务部门并贯穿整个流程链。自 2010 年 7 月推出 PQM 以来，每 10 名员工中就有一名使用 PQM，这也使 PQM 成为 BBA 对产品进行质量管理和解决问题的支柱。

对 BBA 的实际调查研究表明，BBA 在问题管理流程和 PQM 系统中分别存在以下问题。

问题管理流程中的主要问题有以下几个方面。其一，问题记录时缺乏通用的术语。不同部门的人在描述同一问题现象、原因或方案时，有时会用不同的单词。比如，在描述"噪声"的时候，有些问题发现者用 noise 来描述，而其他一些问题发现者可能用 sound、squeaking 等单词来描述。其二，原因分析主要依据个人经验而非数据，传统的原因分析方法效率低。问题的原因分析是问题解决流程中非常重要的一个环节，实际调研发现，在 BBA 进行原因分析时，因果图分析和五个为什么是常用到的质量工具。在利用这些工具进行原因分析时，问题解决团队在一起进行头脑风暴，并分析出最可能的潜在根本原因。这种方法有一定的好处，但问题解决团队往往需要花费很长的时间去进行探讨，导致头脑风暴会议的时间长、效率低。另外，头脑风暴往往只凭借个人经验，很少利用数据说话。其三，缺乏长期数据分析。在调研中发现，BBA 往往只关注眼下发生的问题，很少对长期发生的质量问题进行系统性的分析和总结。这导致问题解决常常是在"救火"，质量管理人员的重心往往随着新的质量问题的出现而转移。质量问题发生的类型很多，如果每一个问题都同等对待就会浪费很大的人力物力。抓住重点的问题，对问题进行优先级排序，从全局角度而非局部的角度去看待问题，将充分有效地利用问题解决资源，为企业降低人力物力成本。其四，缺乏对数据、信息和知识的利用。知识只有使用才能产生价值。BBA 的 PQM 系统中存储了大量的历史质量问题的数据，但这些数据、信息和知识往往没有引起人的重视。出现新问题时，员工总是凭借记忆和经验去判断这个问题之前是否发生过。新问题需要重新做分析和实验，浪费了一定的时间和成本，使得问题解决的效率和效用较低。

PQM 系统也存在一定的不足。PQM 有一个搜索功能，当出现新的质量问题时，用户可以通过输入问题的关键字的方式等在系统中搜索到与该问题相关的数据和信息，并将这些数据和信息作为新问题解决的参考。然而，这种功能类似于搜索引擎。一方面，搜索结果是一系列历史问题记录，需要一条一条点开去看，它不能直接准确地提供质量问题的相关知识，如每个部件都出现过哪些质量问题，出现这些质量问题的原因是什么，采取什么方案来解决这个问题，等等；另一方面，搜索结果非常多，用户需要花很长的时间才能从中找到想要的内容。因此，问题解决者更愿意通过电子邮件、电话等方式咨询相关人员以获取问题的历史信息。

针对上述问题，实例企业决定引入智能质量问题解决系统，来提高质量问题解决的效率和效果。因此，本书以实例企业的 PQM 系统为切入点，将知识驱动的质量问题解决理论框架以及 know-what、know-why 和 know-how 知识挖掘的方法应用于实例企业的质量问题解决实践中，开发了汽车质量问题解决中的决策支持系统，即智能质量问题解决系统，为企业质量管理工作提供重要的系统支持、知识支持和决策支持。

8.2 系统整体框架

智能质量问题解决系统以实例企业现有的 PQM 系统中的质量问题解决数据为数据来源。通过一个数据接口，智能质量问题解决系统从 PQM 系统中获得所需要的质量数据，并存储在问题解决数据库中。如图 8.1 所示，虚线包含的部分是智能质量问题解决系统。该系统主要由四大模块和四个数据库组成。其中，四大模块分别是标准术语生成维护模块、数据清洗模块、知识挖掘模块和知识推理模块。四个数据库指的是问题解决数据库、标准术语库、已处理的问题解决数据库和汽车质量问题解决知识库。

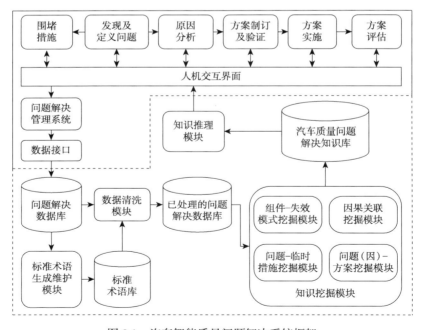

图 8.1 汽车智能质量问题解决系统框架

根据从 PQM 系统中获得的质量问题数据，标准术语生成维护模块通过使用数据标准化方法，结合质量问题解决专家的意见，将质量问题、临时措施、原因、方案等数据中的非标准描述词语标准化，形成问题解决标准术语，并存储在标准术语库中。

数据清洗模块对质量问题解决数据进行重新审查和校验、删除重复信息、纠正存在的错误，并提供一致性数据。同时，基于问题解决标准术语，将原始质量问题解决数据中的非标准词语用标准词语进行替换。最终获得已处理的问题解决数据库。

基于已处理的问题解决数据库，知识挖掘模块利用相关的数据挖掘方法，获取相应的质量问题解决知识。知识挖掘模块共包含四个子模块，组件-失效模式挖掘模块、因果关系挖掘模块、问题-临时措施挖掘模块和问题（因）-方案挖掘模块。组件-失效模式挖掘模块利用第 4 章中的相关算法，从质量问题解决数据中获取组件-失效模式矩阵，作为 know-what 知识。因果关系挖掘模块利用第 5 章中相关的聚类、分类等方法，获得质量问题和原因之间的复杂关系，并利用数字化因果图知识库来表示质量问题和原因之间的关系。问题（因）-方案挖掘模块利用第 7 章中 know-how 知识挖掘的方法，从质量问题解决数据中获得典型方案，并获取原因和典型方案之间的关系，作为问题解决中的 know-how 知识。类似地，问题-临时措施挖掘模块利用第 7 章中 know-how 知识挖掘的方法，从质量问题解决数据中获得典型临时措施，并获取问题和典型临时措施之间的关系，同样作为问题解决中的 know-how 知识。

知识挖掘模块中的四个子模块进行知识挖掘的结果，被存储在汽车质量问题解决知识库中。本书将在下一节介绍质量问题解决知识库设计。

知识推理模块以汽车质量问题解决知识库为基础。当问题解决人员需要查询相关的质量问题解决知识时，知识推理模块将根据查询结果进行相应的推理，并为用户提供各种类型的知识。图 8.2 展示了用户应用智能质量问题解决系统时的知识推理过程。

知识推理步骤如下。

步骤 1：以自由文本输入需要查询的质量问题；系统将对查询进行预处理，并在问题类表中检索是否包含查询内容。如果问题类表中包含查询的内容，且查询的内容中包含组件和失效模式，那么系统将输出检索到的组件和失效模式。当查询中只包含某个或某些组件所含的单词时，只能在问题类表中检索到组件。此时系统将输出该组件及其对应的所有失效模式，用户需选择其需要查询的失效模式，进而进一步输出组件-失效模式组合描述。同样，当查询中只包含某个或某些失效模式所包含的单词时，只能在问题类表中检索到失效模式。此时系统将输出该失效模式及其对应的所有组件，用户需选择其所需要查询的组件，进而进一步输出组件-失效模式组合描述。

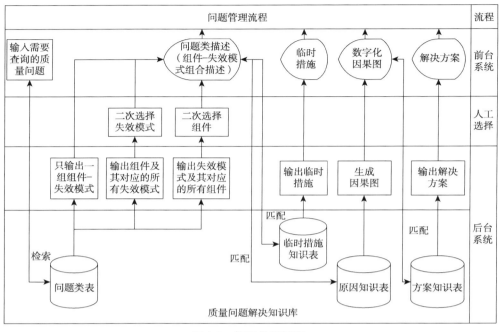

图 8.2　知识推理过程

步骤 2：根据输出的组件–失效模式组合描述以及其对应的编号，系统根据问题类表和临时措施知识表之间的关系，输出临时措施知识。

步骤 3：根据输出的组件–失效模式组合描述以及其对应的编号，系统根据问题类表和原因知识表之间的关系，以数字化因果图的形式输出该问题类的原因知识。

步骤 4：用户在数字化因果图中选择想继续了解的原因，系统基于原因知识表和方案知识表之间的关系，输出此原因对应的解决方案知识。

8.3　问题解决知识库设计

问题解决知识库主要由 know-what、know-why 和 know-how 知识构成。这些知识以相互关系的数据形式存储在数据库中。问题解决知识库由以下几张表构成，分别为组件表、失效模式表、问题表、问题类表、临时措施表、临时措施类知识表、原因知识表、原因类知识表和方案知识表。其中，问题类表包含的是组件（问题载体）和标准失效模式（问题）之间的关系，表示的是 know-what 知识；原因知识表包含的是类问题和具体原因之间的关系，表示的是 know-why 知识；原因类知识表包含的是一类问题和一类原因之间的关系，表示的也是 know-why 知识；临时措施类知识表包含的是一类问题和一类临时措施之间的关系，表示的是 know-how 知识。方案知识表包含的是方案和具体原因之间的关系，表示的也是 know-how 知识。

　　质量问题解决质量知识库实体关系图如图 8.3 所示，每个表中包含的属性显示在每个实体框中，其中，PK 为主键，FK 为外键。图 8.3 中箭头的方向表示两个表之间的关系。一对多、一对一、多对多是表与表之间的常见的关系。图 8.3 中箭头所指向的表是"一"的一端，箭头背向的表是"多"的一端（除一对一），"多"的一端有一个"一"的一端的主键作为外键。例如，从图 8.3 中可以看出，一类问题对应多个具体问题，一类问题可以由多个原因导致，一类问题也可以有多个临时措施。

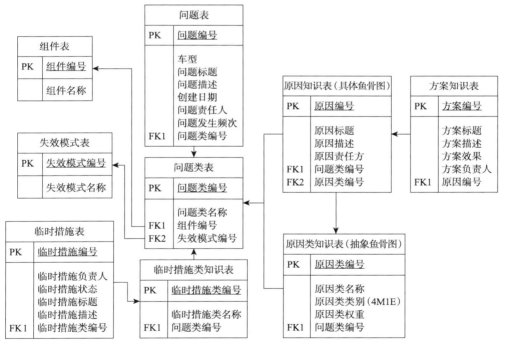

图 8.3　质量问题解决质量知识库实体关系图

　　从图 8.3 中可以看出，问题表中有八个字段，分别为问题编号、车型、问题标题、问题描述、创建日期、问题负责人、问题发生频次和问题类编号。其中，问题编号为主键，问题类编号为外键。

问题类表中有四个字段，分别为问题类编号、问题类名称、组件编号和失效模式编号。其中，问题类编号为主键，组件编号和失效模式编号为外键。

组件表中有两个字段，分别为组件编号和组件名称。其中，组件编号为主键。

失效模式表中有两个字段，分别为失效模式编号和失效模式名称。其中，失效模式编号为主键。

临时措施表中有六个字段，分别为临时措施编号、临时措施负责人、临时措施状态、临时措施标题、临时措施描述和临时措施类编号。其中，临时措施编号为主键，临时措施类编号为外键。

临时措施类知识表有三个字段，分别为临时措施类编号、临时措施类名称和问题类编号。其中，临时措施类编号为主键，问题类编号为外键。任何一个单个临时措施都不能称为知识，临时措施和问题类的组合才能成为知识。在该表中，一个问题类编号对应一个或多个临时措施类编号，该问题类和一个或多个临时措施的对应关系可以看成一条 know-how 知识。

原因知识表有六个字段，分别为原因编号、原因标题、原因描述、原因责任方、问题类编号和原因类编号。其中，原因编号为主键，问题类编号和原因类编号为外键。同样，该表中任何一个单个原因都不能称为知识，原因和问题类的组合才能成为知识。该表中一个问题类和一个或多个原因的对应关系可以看成一条 know-why 知识。

原因类知识表有五个字段，分别为原因类编号、原因类名称、原因类类别（4M1E）、原因类权重和问题类编号。其中，原因类编号为主键，问题类编号为外键。同样，该表中一个问题类和一个或多个原因类之间的关系可以看成一条 know-why 知识。

方案知识表中有六个字段，分别为方案编号、方案标题、方案描述、方案效果、方案负责人和原因编号。其中，方案编号为主键，原因编号为外键。该表中一个原因和一个或多个方案之间的关系可以看成一条 know-how 知识。

8.4 系统实施及应用

8.4.1 系统实施

基于 Python 和 Django，本书编程了智能质量问题解决系统，并将该系统命名为"Fishbone Next"（下一代因果图）。该系统以存储在结构化查询语言（structured query language，SQL）服务器数据库中的知识为数据基础。通过搜索该系统，质量管理人员将能够获得质量问题解决过程中的不同类型的知识。本节将介绍操作该系统后在每个问题解决阶段获得的结果。

在智能质量问题解决系统的搜索界面，问题解决者可以通过关键字或问题描述的形式在搜索框中输入质量问题。点击搜索按钮后，和查询相关的组件（缺陷位置）及失效模式（缺陷类型）将在搜索结果中列出。

如图 8.4 所示，当用户在搜索框中输入"进气歧管压力过高"时，系统将识别用户想要搜索的产品组件"进气歧管"，并在"缺陷位置"列中显示该组件。同时，根据问题类表，系统在"缺陷类型"列中显示"进气歧管"曾经发生过的所有失效模式。同时，系统识别出查询中包含失效模式"压力过高"，因此"缺陷类型"列中的"压力过高"将会被重点显示，且在该项目前用对勾显示。另外，该页面中"缺陷描述"列将显示组件-失效模式组合，"缺陷知识"列将显示该问题的相关知识，包含临时措施知识的"临时措施"，包含原因和方案知识的"抽象因果图"和"具体因果图及方案"。通过点击这些知识按钮，用户能进一步获得相关知识。

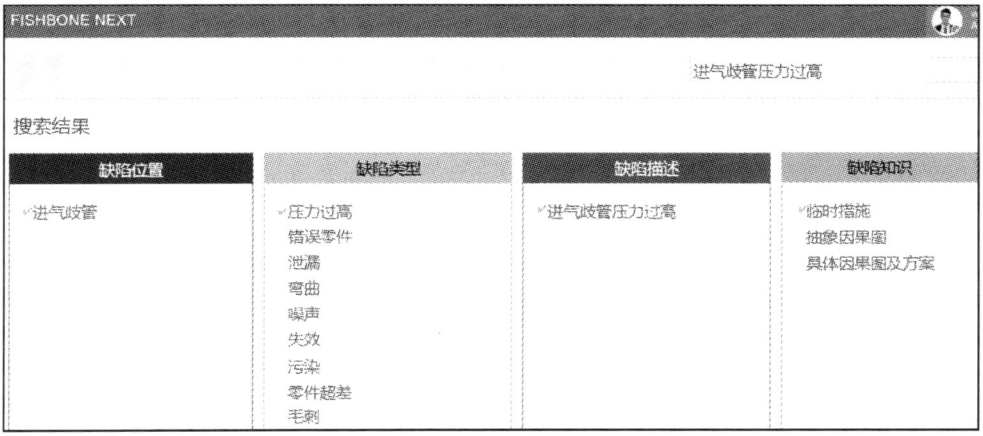

图 8.4　搜索结果页面（一）

不仅如此，用户还可以点击"缺陷类型"列中的相关失效模式，获取发生过该失效模式的组件信息。如图 8.5 所示，当用户继续点击"泄漏"时，"缺陷位置"列中将显示所有发生过"泄漏"的组件，包括"发动机罩释放电缆""行李箱盖 PVC"和"喷油器室"等。该页面中呈现的组件-失效模式之间的关系，一方面能够在给新问题发生时提供该问题的历史信息；另一方面，当需要创建某个组件的 DFMEA，该关系能提供直接的知识支持。

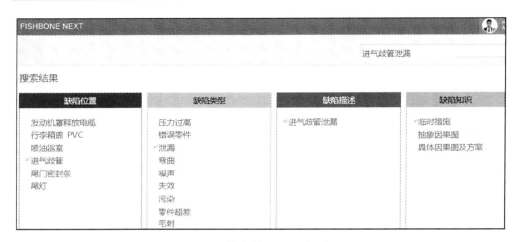

图 8.5　搜索结果页面（二）

　　本书仍然以图 8.4 中"进气歧管压力过高"的问题为例，继续介绍其他问题解决环节能获取的知识。在问题发生后的第一时间，问题解决团队应该采取临时措施来防止该问题的扩散，以及第一时间避免该问题继续发生，这种临时措施有别于长期解决方案，是一种临时性的措施。通过点击搜索结果页面中"缺陷知识"列中的"临时措施"按钮，用户能获得历史上针对这类问题采取过的所有临时措施，进而采取相关的行动。如图 8.6 所示，"临时措施"列中显示的是该临时措施的内容；"临时措施负责人"列中显示了相应临时措施的负责人或责任部门，这是一种 know-who 知识，当需要了解该临时措施的具体情况时，问题解决团队能快速找到负责该临时措施的责任人；"状态"则呈现了该临时措施是否被审批通过。

临时措施	临时措施负责人	状态
实施内窥镜检查	Zhao / T-866 Interior / +86 24 845	未通过
更换缺陷件	Sun / T-507 Corporate Quality Steering / +86 24 84	通过
锁车措施	Sun / T-507 Corporate Quality Steering / +86 24 84	通过
零件分类	Zhang / T-866 Interior / +86 24845	通过
供应商零件分类	Guo / T-502 Quality Steering Reporting Line T / +86 24 84	通过
组装前和性能测试后检查进气管贴纸	Liu / T-861 QMT Dadong MI / +86 24 845	通过

图 8.6　临时措施界面

　　在实施临时措施后，应进行因果分析，以确定问题的原因。在该阶段，问题解决者可以在图 8.4 的"缺陷知识"列中点击"抽象因果图"和"具体因果图及方案"来获取该问题类的抽象因果图和具体因果图。仍然以"进气歧管压力过高"为例，图 8.7 显示了该问题类的抽象因果图。在该页面中，因果图中的"鱼头"表示问题类"进气歧管压力过高"，"大要因"为人机料法环。根据原因类的类别标签，所有的原因类均被附在对应的"鱼骨"上。每个原因类后面的括号中的值表示此原因类对该问题类的重要度，重要度根据第 5 章中 5.3.4 节的式（5.8）计算。根据原因类的排序，排名前三的原因类将被单独列出，并且在该页面右下角的"Top 3 潜在根本原因"中列出。这样一来，原因分析团队将更关注这些重要的原因类。该抽象因果图对问题解决团队而言非常重要，它不仅能让原因分析团队的工作有了重点，同时更能降低原因分析的时间和成本。

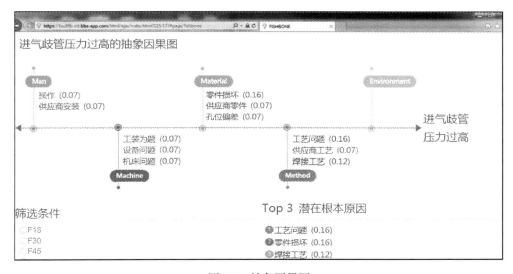

图 8.7　抽象因果图

同样，当用户点击"缺陷知识"列中"具体因果图及方案"时能够获得该问题类的具体因果图。问题类"进气歧管压力过高"的具体因果图如图 8.8 所示。同样，该具体因果图的"鱼头"显示该问题类，"大要因"同样也是人机料法环。与抽象因果图的不同之处在于，显示在各个"鱼骨"上的原因为曾经导致该类问题发生的所有具体原因。这些具体原因均用原始数据中的原因标题进行表示，且每个原因之前的括号中显示了此原因的编号。该具体因果图为问题解决者提供了问题潜在原因的全貌。

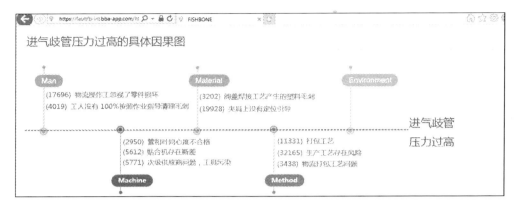

图 8.8　具体因果图

另外，通过点击括号中的原因编号，用户能获得此原因的更具体的数据和信息。如图 8.9 所示，当用户点击编号为 5771 的原因时，能获得此原因的具体内容。在该页面中，用户能获取此原因的具体描述以及相关的附件等各种具体信息。

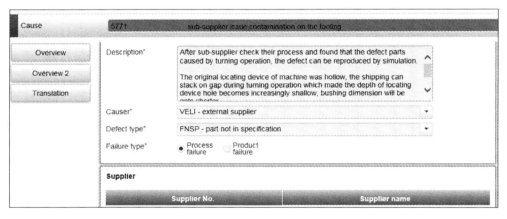

图 8.9　原因的具体内容界面

原因分析之后，问题解决团队需要制定长期解决措施来解决该问题。此时，问题解决团队能点击具体因果图中的某个原因，来获取针对此原因采取的长期解决方案。例如，问题解决团队通过分析后，认为"阀盖焊接工艺产生的塑料毛刺"是导致该问题的原因。那么通过点击该原因，用户能获得如图 8.10 所示的针对此原因的解决方案。如图 8.10 所示，"方案"列中显示了该方案的具体内容，该内容的获得基于原始的方案数据；"有效性"列显示了该方案的有效性，根据不同解决方案的有效性排序，问题解决团队能选择针对该问题的最有效的解决方案；"负责人"列显示了该方案的负责人、其所在部门及联系方式，通过该信息，问题解决团队能获得 know-who 的信息，并能快速联络相关负责人，获得更多该方案的具体信息。

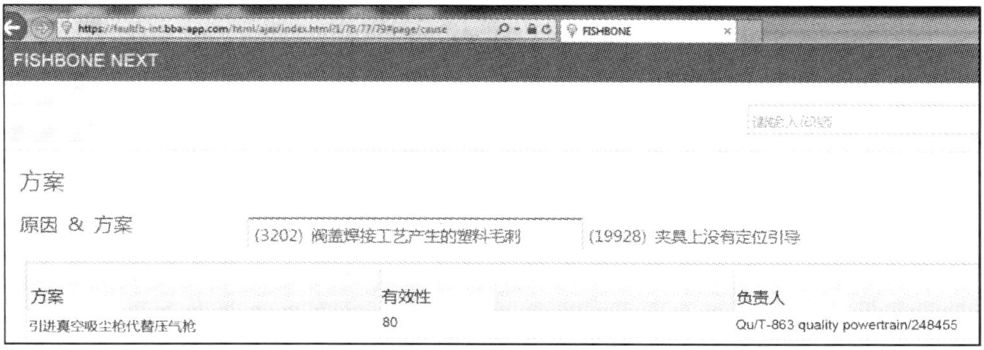

图 8.10　长期解决方案界面

当然，问题解决者也可以在智能质量问题管理系统中查找问题，这样可以提供类似问题的相关记录。然而，在使用这种系统时，他们需要一个一个地点击结果来寻找必要的信息。这使得从大量搜索结果中获取信息存在一定的挑战。相反，在使用 Fishbone Next 时，问题解决者可以快速地从该智能质量问题解决系统中逐步获得问题的临时解决措施、原因和长期方案的知识。对比传统的更多依靠经验的问题解决方式，通过使用该系统，质量问题解决团队能节省一定的时间和成本，进而提高质量问题解决的效率和效用。

8.4.2　效果分析

在部署系统之后，作者邀请了一些问题解决者来体验系统，包括经验丰富的资深员工和经验不足的新员工。新员工对系统给予了高度认可。他们认为，系统提供的解决问题的知识可以迅速让他们全面了解历史质量问题。资深员工也对该系统表示了肯定。他们认为，尽管他们经验丰富，但他们无法记住每个问题的所有历史信息和数据。因此，当出现类似的新问题时，他们愿意检索系统并获得一些结构化知识。

但是，资深员工也提出了一些建议，总结如下。首先，输出组件和缺陷类型的界面缺乏良好的层次结构。当他们在系统中查询组件或缺陷类型时，输出显示的组件或缺陷类型不会被排序，因此难以明确哪些组件或缺陷类型需要被重点关注。他们建议，当点击图 8.5 中缺陷位置中的组件时，缺陷类型列中显示的缺陷类型也应显示发生的频率，并按发生频率进行排序。因此，在未来的研究中，除了给定组件的缺陷类型的二进制信息之外，组件和缺陷类型矩阵应该给出缺陷类型发生的可能性或频率。其次，在数字化因果图中，一些原因被错误地分类。例如，"线束未组装好"被归类为"方法"，但最好将它放在因果图中的"人"的分支中。因此，在未来的研究中，本书的文本分类方法的准确性也需要提高。但是，这些员工还表示原因数据对问题解决者非常有用，即使它不被正确分类。最后，是否有可能将通过头脑风暴获得的原因添加到数字化因果图中？一些资深员工表示，数字化因果图上未显示的一些潜在原因也可能导致问题。因此，他们建议数字化因果图可以添加输入功能，以便解决问题的团队可以将通过头脑风暴所获得的原因添加到历史原因旁边的因果图中，从而丰富原因数据。因此，未来数字化因果图的设计需要考虑输入功能的可能性。而且，这种人工输入的数据相当于增加了分类过程中的训练集，这将提高分类的准确性。随着时间的推移，人工输入的数据越多，分类准确性的提高越明显。

8.5 本 章 小 结

本章在上述章节研究的基础上，深入研究了知识驱动的质量问题解决在实际企业中的应用。对实例企业的质量问题解决现状进行了调研分析，并据此提出实例企业应用智能质量问题解决系统的需求和必要性，进而为企业开发智能质量问题解决系统。该系统中的知识挖掘模块均基于前述章节中的 know-what、know-why 和 know-how 知识挖掘的方法。在应用的过程中，首先研究了智能质量问题解决系统的整体框架并分析系统的组成成分，其次设计以系统中问题解决知识库为例，介绍了问题解决知识库的构建。最后，以一个实际质量问题为例，逐步介绍了系统的实施及使用过程，并简要分析了该系统的应用效果。

第9章　结论与展望

9.1　结　　论

加快推动制造业高质量发展，是实现我国从制造大国向制造强国转变的重要任务。在数智化时代，制造业的质量管理面临许多新的问题和挑战。工业和信息化部于 2021 年 12 月 30 日印发了《制造业质量管理数字化实施指南（试行）》，要求推动质量管理活动数字化、网络化、智能化升级，增强产品全生命周期、全价值链、全产业链质量管理能力，提高产品和服务质量，促进制造业高质量发展的过程。本书聚焦智能制造中的质量管理，对汽车等复杂产品全生命周期质量问题解决过程中发现问题、原因分析和解决问题三大环节中的数据流和知识流进行了系统性研究，提出了质量问题解决中的数据挖掘和知识管理方法体系，开发了面向汽车制造业的智能质量问题解决系统。

本书解决的主要问题有：①产品质量问题解决过程都包含了哪些环节？产品质量问题解决过程都包含哪些知识？②如何将传统的质量问题解决模式转变为知识驱动的方法，来促进和提高质量问题解决？③如何从质量问题解决数据中挖掘质量问题解决知识？这些知识又该如何表示？④质量问题解决知识挖掘的方法和结果如何应用到实践中，以支持生产实践中的质量问题解决？本书的主要结论和成果如下。

第一，搭建了知识驱动的质量问题解决框架。首先，提出了质量问题解决的六阶段模型。其次，利用直接建模的方法，构建了质量问题解决系统结构模型，并具体分析了该模型中的四种关系，分别对应 know-what、know-why 和 know-how 三种知识。再次，提出了知识驱动的质量问题解决的理论框架和应用框架，从理论和应用层面研究了通过知识挖掘，从问题解决数据中挖掘问题解决知识，并且将其反馈到新的质量问题解决的过程。最后，提出了保障智能质量问题解决成功实施的"1+5"建设内容，即技术环境建设、人员素质建设、组织环境建设、制度环境建设和文化环境建设。

第二，提出了质量问题和问题载体的 know-what 知识挖掘的方法，并以组件-失效模式矩阵来表示 know-what 知识。首先利用 Apriori 算法挖掘失效模式频繁项集，其次基于 WordNet 构建标准失效模式集。基于该标准失效模式集以及现有的组件集合，将质量问题标题作为纽带，设计 CFMM 算法来自动构建组件-失效模式矩阵。最后以某汽车公司的座椅模块质量问题数据为基础，来分析标准化失效模式的提取结果以及组件-失效模式矩阵挖掘的效果。结果表明，具有标准化特征的失效模式提取方法相比于 FP-growth 和 K-means 聚类算法，能更有效地提取失效模式。同时，CFMM 算法相对于 FP-growth 算法，能提取出更多的曾经发生过的组件-失效模式组合，并构建更丰富的组件-失效模式矩阵。

第三，提出了质量问题解决中因果关系即 know-why 知识挖掘的方法，并提出以数字化因果图和因果知识图谱来表示 know-why 知识。首先，利用 K-means 算法对问题和原因文本分别进行聚类，得到问题类和原因类之间的关系，以及问题类和具体原因之间的关系。其次，利用传统的多分类方法将原因数据进行分类，分类成因果图中的人机料法环这五个"大要因"。根据聚类和分类的结果，获得抽象数字化因果图和具体数字化因果图。最后，将质量问题-原因二分关系拓展为质量问题因果知识图谱模型，深入研究了基于质量问题解决数据，利用数据挖掘方法来获得问题和原因之间的复杂网络关系，并构建质量问题因果知识图谱。同时，提出了基于质量问题因果知识图谱的三种质量问题诊断和预测的方法，来为质量管理提供智能化决策支持。本书提出的自动构建因果图来进行因果分析的方法，能大大提高因果图制作的效率，并且基于数据的因果分析相较于基于经验而言更加可靠。同时，数字化因果图展示了一类问题的原因，能发散问题解决者思维，拓展因果分析的思路。

第四，提出了质量问题解决中问题与解的关系，即 know-how 知识的挖掘方法。以问题-方案的知识挖掘过程为例，提出了问题-方案二分图模型、问题类-方案工具箱模型、问题包-方案类模型以及问题类-方案类模型；根据问题文本和方案文本的特点，提出了基于缺陷位置和缺陷类型的两阶段问题聚类方法，以及基于动词聚类和名词聚类的典型方案知识提取方法来构建这些知识模型，获得know-how 知识。know-how 知识解决了面对问题"怎么做"的难题，为生产管理人员解决质量问题提供新的思路和支持。

第五，将上述方法应用于汽车制造业质量问题解决领域。首先，构建了智能质量问题解决系统，并将上述知识挖掘的方法嵌入该系统中，以获得质量问题解决知识。其次，以某质量问题为例，展示了该系统是如何在不同的质量问题解决阶段为问题解决团队提供知识的。最后，对该系统进行了效果分析。结果表明，智能质量问题解决系统能提高质量问题解决的效率和效用，减少问题解决的时间和成本，得到了问题解决团队的认可。

9.2　创　新　点

本书的创新点如下。

（1）提出了从文本数据中挖掘组件和失效模式的 know-what 知识的新方法。组件-失效模式矩阵是问题解决中问题载体和质量问题之间关系的体现，它是制造型企业进行 DFMEA 的重要知识来源。现有获取组件-失效模式矩阵的方法主要是通过对历史文档进行人工分析，且组件和失效模式规模不大。而在复杂系统中，人工获得大量组件-失效模式矩阵费时费力。本书针对常规的聚类和关联规则算法的不足，提出了 CFMM 算法，能从大量质量文本中自动抽取组件和失效模式之间的关系，并构建组件-失效模式矩阵。

（2）提出了从文本数据中挖掘因果关系并自动构建数字化因果图来进行原因分析的新方法。常规的利用因果图进行因果分析的方法很大程度上依赖人的经验，创建过程耗时耗力、效率低下、可靠性不高。同时，常规方法不仅不能体现类似问题和原因之间的因果关系，而且只能提供定性分析。本书提出的从文本数据中挖掘因果关系并自动构建数字化因果图来进行原因分析的方法有以下几个特点。首先，因果关系的挖掘和数字化因果图的创建过程是基于数据的，而非基于头脑风暴的；其次，数字化因果图能反映类问题的因果关系，该方法提供的不是具体某个问题的因果图，而是一类相似问题的因果图，因此某些问题的原因对于其相似问题也能提供参考；最后，数字化因果图能提供定量而不仅是定性的因果关系，且本书设定原因权重的方法相较于层次分析法和概率方法更简单、易行、有效。

（3）提出了一种新颖的质量问题因果知识模型以及构建该模型的方法。本书提出了一种新颖的因果知识图谱模型，该模型结合了贝叶斯网络概率性质和知识图谱丰富的节点语义信息，揭示了生产系统中质量与生产要素之间的复杂关系和交互机制。同时，本书提出了一种创新的多阶段框架，从大量的整体结构化而局部非结构化的质量问题解决数据中构建质量问题因果知识图谱。本书通过引入新的数据源和新的数据驱动的因果知识挖掘框架，可以自动获取大规模节点变量之间的因果结构关系和条件概率，推进了现有的因果知识获取研究。

（4）提出基于动词聚类和名词聚类的典型方案知识挖掘的新方法。针对方案数据离散化、孤岛化的特征，本书提出了问题-方案二分图模型、问题类-方案工具箱模型、问题包-方案类模型以及问题类-方案类模型。根据解决方案由动词和名词组合而成的特征，本书提出了基于动词和名词两阶段聚类的问题-方案知识挖掘方法。针对传统的基于内容的推荐的方法的不足，利用问题类-方案类二分图模型，设计了融合方案的有效性特征及问题的语义相似度的方案推理算法，以获取解决新的质量问题的最佳方案。

（5）开发了新的质量问题解决知识管理系统。与华晨宝马汽车有限公司合作开发的质量问题解决知识管理系统已被公司质量部试用，并被纳入宝马总部 PQM 系统升级计划。该系统突破了已有的质量管理信息系统的信息搜索功能，在产品质量问题解决各阶段，可推送质量问题相关知识，如产品组件的历史失效模式知识、以数字化因果图形式展示的质量问题原因知识，以及解决方案知识。利用上述知识，质量管理专员能高水平、高效率地解决新出现的质量问题，进而提升制造业质量管理的知识化和智能化水平，助力产品质量持续改进，促进制造业转型升级。

9.3　展　　望

（1）在质量问题解决 know-what 知识挖掘的研究中，本书以组件-失效模式矩阵作为问题载体与质量问题关系的 know-what 知识表示。从大量的质量文本挖掘组件-失效模式矩阵的过程中，本书将以短文本形式记录的问题标题作为数据来源，并假设问题标题中只包含一种组件和一种失效模式。然而，在质量问题描述等其他记录的文本中，也包含部分失效模式信息，而且可能某一条描述包含多个失效模式。如何从更长的文本中去识别失效模式，并构建组件-失效模式矩阵，是未来需要继续研究的问题。

（2）在质量问题解决 know-why 知识挖掘研究中，本书提出了利用数据挖掘方法来自动生成因果图以进行原因分析。然而，本书提出的数字化因果图只是一级因果图，即每类大鱼骨下只有一层原因。而实际的因果图可能会有多级原因，同样这些多级原因之间的关系也可能隐含在原因文本中。因此未来的研究可以考虑多级因果图的情况。另外，本书提出了数字化因果图后，用户可以在该因果图中输入头脑风暴获得的原因，但并未对此进行深入研究。因此未来的研究可以深化用户在因果图中输入原因后，原因分类算法怎样去学习新的人工分类数据，以提高分类器的分类效果。

（3）本书研究的 know-what、know-why 和 know-how 知识源于 OECD 定义的知识。OECD 定义的知识中还包含 know-who 知识，然而本书并未对其进行深

入研究。know-who 知识是指涉及谁做过某事的信息。本书中 know-what、know-why
和 know-how 知识都是从问题、原因和方案中获得的，而问题、原因和方案都会
有相关的负责人，因此只要找到了 know-what、know-why 和 know-how，就能知
道 know-who。更深层次的 know-who 并不仅局限于知道谁做过某事，而是需要知
道谁是这个方面的专家，比如，谁处理过最多的某类问题、处理的成功率最高和
解决的效果最好等。未来的研究可以从这个方面进行深入研究，以获取质量问题
解决中匹配专家的信息。

（4）从用户反馈中可以看出，本书设计的智能质量问题解决系统还存在一些
不足，如组件-失效模式关系显示不够完美、因果图的输入功能欠缺等。从这个角
度而言，未来系统的设计需要更加科学。另外，该系统是基于离线的数据进行知
识挖掘的，并未考虑实时数据。因此未来研究需要考虑在实时数据更新情况下的
知识挖掘的过程。

（5）目前，大多数企业在记录质量问题解决数据时，往往是一线员工或质量
技术人员以文本的形式进行记录，导致这些数据难以分析。在数字化和智能化时
代，质量问题数据资源建设和治理是实现智能质量管理的重要基础。只有从源头
上实现了质量问题数据的规范化和标准化，后续的分析应用的效率才能更高。

（6）本书重点研究了质量问题解决过程中由人产生的"知识密集型"数据。然
而，随着工业互联网、5G、云计算等新型技术的发展，机器生成数据（machine-generated
data）在智能制造中扮演着越来越重要的角色。正如 Escobar 等[17]指出，质量 4.0 就
应该建立在经验学习，经验知识发现以及实时数据生成、收集和分析以实现明智决
策的新范式之上。因此，质量管理中"知识密集型"数据如何与机器生成的实时数
据进行融合，共同驱动智能质量管理，是未来研究的重要方向。

参 考 文 献

[1] 李培楠，万劲波. 工业互联网发展与"两化"深度融合[J]. 中国科学院院刊，2014，29（2）：215-222.

[2] Zhou L P，Jiang Z B，Geng N，et al. Production and operations management for intelligent manufacturing：a systematic literature review[J]. International Journal of Production Research，2021，60：808-846.

[3] Stanleigh M. Future trends in quality management[EB/OL]. https://pmhut.com/future-trends-in-quality-management[2023-08-21].

[4] Demarest M. Understanding knowledge management[J]. Long Range Planning，1997，30（3）：374-384.

[5] ISO 9001：2015 Quality Management Systems Requirements[EB/OL]. https://www.iso.org/standard/62085.html[2023-08-21].

[6] IATF 16949-Automotive Quality Management System[EB/OL]. https://www.tuvsud.com/en-us/-/media/global/pdf-files/whitepaper-report-e-books/tuvsud-iatf-16949.pdf[2023-08-21].

[7] Uygur A，Sümerli S. EFQM excellence model[J]. International Review of Management and Business Research，2013，2（4）：980-993.

[8] Wilson J P，Campbell L. ISO 9001：2015：the evolution and convergence of quality management and knowledge management for competitive advantage[J]. Total Quality Management & Business Excellence，2020，31（7/8）：761-776.

[9] 黄宏升. 新版质量管理体系标准之"组织的知识"[J]. 电子质量，2017，（4）：68-69.

[10] Roiger R J. Data Mining：A Tutorial-Based Primer[M]. 2nd ed. New York：Chapman and Hall/CRC，2017.

[11] 韩客松，王永成. 文本挖掘、数据挖掘和知识管理：二十一世纪的智能信息处理[J]. 情报学报，2001，（1）：100-104.

[12] ISO. ISO 9000：2005 Quality Management Systems：Fundamentals and Vocabulary[EB/OL]. https:// www.iso.org/standard/42180.html[2023-08-21].

[13] ISO. ISO 8402：1994 Quality Management and Quality Assurance：Vocabulary[EB/OL]. https:// www.iso.org/standard/20115.html[2023-08-21].

[14] 陈君宁，李军. 企业的全面质量管理浅议[J]. 中南民族大学学报（人文社会科学版），2005，（S1）：173-175.

[15] ASQ. Quality glossary-Q[EB/OL]. https://asq.org/quality-resources/quality-glossary/q[2023-08-21].

[16] Antony J，McDermott O，Sony M. Quality 4.0 conceptualisation and theoretical understanding：a global exploratory qualitative study[J]. The TQM Journal，2022，34（5）：1169-1188.

[17] Escobar C A，McGovern M E，Morales-Menendez R. Quality 4.0：a review of big data challenges in manufacturing[J]. Journal of Intelligent Manufacturing，2021，32：2319-2334.

[18] 何桢. 2020 年 4 月 2 日 19:30"质量管理百年发展及未来展望"线上主题讲座[EB/OL]. https://www.jianshu.com/p/771b2636ba7c [2023-08-21].

[19] 吴冰，王重鸣. 知识和知识管理：一个文献综述[J]. 华东理工大学学报（社会科学版），2006，（1）：57-61.

[20] 荆宁宁，程俊瑜. 数据、信息、知识与智慧[J]. 情报科学，2005，（12）：1786-1790.

[21] Davenport T，Prusak L. Learn how valuable knowledge is acquired，created，bought and bartered[J]. The Australian Library Journal，1998，47（3）：268-272.

[22] Frické M. The knowledge pyramid：a critique of the DIKW hierarchy[J]. Journal of Information Science，2009，35（2）：131-142.

[23] Polanyi M. Personal Knowledge：Towards a Post-Critical Philosophy[M]. Chicago：University of Chicago Press，2015.

[24] Nonaka I，Takeuchi H. The Knowledge-Creating Company：How Japanese Companies Create the Dynamics of Innovation[M]. New York：Oxford University Press，1995.

[25] Nelson R R，Winter S G. An Evolutionary Theory of Economic Change[M]. Cambridge：Harvard University Press，1985.

[26] Kogut B，Zander U. Knowledge of the firm，combinative capabilities，and the replication of technology[J]. Organization Science，1992，3（3）：383-397.

[27] Hedlund G. A model of knowledge management and the N-form corporation[J]. Strategic Management Journal，1994，15（S2）：73-90.

[28] de Long D W，Fahey L. Diagnosing cultural barriers to knowledge management[J]. Academy of Management Perspectives，2000，14（4）：113-127.

[29] Romer P M. Increasing returns and long-run growth[J]. Journal of Political Economy，1986，94（5）：1002-1037.

[30] Sveiby K E. Kunskapsledning（"Knowledge Management"）[M]. Stockholm：Affärsvärlden Förlag，1990.

[31] Davenport T H，Prusak L. Working Knowledge：How Organizations Manage What They Know[M]. Boston：Harvard Business School Press，1998.

[32] Nonaka I，von Krogh G. Perspective—tacit knowledge and knowledge conversion：controversy and advancement in organizational knowledge creation theory[J]. Organization Science，2009，

20（3）：635-652.

[33] Wiig K M. Knowledge management：an introduction and perspective[J]. Journal of Knowledge Management，1997，1（1）：6-14.

[34] Deming W E. Quality，Productivity，and Competitive Position[M]. Cambridge：Massachusetts Institute of Technology，Center for Advanced Engineering Study，1982.

[35] Wright T P. Factors affecting the cost of airplanes[J]. Journal of the Aeronautical Sciences，1936，3（4）：122-128.

[36] Jaber M Y, Guiffrida A L. Learning curves for processes generating defects requiring reworks[J]. European Journal of Operational Research，2004，159（3）：663-672.

[37] Jaber M Y, Guiffrida A L. Learning curves for imperfect production processes with reworks and process restoration interruptions[J]. European Journal of Operational Research，2008，189（1）：93-104.

[38] Jaber M Y, Glock C H, Zanoni S. A learning curve with improvement in process quality[J]. IFAC-PapersOnLine，2018，51（11）：681-685.

[39] Fine C H. Quality improvement and learning in productive systems[J]. Management Science，1986，32（10）：1301-1315.

[40] Fine C H. A quality control model with learning effects[J]. Operations Research，1988，36（3）：437-444.

[41] Tapiero C S. Production learning and quality control[J]. IIE Transactions，1987，19（4）：362-370.

[42] Li G, Rajagopalan S. Process improvement，quality，and learning effects[J]. Management Science，1998，44：1517-1532.

[43] 段海超. 基于知识管理的企业学习型组织建设研究[D]. 北京：北京交通大学，2014.

[44] 张润彤，朱晓敏. 服务科学概论[M]. 北京：清华大学出版社，2011.

[45] 陈江华. 学习型组织理论研究综述与评价[J]. 北京交通大学学报（社会科学版），2014，13（2）：65-71.

[46] Sohal A, Morrison M. Is there a link between total quality management and learning organizations?[J]. The TQM Magazine，1995，7（3）：41-44.

[47] Chang D S, Sun K L. Exploring the correspondence between total quality management and peter senge's disciplines of a learning organization：a Taiwan perspective[J]. Total Quality Management & Business Excellence，2007，18（7）：807-822.

[48] Pool S W. The learning organization：motivating employees by integrating TQM philosophy in a supportive organizational culture[J]. Leadership & Organization Development Journal，2000，21（8）：373-378.

[49] Lee V H, Ooi K B, Sohal A S, et al. Structural relationship between TQM practices and learning organisation in Malaysia's manufacturing industry[J]. Production Planning & Control，2012，23（10/11）：885-902.

[50] Ferguson-Amores M C, García-Rodríguez M, Ruiz-Navarro J. Strategies of renewal: the transition from "total quality management" to the "learning organization" [J]. Management Learning, 2005, 36（2）: 149-180.

[51] 杜苏. 营造学习型组织是推进有效质量管理的关键[J]. 中国质量, 1997,（12）: 34-37.

[52] Mahmood S, Qadeer F. Organization learning as a mediating mechanism between TQM and organizational performance: a review and directions[R]. Doha: ICCS-12, 2012.

[53] Mahmud N, Hilmi M F. TQM and Malaysian SMEs performance: the mediating roles of organization learning[J]. Procedia-Social and Behavioral Sciences, 2014, 130: 216-225.

[54] Walley K. TQM in non-manufacturing SMEs: evidence from the UK farming sector[J]. International Small Business Journal: Researching Entrepreneurship, 2000, 18（4）: 46-61.

[55] Martínez-Costa M, Jiménez-Jiménez D. Are companies that implement TQM better learning organizations? An empirical study[J]. Total Quality Management & Business Excellence, 2008, 19（11）: 1101-1115.

[56] 徐俊艳, 尹庭玉, 杨家珍. 运用全面质量管理理论组建学习型组织[J]. 理论学刊, 2005,（7）: 37-39, 128.

[57] Terziovski M, Howel A, Sohal A, et al. Establishing mutual dependence between TQM and the learning organization: a multiple case study analysis[J]. The Learning Organization, 2000, 7（1）: 23-32.

[58] O'Dell C, Grayson C J. If only we knew what we know: identification and transfer of internal best practices[J]. California Management Review, 1998, 40（3）: 154-174.

[59] Roche E. The implementation of quality management initiatives in the context of organisational learning[J]. Journal of European Industrial Training, 2002, 26（2/3/4）: 142-153.

[60] Love P E D, Li H, Irani Z, et al. Total quality management and the learning organization: a dialogue for change in construction[J]. Construction Management and Economics, 2000, 18（3）: 321-331.

[61] Kovach J V. The role of learning and exploration in quality management and continuous improvement[C]//Sampaio P, Saraiva P. Quality in the 21st Century: Perspectives from ASQ Feigenbaum Medal Winners. Berlin: Springer International Publishing, 2016: 75-89.

[62] 张方华, 陈劲. 知识创造: 企业知识管理的核心[J]. 科学学与科学技术管理, 2002,（10）: 36-40.

[63] Pfeffer J, Sutton R I. Knowing "what" to do is not enough: turning knowledge into action[J]. California Management Review, 1999, 42（1）: 83-108.

[64] Colurcio M. TQM: a knowledge enabler?[J]. The TQM Journal, 2009, 21（3）: 236-248.

[65] Asif M, de Vries H J, Ahmad N. Knowledge creation through quality management[J]. Total Quality Management & Business Excellence, 2013, 24（5/6）: 664-677.

[66] Shan S Q, Zhao Q H, Hua F. Impact of quality management practices on the knowledge creation

process: the Chinese aviation firm perspective[J]. Computers & Industrial Engineering, 2013, 64 (1): 211-223.

[67] Choo A S, Linderman K W, Schroeder R G. Method and psychological effects on learning behaviors and knowledge creation in quality improvement projects[J]. Management Science, 2007, 53 (3): 437-450.

[68] Rafailidis A, Trivellas P, Polychroniou P. The mediating role of quality on the relationship between cultural ambidexterity and innovation performance[J]. Total Quality Management & Business Excellence, 2017, 28 (9/10): 1134-1148.

[69] Choo A S, Linderman K W, Schroeder R G. Method and context perspectives on learning and knowledge creation in quality management[J]. Journal of Operations Management, 2007, 25 (4): 918-931.

[70] Wu C, Lin C. Case study of knowledge creation facilitated by Six Sigma[J]. International Journal of Quality & Reliability Management, 2009, 26 (9): 911-932.

[71] Choo A S. Impact of a stretch strategy on knowledge creation in quality improvement projects[J]. IEEE Transactions on Engineering Management, 2011, 58 (1): 87-96.

[72] Lin C, Wu C. A knowledge creation model for ISO 9001: 2000[J]. Total Quality Management & Business Excellence, 2005, 16 (5): 657-670.

[73] Linderman K, Schroeder R G, Zaheer S, et al. Integrating quality management practices with knowledge creation processes[J]. Journal of Operations Management, 2004, 22 (6): 589-607.

[74] McAdam R. Knowledge creation and idea generation: a critical quality perspective[J]. Technovation, 2004, 24 (9): 697-705.

[75] Seo Y, Lee C, Moon H. An organisational learning perspective of knowledge creation and the activities of the quality circle[J]. Total Quality Management & Business Excellence, 2016, 27 (3/4): 432-446.

[76] Nair M, George S. Integration of knowledge creation and quality management practices in the UAE hospitality sector[R]. Fifth International Conference on Advances in Social Science, Management and Human Behaviour - SMHB 2017, 2017.

[77] McAdam R, Leonard D. Developing TQM: the knowledge management contribution[J]. Journal of General Management, 2001, 26 (4): 47-61.

[78] Barber K D, Munive-Hernandez J E, Keane J P. Process-based knowledge management system for continuous improvement[J]. International Journal of Quality & Reliability Management, 2006, 23 (8): 1002-1018.

[79] Stewart D, Waddell D. Knowledge management: the fundamental component for delivery of quality[J]. Total Quality Management & Business Excellence, 2008, 19 (9): 987-996.

[80] Hung R Y Y, Lien B Y H, Fang S C, et al. Knowledge as a facilitator for enhancing innovation performance through total quality management[J]. Total Quality Management & Business

Excellence, 2010, 21（4）: 425-438.

[81] Kahreh Z S, Shirmohammadi A, Kahreh M S. Explanatory study towards analysis the relationship between total quality management and knowledge management[J]. Procedia - Social and Behavioral Sciences, 2014, 109: 600-604.

[82] Loke S P, Downe A G, Sambasivan M, et al. A structural approach to integrating total quality management and knowledge management with supply chain learning[J]. Journal of Business Economics and Management, 2012, 13（4）: 776-800.

[83] Jayawarna D, Holt R. Knowledge and quality management: an R&D perspective[J]. Technovation, 2009, 29（11）: 775-785.

[84] Molina L M, Lloréns-Montes J, Ruiz-Moreno A. Relationship between quality management practices and knowledge transfer[J]. Journal of Operations Management, 2007, 25（3）: 682-701.

[85] Johannsen C G. Total quality management in a knowledge management perspective[J]. Journal of Documentation, 2000, 56（1）: 42-54.

[86] Duran C, Çetindere A, Şahan Ö. An analysis on the relationship between total quality management practices and knowledge management: the case of Eskişehir[J]. Procedia-Social and Behavioral Sciences, 2014, 109: 65-77.

[87] Ooi K B. TQM: a facilitator to enhance knowledge management? A structural analysis[J]. Expert Systems with Applications, 2014, 41（11）: 5167-5179.

[88] Yusr M M, Mokhtar S S M, Othman A R, et al. Does interaction between TQM practices and knowledge management processes enhance the innovation performance?[J]. International Journal of Quality & Reliability Management, 2017, 34（7）: 955-974.

[89] Ribiere V, Khorramshahgol R. Integrating total quality management and knowledge management[J]. Journal of Management Systems, 2004, 16（1）: 39-54.

[90] Kanji G K, Wong A. Business excellence model for supply chain management[J]. Total Quality Management, 1999, 10（8）: 1147-1168.

[91] Hsu S H, Shen H P. Knowledge management and its relationship with TQM[J]. Total Quality Management & Business Excellence, 2005, 16（3）: 351-361.

[92] Ju T L, Lin B, Lin C, et al. TQM critical factors and KM value chain activities[J]. Total Quality Management & Business Excellence, 2006, 17（3）: 373-393.

[93] Honarpour A, Jusoh A, Md Nor K. Total quality management, knowledge management, and innovation: an empirical study in R&D units[J]. Total Quality Management & Business Excellence, 2018, 29（7/8）: 798-816.

[94] Honarpour A, Jusoh A, Long C S. Knowledge management and total quality management: a reciprocal relationship[J]. International Journal of Quality & Reliability Management, 2017, 34（1）: 91-102.

[95] Chong A Y L, Ooi K B, Lin B, et al. TQM, knowledge management and collaborative commerce

adoption: a literature review and research framework[J]. Total Quality Management & Business Excellence, 2010, 21（5）: 457-473.

[96] Moballeghi M, Moghaddam G G. Knowledge management and TQM: an integrated approach to management[J]. GITAM Journal of Management, 2008, 6（1）: 45-54.

[97] Zhao F, Bryar P. Integrating knowledge management and total quality: a complementary process[R]. 6th International Conference on ISO 9000 and TQM, 2001.

[98] Mendes L. TQM and knowledge management: an integrated approach towards tacit knowledge management[C]//Jaziri-Bouagina D, Jamil G L. Handbook of Research on Tacit Knowledge Management for Organizational success. Hershey: IGI Global, 2017: 236-263.

[99] Honarpour A, Jusoh A, Md Nor K. Knowledge management, total quality management and innovation: a new look[J]. Journal of Technology Management & Innovation, 2012, 7（3）: 22-31.

[100] Adamson I. Knowledge management–The next generation of TQM?[J]. Total Quality Management & Business Excellence, 2005, 16（8/9）: 987-1000.

[101] Lin C, Wu C. Managing knowledge contributed by ISO 9001: 2000[J]. International Journal of Quality & Reliability Management, 2005, 22（9）: 968-985.

[102] Lin C, Wu C. Case study of knowledge creation contributed by ISO 9001: 2000[J]. International Journal of Technology Management, 2007, 37（1/2）: 193-213.

[103] Marcus A, Naveh E. How a new rule is adjusted to context: knowledge creation following the implementation of the ISO 9000 quality standard[J]. International Journal of Organizational Analysis, 2005, 13（2）: 106-126.

[104] 和金生, 李璞玲, 郭智玲. GB/T19000-ISO9000 标准的知识特征和层次结构[J]. 系统工程理论与实践, 2000,（3）: 84-88.

[105] 王小明, 骆建彬, 岳昆, 等. 知识集成的工作流系统在质量管理中的应用[J]. 计算机应用, 2001,（12）: 44-46.

[106] Bayraktar D. A knowledge-based expert system approach for the auditing process of some elements in the quality assurance system[J]. International Journal of Production Economics, 1998, 56/57: 37-46.

[107] 陈仲亿. 基于 ISO9000 的知识管理体系[J]. 中国信息导报, 2006,（5）: 44-45, 47.

[108] Lee M C, Chang T. Applying TQM, CMM and ISO 9001 in knowledge management for software development process improvement[J]. International Journal of Services and Standards, 2006, 2（1）: 101.

[109] Wilson J P, Campbell L. Developing a knowledge management policy for ISO 9001: 2015[J]. Journal of Knowledge Management, 2016, 20（4）: 829-844.

[110] 何桢. 六西格玛管理[M]. 3 版. 北京: 中国人民大学出版社, 2014.

[111] Gowen C R, Stock G N, McFadden K L. Simultaneous implementation of Six Sigma and

knowledge management in hospitals[J]. International Journal of Production Research, 2008, 46 (23): 6781-6795.

[112] Anand G, Ward P T, Tatikonda M V. Role of explicit and tacit knowledge in Six Sigma projects: an empirical examination of differential project success[J]. Journal of Operations Management, 2010, 28 (4): 303-315.

[113] O'Dell C, Leavitt P. The Executive's Role in Knowledge Management[M]. Houston: American Productivity & Quality Center, 2004.

[114] McAdam R, Antony J, Kumar M, et al. Absorbing new knowledge in small and medium-sized enterprises: a multiple case analysis of Six Sigma[J]. International Small Business Journal: Researching Entrepreneurship, 2014, 32 (1): 81-109.

[115] Sin A B, Zailani S, Iranmanesh M, et al. Structural equation modelling on knowledge creation in Six Sigma DMAIC project and its impact on organizational performance[J]. International Journal of Production Economics, 2015, 168: 105-117.

[116] Lin C, Chen F F, Wan H D, et al. Continuous improvement of knowledge management systems using Six Sigma methodology[J]. Robotics and Computer-Integrated Manufacturing, 2013, 29 (3): 95-103.

[117] U-Dominic C, Godwin H. A review of Six Sigma and the shared relationship with knowledge management (KM) discipline[J]. Archives of Current Research International, 2018, 13 (2): 1-15.

[118] Dumitrescu C, Dumitrache M. The impact of lean Six Sigma on the overall results of companies[J]. Economia: Seria Management, 2011, 14 (2): 535-544.

[119] 邓卫, 赵丰, 朱立嘉, 等. 基于知识管理的6σ质量管理体系构建[J]. 核标准计量与质量, 2008, (1): 49-53.

[120] Aksoy E, Dinçmen M. Knowledge focused Six Sigma (KFSS): a methodology to calculate Six Sigma intellectual capital[J]. Total Quality Management & Business Excellence, 2011, 22 (3): 275-288.

[121] Khamisi Y N, Munive-Hernandez E M, Khan M K. Developing a knowledge-based Lean Six Sigma model to improve leadership's performance in healthcare environment[R]. Twenty Sixth International Conference on Computing and Quality SQM 2018, 2018.

[122] Pham D T, Öztemel E. Intelligent Quality Systems[M]. London: Springer, 1996.

[123] Ansari Ch F, Khobreh M, Nasiri S, et al. Knowledge management support for quality management to achieve higher customer satisfaction[R]. 2009 IEEE International Conference on Electro/Information Technology, 2009.

[124] Wang X. Intelligent quality management using knowledge discovery in databases[R]. International Conference on Computational Intelligence and Software Engineering, 2009.

[125] Weckenmann A, Akkasoglu G, Werner T. Quality management-history and trends[J]. The TQM

Journal, 2015, 27（3）: 281-293.

[126] Srikanth K, Harish A, Heymaraju C H, et al. Intelligent quality management expert system using PA-AKD in large databases[J]. International Journal of Engineering Science and Technology, 2010, 2: 632-636.

[127] Köksal G, Batmaz İ, Testik M C. A review of data mining applications for quality improvement in manufacturing industry[J]. Expert Systems with Applications, 2011, 38（10）: 13448-13467.

[128] Rostami H, Dantan J Y, Homri L. Review of data mining applications for quality assessment in manufacturing industry: support vector machines[J]. International Journal of Metrology and Quality Engineering, 2015, 6（4）: 401-418.

[129] Hopgood A A. Intelligent Systems for Engineers and Scientists[M]. Boca Raton: CRC Press, 2021.

[130] Rusenov B, Taneva A, Ganchev I, et al. Machine vision systems for intelligent quality control of manufacturing processes[R]. International Scientific Conference on Engineering, Technologies and Systems（TECHSYS 17）, 2017.

[131] Jia H, Murphey Y L, Shi J, et al. An intelligent real-time vision system for surface defect detection[R]. Proceedings of the 17th International Conference on Pattern Recognition, 2004.

[132] Choi K, Koo K, Lee J S. Development of defect classification algorithm for POSCO rolling strip surface inspection system[R]. SICE-ICASE International Joint Conference, 2006.

[133] Barelli L, Bidini G, Mariani F, et al. A non-conventional quality control system to detect surface faults in mechanical front seals[J]. Engineering Applications of Artificial Intelligence, 2008, 21（7）: 1065-1072.

[134] Rosati G, Boschetti G, Biondi A, et al. On-line dimensional measurement of small components on the eyeglasses assembly line[J]. Optics and Lasers in Engineering, 2009, 47（3/4）: 320-328.

[135] Chou P H, Wu M J, Chen K K. Integrating support vector machine and genetic algorithm to implement dynamic wafer quality prediction system[J]. Expert Systems with Applications, 2010, 37（6）: 4413-4424.

[136] Ferreiro S, Sierra B, Irigoien I, et al. Data mining for quality control: burr detection in the drilling process[J]. Computers & Industrial Engineering, 2011, 60（4）: 801-810.

[137] Cheng C J, Wang J, Liu X W, et al. ACP approach based intelligent quality management system for manufacturing processes[R]. 2014 IEEE International Conference on Service Operations and Logistics, and Informatics, 2014.

[138] Tseng T L B, Aleti K R, Hu Z H, et al. E-quality control: a support vector machines approach[J]. Journal of Computational Design and Engineering, 2016, 3（2）: 91-101.

[139] Kulcsár T, Farsang B, Németh S, et al. Multivariate statistical and computational intelligence techniques for quality monitoring of production systems[C]//Kahraman C, Yanik S. Intelligent Decision Making in Quality Management: Theory and Applications. Berlin: Springer

International Publishing, 2016: 237-263.

[140] Lu C, Wang Z Y, Zhou B. Intelligent fault diagnosis of rolling bearing using hierarchical convolutional network based health state classification[J]. Advanced Engineering Informatics, 2017, 32: 139-151.

[141] Lau H C W, Ho G T S, Chu K F, et al. Development of an intelligent quality management system using fuzzy association rules[J]. Expert Systems with Applications, 2009, 36 (2): 1801-1815.

[142] Kulkarni M S, Subash Babu A. Managing quality in continuous casting process using product quality model and simulated annealing[J]. Journal of Materials Processing Technology, 2005, 166 (2): 294-306.

[143] Lei Q, Yi S Q, Pan L W, et al. Research on the intelligent quality management system of supply chains based on Six Sigma theory[J]. Key Engineering Materials, 2010, 439/440: 646-651.

[144] Lao S I, Choy K L, Ho G T S, et al. Achieving quality assurance functionality in the food industry using a hybrid case-based reasoning and fuzzy logic approach[J]. Expert Systems with Applications, 2012, 39 (5): 5251-5261.

[145] Chougule R, Rajpathak D, Bandyopadhyay P. An integrated framework for effective service and repair in the automotive domain: an application of association mining and case-based-reasoning[J]. Computers in Industry, 2011, 62 (7): 742-754.

[146] Lee C K H, Choy K L, Ho G T S, et al. A hybrid OLAP-association rule mining based quality management system for extracting defect patterns in the garment industry[J]. Expert Systems with Applications, 2013, 40 (7): 2435-2446.

[147] Kahraman C, Bekar E T, Senvar O. A fuzzy design of single and double acceptance sampling plans[C]//Kahraman C, Yanik S. Intelligent Decision Making in Quality Management: Theory and Applications. Berlin: Springer International Publishing, 2016: 179-211.

[148] Yuen K K F. A hybrid fuzzy quality function deployment framework using cognitive network process and aggregative grading clustering: an application to cloud software product development[J]. Neurocomputing, 2014, 142: 95-106.

[149] Jiang H M, Kwong C K, Luo X G. Intelligent quality function deployment[C]//Kahraman C, Yanik S. Intelligent Decision Making in Quality Management: Theory and Applications. Berlin: Springer International Publishing, 2016: 327-362.

[150] Breban S, Saudemont C, Vieillard S, et al. Experimental design and genetic algorithm optimization of a fuzzy-logic supervisor for embedded electrical power systems[J]. Mathematics and Computers in Simulation, 2013, 91: 91-107.

[151] Basu S, Dan P K, Thakur A. Experimental design in soap manufacturing for optimization of fuzzified process capability index[J]. Journal of Manufacturing Systems, 2014, 33 (3): 323-334.

[152] Işıklı E, Yanık S. The role of computational intelligence in experimental design: a literature

review[C]//Kahraman C, Yanik S. Intelligent Decision Making in Quality Management: Theory and Applications. Berlin: Springer International Publishing, 2016: 213-235.

[153] Tang K Z, Tan K K, Lee T H. Taguchi method using intelligent techniques[C]//Kahraman C, Yanik S. Intelligent Decision Making in Quality Management: Theory and Applications. Berlin: Springer International Publishing, 2016: 389-419.

[154] Aslan B, Ekinci Y, Toy A Ö. Special control charts using intelligent techniques: EWMA control charts[C]//Kahraman C, Yanik S. Intelligent Decision Making in Quality Management: Theory and Applications. Berlin: Springer International Publishing, 2016: 101-125.

[155] Liu H C, Liu L, Liu N, et al. Risk evaluation in failure mode and effects analysis with extended VIKOR method under fuzzy environment[J]. Expert Systems with Applications, 2012, 39 (17): 12926-12934.

[156] Liu H C, Liu L, Lin Q L. Fuzzy failure mode and effects analysis using fuzzy evidential reasoning and belief rule-based methodology[J]. IEEE Transactions on Reliability, 2013, 62 (1): 23-36.

[157] Liu H C, Liu L, Liu N. Risk evaluation approaches in failure mode and effects analysis: a literature review[J]. Expert Systems with Applications, 2013, 40 (2): 828-838.

[158] Liu H C, Liu L, Li P. Failure mode and effects analysis using intuitionistic fuzzy hybrid weighted Euclidean distance operator[J]. International Journal of Systems Science, 2014, 45(10): 2012-2030.

[159] 林定夷. 科学哲学: 以问题为导向的科学方法论导论[M]. 广州: 中山大学出版社, 2009.

[160] 党延忠, 郭崇慧, 吴江宁. 面向产品生命周期的知识协调管理理论与方法[M]. 北京: 科学出版社, 2016.

[161] Wason P C, Johnson-Laird P N. Thinking and reasoning: selected readings[M]. Harmondsworth: Penguin, 1968.

[162] Anderson J R. Cognitive Psychology and its Implications[M]. 5th ed. New York: Worth Publishers, 2000.

[163] Newell A, Simon H A. Human Problem Solving[M]. Englewood Cliffs: Prentice-Hall, 1972.

[164] Mayer R E. Thinking, Problem Solving, Cognition[M]. 2nd ed. New York: W.H. Freeman, 1992.

[165] Pearl J. Heuristics: Intelligent Search Strategies for Computer Problem Solving[M]. Boston: Addison-Wesley Longman Publishing, 1984.

[166] Bhaskar R, Simon H A. Problem solving in semantically rich domains: an example from engineering thermodynamics[J]. Cognitive Science, 1977, 1 (2): 193-215.

[167] U. S. Joint Forces Command. Commander's Handbook for Strategic Communication and Communication Strategy[M]. Charleston: CreateSpace Independent Publishing Platform, 2010.

[168] Wood D, Bruner J S, Ross G. The role of tutoring in problem solving[J]. Journal of Child

Psychology and Psychiatry, and Allied Disciplines, 1976, 17（2）：89-100.

[169] Rosenberg W, Donald A. Evidence based medicine：an approach to clinical problem-solving[J]. BMJ, 1995, 310（6987）：1122-1126.

[170] 辛自强. 问题解决研究的一个世纪：回顾与前瞻[J]. 首都师范大学学报（社会科学版）, 2004,（6）：101-107

[171] 王文悦. 论"格式塔"顿悟学习观对语文教学的启示[J]. 教学与管理, 2000,（8）：36-37.

[172] Simon H A. Information-processing theory of human problem solving[C]//Estes W. Handbook of Learning and Cognitive Processes. London：Psychology Press, 2014：271-295.

[173] Sweller J. Cognitive technology：some procedures for facilitating learning and problem solving in mathematics and science[J]. Journal of Educational Psychology, 1989, 81（4）：457-466.

[174] Rittle-Johnson B, Siegler R S, Alibali M W. Developing conceptual understanding and procedural skill in mathematics：an iterative process[J]. Journal of Educational Psychology, 2001, 93（2）：346-362.

[175] Lavrač N, Motoda H, Fawcett T, et al. Introduction：lessons learned from data mining applications and collaborative problem solving[J]. Machine Learning, 2004, 57（1/2）：13-34.

[176] Wen W. A dynamic and automatic traffic light control expert system for solving the road congestion problem[J]. Expert Systems with Applications, 2008, 34（4）：2370-2381.

[177] Jaques P A, Seffrin H, Rubi G, et al. Rule-based expert systems to support step-by-step guidance in algebraic problem solving：the case of the tutor PAT2Math[J]. Expert Systems with Applications, 2013, 40（14）：5456-5465.

[178] Althuizen N, Wierenga B. Supporting creative problem solving with a case-based reasoning system[J]. Journal of Management Information Systems, 2014, 31（1）：309-340.

[179] 国家质量战略课题组. 中国汽车产品质量问题浅析[J]. 中国工业经济, 1996,（5）：41-46.

[180] Monczka R M, Handfield R B, Giunipero L C, et al. Purchasing and Supply Chain Management[M]. 6th ed. Boston：Cengage Learning, 2015.

[181] 姚立根, 王学文. 普通高等教育"十二五"规划教材：工程导论[M]. 北京：电子工业出版社, 2012.

[182] Franco L M, Newman J, Murphy G, et al. Achieving Quality through Problem Solving and Process Improvement[M]. 2nd ed. Bethesda：Quality Assurance Project, 1995.

[183] Xu Z G, Dang Y Z, Munro P. Knowledge-driven intelligent quality problem-solving system in the automotive industry[J]. Advanced Engineering Informatics, 2018, 38：441-457.

[184] 何生. 8D 分析法[J]. 企业管理, 2011,（8）：74-76.

[185] 波普尔 K R. 猜想与反驳：科学知识的增长[M]. 傅季重, 纪树立, 周昌忠, 等译. 上海：上海译文出版社, 2015.

[186] MacDuffie J P. The road to "root cause"：shop-floor problem-solving at three auto assembly plants[J]. Management Science, 1997, 43（4）：479-502.

[187] 盖印. 面向生产现场问题的知识获取与分析方法研究[D]. 大连：大连理工大学，2016.

[188] Sokovic M，Pavletic D，Pipan K K. Quality improvement methodologies-PDCA cycle，RADAR matrix，DMAIC and DFSS[J]. Journal of Achievements in Materials and Manufacturing Engineering，2010，43（1）：476-483.

[189] 翟玮. 浅谈会计系统发展[J]. 合作经济与科技，2007，（3）：81-82.

[190] 李静霄. 浅谈"FMEA"工具在质量管理体系中的运用[J]. 科技风，2009，（15）：162.

[191] 李秀林，王于，李淮春. 辩证唯物主义和历史唯物主义原理[M]. 5 版. 北京：中国人民大学出版社，2004.

[192] Stamatis D H. Failure Mode and Effect Analysis：FMEA from Theory to Execution [M]. Milwaukee：ASQC Quality Press，1995.

[193] Liu H C，Chen Y Z，You J X，et al. Risk evaluation in failure mode and effects analysis using fuzzy digraph and matrix approach[J]. Journal of Intelligent Manufacturing，2016，27（4）：805-816.

[194] del Frate L. Failure of engineering artifacts：a life cycle approach[J]. Science and Engineering Ethics，2013，19：913-944.

[195] Asan U，Soyer A. Failure mode and effects analysis under uncertainty：a literature review and tutorial[C]//Kahraman C，Yanik S. Intelligent Decision Making in Quality Management：Theory and Applications. Berlin：Springer International Publishing，2016：265-325.

[196] Pfeifer T. Quality Management. Strategies，Methods，Techniques[M]. München：Hanser Fachbuchverlag，2002.

[197] Brook Q S. Six Sigma and Minitab：A Complete Toolbox Guide for All Six Sigma Practitioners [M]. 2nd ed. London：QSB Consulting，2006.

[198] Arunajadai S G，Uder S J，Stone R B，et al. Failure mode identification through clustering analysis[J]. Quality and Reliability Engineering International，2004，20（5）：511-526.

[199] Wang M Q，Wang B，Tang X Q. Optimal component subset selection method based on component-failure knowledge[J]. Computer Integrated Manufacturing Systems，2011，17（2）：267-272.

[200] Hearst M A. Untangling text data mining[R]. Proceedings of ACL'99：the 37th Annual Meeting of the Association for Computational Linguistics，1999.

[201] Khilwani N，Harding J A. Managing corporate memory on the semantic web[J]. Journal of Intelligent Manufacturing，2016，27：101-118.

[202] Liu L L，Fan D M，Wang Z L，et al. Enhanced GO methodology to support failure mode，effects and criticality analysis[J]. Journal of Intelligent Manufacturing，2019，30（3）：1451-1468.

[203] Arunajadai S G，Stone R B，Tumer I Y，et al. A framework for creating a function-based design tool for failure mode identification[R]. ASME 2002 International Design Engineering Technical Conferences and Computers and Information in Engineering Conference，2002.

[204] Tumer I Y，Stone R B. Mapping function to failure mode during component development[J]. Research in Engineering Design，2003，14：25-33.

[205] Chang W L，Tay K M，Lim C P. Clustering and visualization of failure modes using an evolving tree[J]. Expert Systems with Applications，2015，42（20）：7235-7244.

[206] Singh S，Holland S W，Bandyopadhyay P. Trends in the development of system-level fault dependency matrices[R]. IEEE Aerospace Conference，2010.

[207] Rajpathak D G，Singh S. An ontology-based text mining method to develop D-matrix from unstructured text[J]. IEEE Transactions on Systems，Man，and Cybernetics：Systems，2014，44（7）：966-977.

[208] Wu Y，Denny J C，Rosenbloom S T，et al. A preliminary study of clinical abbreviation disambiguation in real time[J]. Applied Clinical Informatics，2015，6（2）：364-374.

[209] Kim S，Yoon J. Link-topic model for biomedical abbreviation disambiguation[J]. Journal of Biomedical Informatics，2015，53：367-380.

[210] Han J W，Kamber M，Pei J. Data Mining：Concepts and Techniques[M]. 3rd Ed. San Francisco：Morgan Kaufmann Publishers Inc，2011.

[211] Wang T，Hirst G. Extracting synonyms from dictionary definitions[C]. Proceedings of the International Conference RANLP-2009，2009.

[212] Muller P，Hathout N，Gaume B. Synonym extraction using a semantic distance on a dictionary[R]. Proceedings of the First Workshop on Graph Based Methods for Natural Language Processing，2006.

[213] Wang T，Hirst G. Exploring patterns in dictionary definitions for synonym extraction[J]. Natural Language Engineering，2012，18（3）：313-342.

[214] Baroni M，Bisi S. Using cooccurrence statistics and the web to discover synonyms in a technical language[R]. Proceedings of the Fourth International Conference on Language Resources and Evaluation，2004.

[215] Cheng T，Lauw H W，Paparizos S. Entity synonyms for structured web search[J]. IEEE Transactions on Knowledge and Data Engineering，2012，24（10）：1862-1875.

[216] Yates A，Etzioni O. Unsupervised methods for determining object and relation synonyms on the web[J]. Journal of Artificial Intelligence Research，2009，34：255-296.

[217] Kilgarriff A，Fellbaum C. WordNet：an electronic lexical database[J]. Language，2000，76（3）：706-708.

[218] Mangnoesing G，van Bunningen A，Hogenboom A，et al. An empirical study for determining relevant features for sentiment summarization of online conversational documents[R]. International Conference on Web Information Systems Engineering，2012.

[219] 缪建明，张全，赵金仿. 基于文章标题信息的汉语自动文本分类[J]. 计算机工程，2008，（20）：13-14，17.

[220] Ramze Rezaee M, Lelieveldt B P F, Reiber J H C. A new cluster validity index for the fuzzy c-mean[J]. Pattern Recognition Letters, 1998, 19 (3/4): 237-246.

[221] Limwattanapibool O, Arch-int S. Determination of the appropriate parameters for K-means clustering using selection of region clusters based on density DBSCAN (SRCD-DBSCAN)[J]. Expert Systems, 2017, 34 (3): e12204.

[222] Ma Q P, Li H Y, Thorstenson A. A big data-driven root cause analysis system: application of machine learning in quality problem solving[J]. Computers & Industrial Engineering, 2021, 160: 107580.

[223] Xu Z G, Dang Y Z. Knowledge promotes quality management: a case study of quality problem-solving in two automotive plants[J]. American Journal of Industrial and Business Management, 2021, 11 (8): 933-953.

[224] Abernethy M A, Horne M, Lillis A M, et al. A multi-method approach to building causal performance maps from expert knowledge[J]. Management Accounting Research, 2005, 16 (2): 135-155.

[225] Hassani H, Huang X, Ghodsi M. Big data and causality[J]. Annals of Data Science, 2018, 5: 133-156.

[226] Muchnik L, Aral S, Taylor S J. Social influence bias: a randomized experiment[J]. Science, 2013, 341 (6146): 647-651.

[227] Arbour D, Garant D, Jensen D. Inferring network effects from observational data[R]. Proceedings of the 22nd ACM SIGKDD International Conference on Knowledge Discovery and Data Mining, 2016.

[228] Li J, Shi J J. Knowledge discovery from observational data for process control using causal Bayesian networks[J]. IIE Transactions, 2007, 39 (6): 681-690.

[229] Asghar N. Automatic extraction of causal relations from natural language texts: a comprehensive survey[EB/OL]. https://arxiv.org/abs/1605.07895[2023-08-21].

[230] Li P F, Mao K Z. Knowledge-oriented convolutional neural network for causal relation extraction from natural language texts[J]. Expert Systems with Applications, 2019, 115: 512-523.

[231] Yang H, Kumara S, Bukkapatnam S T S, et al. The Internet of things for smart manufacturing: a review[J]. IISE Transactions, 2019, 51 (11): 1190-1216.

[232] Diallo T M L, Henry S, Ouzrout Y, et al. Data-based fault diagnosis model using a Bayesian causal analysis framework[J]. International Journal of Information Technology & Decision Making, 2018, 17 (2): 583-620.

[233] Li G, Qin S J, Yuan T. Data-driven root cause diagnosis of faults in process industries[J]. Chemometrics and Intelligent Laboratory Systems, 2016, 159: 1-11.

[234] He X N, Gao M, Kan M Y, et al. BiRank: towards ranking on bipartite graphs[J]. IEEE

Transactions on Knowledge and Data Engineering，2017，29（1）：57-71.

[235] Rehder B. Categorization as causal reasoning[J]. Cognitive Science，2010，27（5）：709-748.

[236] Liu J，Shang M S，Chen D B. Personal recommendation based on weighted bipartite networks[R] Proceedings of the 6th International Conference on Fuzzy Systems and Knowledge Discovery，2009.

[237] Gaume B，Navarro E，Prade H. Clustering bipartite graphs in terms of approximate formal concepts and sub-contexts[J]. International Journal of Computational Intelligence Systems，2013，6（6）：1125-1142.

[238] Xu P P，Cao N，Qu H M，et al. Interactive visual co-cluster analysis of bipartite graphs[R]. 2016 IEEE Pacific Visualization Symposium （PacificVis），2016.

[239] El-Kilany A，El Tazi N，Ezzat E. Semi-supervised outlier detection via bipartite graph clustering[R]. 2016 IEEE/ACS 13th International Conference of Computer Systems and Applications （AICCSA），2016.

[240] Ishikawa K. Guide to Quality Control[M]. Tokyo：Asian Productivity Organization，1986.

[241] Doggett A M. Root cause analysis：a framework for tool selection[J]. Quality Management Journal，2005，12（4）：34-45.

[242] 郑照宁，武玉英，包涵龄. 用鱼骨图与层次分析法结合进行企业诊断[J]. 中国软科学，2001，（1）：118-121.

[243] Yazdani A A，Tavakkoli-Moghaddam R. Integration of the fish bone diagram，brainstorming，and AHP method for problem solving and decision making—a case study[J]. The International Journal of Advanced Manufacturing Technology，2012：651-657.

[244] Kalinowski M，Mendes E，Travassos G H. Automating and evaluating probabilistic cause-effect diagrams to improve defect causal analysis[R]. International Conference on Product Focused Software Process Improvement，2011.

[245] 珀尔 J，麦肯齐 D. 为什么：关于因果关系的新科学[M]. 江生，于华，译. 北京：中信出版集团，2019.

[246] Pearl J. Causal diagrams for empirical research[J]. Biometrika，1995，82（4）：669-688.

[247] Pearl J. Causality：Models，Reasoning，and Inference[M]. New York：Cambridge University Press，2009.

[248] Petersen M L，van der Laan M J. Causal models and learning from data：integrating causal modeling and statistical estimation[J]. Epidemiology，2014，25（3）：418-426.

[249] Blalock Jr H M. Causal Models in the Social Sciences[M]. 2nd ed. New York：Routledge，2017.

[250] Neyman J，Iwaszkiewicz K，Kołodziejczyk S. Statistical problems in agricultural experimentation[J]. Supplement to the Journal of the Royal Statistical Society，1935，2（2）：107-154.

[251] Rubin D B. Formal mode of statistical inference for causal effects[J]. Journal of Statistical Planning and Inference，1990，25（3）：279-292.

[252] Granger C W J. Investigating causal relations by econometric models and cross-spectral methods[J]. Econometrica, 1969, 37 (3): 424-438.

[253] Eden C. Cognitive mapping[J]. European Journal of Operational Research, 1988, 36 (1): 1-13.

[254] Kosko B. Fuzzy cognitive maps[J]. International Journal of Man-Machine Studies, 1986, 24 (1): 65-75.

[255] Chaib-draa B. Causal maps: theory, implementation, and practical applications in multiagent environments[J]. IEEE Transactions on Knowledge and Data Engineering, 2002, 14 (6): 1201-1217.

[256] Pearl J. From Bayesian networks to causal networks[C]// Coletti G, Dubois D, Scozzafava R. Mathematical Models for Handling Partial Knowledge in Artificial Intelligence. New York: Plenum Press, 1995: 157-182.

[257] Friston K J, Harrison L, Penny W. Dynamic causal modelling[J]. Neuroimage, 2003, 19 (4): 1273-1302.

[258] Hsiao C H, Narayanasamy S, Khan E M I, et al. AsyncClock: scalable inference of asynchronous event causality[J]. ACM SIGARCH Computer Architecture News, 2017, 45 (1): 193-205.

[259] Radinsky K, Davidovich S, Markovitch S. Learning causality for news events prediction[R]. Proceedings of the 21st International Conference on World Wide Web, 2012.

[260] Ishii H, Ma Q, Yoshikawa M. Causal network construction to support understanding of news[R]. 2010 43rd Hawaii International Conference on System Sciences, 2010.

[261] 裴江南. 汉语文本中突发事件因果关系抽取方法研究[D]. 大连: 大连理工大学, 2012

[262] Ding X, Li Z Y, Liu T, et al. ELG: an event logic graph[D]. Harbin: Harbin Institute of Technology, 2019.

[263] 王硕, 汤光明, 王建华, 等. 基于因果知识网络的攻击场景构建方法[J]. 计算机研究与发展, 2018, 55 (12): 2620-2636.

[264] Centola D. An experimental study of homophily in the adoption of health behavior[J]. Science, 2011, 334 (6060): 1269-1272.

[265] Aral S, Walker D. Identifying social influence in networks using randomized experiments[J]. IEEE Intelligent Systems, 2011, 26 (5): 91-96.

[266] Mooij J M, Peters J, Janzing D, et al. Distinguishing cause from effect using observational data: methods and benchmarks[J]. Journal of Machine Learning Research, 2016, 17 (1): 1103-1204

[267] Hoyer P O, Janzing D, Mooij J M, et al. Nonlinear causal discovery with additive noise models[R]. Advances in Neural Information Processing Systems 21 (NIPS 2008), 2009.

[268] Ittoo A, Bouma G. Extracting explicit and implicit causal relations from sparse, domain-specific texts[R]. International Conference on Application of Natural Language to Information Systems,

2011.

[269] Khoo C S G. Automatic identification of causal relations in text and their use for improving precision in information retrieval[D]. New York: Syracuse University, 1995.

[270] Girju R, Moldovan D I. Text mining for causal relations[R]. Proceedings of the Fifteenth International Florida Artificial Intelligence Research Society Conference, 2002.

[271] Ittoo A, Bouma G. Minimally-supervised extraction of domain-specific part-whole relations using Wikipedia as knowledge-base[J]. Data & Knowledge Engineering, 2013, 85: 57-79.

[272] Girju R, Beamer B, Rozovskaya A, et al. A knowledge-rich approach to identifying semantic relations between nominals[J]. Information Processing & Management, 2010, 46(5): 589-610.

[273] Rink B, Bejan C A, Harabagiu S M. Learning textual graph patterns to detect causal event relations[R]. Proceedings of the Twenty-Third International Florida Artificial Intelligence Research Society Conference, 2010.

[274] Zhao S D, Liu T, Zhao S C, et al. Event causality extraction based on connectives analysis[J]. Neurocomputing, 2016, 173: 1943-1950.

[275] Blanco E, Castell N, Moldovan D I. Causal relation extraction[R]. Proceedings of the Sixth International Conference on Language Resources and Evaluation, LREC 2008, 2008.

[276] Chang D S, Choi K S. Causal relation extraction using cue phrase and lexical pair probabilities[R]. Proceedings of the First International Joint Conference on Natural Language Processing, 2004.

[277] 耿直. 贝叶斯网络和因果网络[J]. 中国计算机学会通讯, 2009, 5(8): 31-35.

[278] 张振海, 王晓明, 党建武, 等. 基于专家知识融合的贝叶斯网络结构学习方法[J]. 计算机工程与应用, 2014, 50(2): 1-4, 9.

[279] Luo Z Y, Sha Y C, Zhu K Q, et al. Commonsense causal reasoning between short texts[R]. Fifteenth International Conference on Principles of Knowledge Representation and Reasoning, 2016.

[280] Zhao S, Wang Q, Massung S, et al. Constructing and embedding abstract event causality networks from text snippets[R]. Proceedings of the Tenth ACM International Conference on Web Search and Data Mining, 2017.

[281] Sato T, Horita M. Assessing the plausibility of inference based on automated construction of causal networks using web-mining[J]. Sociotechnica, 2006, 4: 66-74.

[282] 赵森栋. 基于文本的因果关系抽取与推理[D]. 哈尔滨: 哈尔滨工业大学, 2018.

[283] Sato H, Kasahara K, Matsuzawa K. Transition inferring with simplified causality base [R]. The 56st National Convention of IPSJ, 1998.

[284] Sato H, Kasahara K, Matsuzawa K. Rertrieval of simplified causal knowledge in text and its application[J]. Technical Report of IEICE, 1999, 98: 27-32.

[285] Ishii H, Ma Q, Yoshikawa M. Incremental construction of causal network from news articles[J].

Journal of Information Processing，2012，20（1）：207-215.

[286] Tao S Q，Wang S T. An algorithm for weighted sub-graph matching based on gradient flows[J]. Information Sciences，2016，340/341：104-121.

[287] Vijayarani S，Ilamathi J，Nithya S. Preprocessing techniques for text mining-an overview[J]. International Journal of Computer Science & Communication Networks，2015，5（1）：7-16.

[288] Rajaraman A，Ullman J D. Mining of Massive Datasets[M]. Cambridge：Cambridge University Press，2011.

[289] 池云仙，赵书良，罗燕，等. 基于词频统计规律的文本数据预处理方法[J]. 计算机科学，2017，44（10）：276-282，288.

[290] Jivani A G. A comparative study of stemming algorithms[J]. International Journal of Computer Technology and Applications，2011，2（6）：1930-1938.

[291] Porter M F. Snowball：a language for stemming algorithms[EB/OL]. http://snowball.tartarus. org/texts/introduction.html[2023-08-21].

[292] Xu Z G，Dang Y Z，Munro P，et al. A data-driven approach for constructing the component-failure mode matrix for FMEA[J]. Journal of Intelligent Manufacturing，2020：249-265.

[293] Salton G，Buckley C. Term-weighting approaches in automatic text retrieval[J]. Information Processing & Management，1988，24（5）：513-523.

[294] Xu X Z，Liang T M，Zhu J，et al. Review of classical dimensionality reduction and sample selection methods for large-scale data processing[J]. Neurocomputing，2019，328：5-15.

[295] TF-IDF 算法及其编程实现[EB/OL]. https://blog.csdn.net/puqutogether/article/details/41143359 [2023-08-21].

[296] Kodinariya T M，Makwana P R. Review on determining number of Cluster in K-Means Clustering[J]. International Journal of Advance Research in Computer Science and Management，2013，6（1）：90-95.

[297] Role F，Nadif M. Beyond cluster labeling：semantic interpretation of clusters' contents using a graph representation[J]. Knowledge-Based Systems，2014，56：141-155.

[298] Peng J，Ben-Artzi A，Buryak K，et al. Automatic incremental labeling of document clusters：U.S. Patent 9，002，848[P]. 2015-04-07.

[299] Lawrie D，Croft W B，Rosenberg A. Finding topic words for hierarchical summarization[R]. Proceedings of the 24th Annual International ACM SIGIR Conference on Research and Development in Information Retrieval，2001.

[300] Stehman S V. Selecting and interpreting measures of thematic classification accuracy[J]. Remote Sensing of Environment，1997，62（1）：77-89.

[301] Powers D M W. Evaluation：from precision，recall and F-Measure to ROC，informedness，markedness & correlation[J]. Journal of Machine Learning Technologies，2011，2（1）：37-63.

[302] Huang Z H, Xu W, Yu K. Bidirectional LSTM-CRF models for sequence tagging[EB/OL]. https://arxiv.org/abs/1508.01991[2023-08-21].

[303] Li J, Jin J H. Optimal sensor allocation by integrating causal models and set-covering algorithms[J]. IIE Transactions, 2010, 42（8）: 564-576.

[304] Acharya S, Lee B S. Incremental causal network construction over event streams[J]. Information Sciences, 2014, 261: 32-51.

[305] Rietveld R, van Dolen W, Mazloom M, et al. What you feel, is what you like influence of message appeals on customer engagement on instagram[J]. Journal of Interactive Marketing, 2020, 49: 20-53.

[306] Fawcett C, Hoos H H. Analysing differences between algorithm configurations through ablation[J]. Journal of Heuristics, 2016, 22（4）: 431-458.

[307] Altenberg B. Causal linking in spoken and written English[J]. Studia Linguistica, 1984, 38（1）: 20-69.

[308] Mikolov T, Sutskever I, Chen K, et al. Distributed representations of words and phrases and their compositionality[R]. Proceedings of the 26th International Conference on Neural Information Processing Systems, 2013.

[309] Pennington J, Socher R, Manning C D. Glove: global vectors for word representation[R]. In Proceedings of the 2014 Conference on Empirical Methods in Natural Language Processing（EMNLP）, 2014.

[310] Poria S, Cambria E, Gelbukh A. Aspect extraction for opinion mining with a deep convolutional neural network[J]. Knowledge-Based Systems, 2016, 108: 42-49.

[311] Hochreiter S, Schmidhuber J. LSTM can solve hard long time lag problems[R]. Proceedings of the 9th International Conference on Neural Information Processing Systems, 1996.

[312] Graves A, Schmidhuber J. Framewise phoneme classification with bidirectional LSTM and other neural network architectures[J]. Neural Networks, 2005, 18（5/6）: 602-610.

[313] Gao S, Zhao P, Pan B, et al. A nowcasting model for the prediction of typhoon tracks based on a long short term memory neural network[J]. Acta Oceanologica Sinica, 2018, 37（5）: 8-12.

[314] Miao Y L, Cheng W F, Ji Y C, et al. Aspect-based sentiment analysis in Chinese based on mobile reviews for BiLSTM-CRF[J]. Journal of Intelligent & Fuzzy Systems: Applications in Engineering and Technology, 2021, 40（5）: 8697-8707.

[315] Pascanu R, Mikolov T, Bengio Y. On the difficulty of training recurrent neural networks[R]. Proceedings of the 30th International Conference on International Conference on Machine Learning, 2013.

[316] Kingma D P, Ba J. Adam: a method for stochastic optimization[EB/OL]. https://arxiv.org/abs/1412.6980[2023-08-21].

[317] King R H, Baum N, Neil M. Problem solving in the medical practice using the five whys[J].

The Journal of Medical Practice Management: MPM, 2018, 34（3）: 177-179.

[318] Chiarini A, Baccarani C, Mascherpa V. Lean production, Toyota production system and kaizen philosophy: a conceptual analysis from the perspective of Zen Buddhism[J]. The TQM Journal, 2018, 30（4）: 425-438.

[319] Ahmad R, Abd Wahab I, Mustafa S, et al. Improvement on bill of materials formatting process by adopting lean and Six Sigma approaches-a case study in a semiconductor industry[J]. International Journal of Integrated Engineering, 2019, 11（8）: 81-90.

[320] Yang J, Han S C, Poon J. A survey on extraction of causal relations from natural language text[J]. Knowledge and Information Systems, 2022, 64（5）: 1161-1186.

[321] Carroll J M, Thomas J C, Miller L A, et al. Aspects of solution structure in design problem solving[J]. The American Journal of Psychology, 1980, 93（2）: 269-284.

[322] Taboada H A, Coit D W. Data clustering of solutions for multiple objective system reliability optimization problems[J]. Quality Technology & Quantitative Management, 2007, 4（2）: 191-210.

[323] Chen J F, Sun L L, Guo C H, et al. A data-driven framework of typical treatment process extraction and evaluation[J]. Journal of Biomedical Informatics, 2018, 83: 178-195.

[324] Guo C H, Chen J F. Big data analytics in healthcare: data-driven methods for typical treatment pattern mining[J]. Journal of Systems Science and Systems Engineering, 2019, 28: 694-714.

[325] Chen J F, Sun L L, Guo C H, et al. A fusion framework to extract typical treatment patterns from electronic medical records[J]. Artificial Intelligence in Medicine, 2020, 103: 101782.

[326] Centobelli P, Ndou V. Managing customer knowledge through the use of big data analytics in tourism research[J]. Current Issues in Tourism, 2019, 22（15）: 1862-1882.

[327] Faggioli G, Polato M, Lauriola I, et al. Evaluation of tag clusterings for user profiling in movie recommendation[R]. 28th nternational Conference on Artificial Neural Networks, 2019.

[328] Carusi C, Bianchi G. Scientific community detection via bipartite scholar/journal graph co-clustering[J]. Journal of Informetrics, 2019, 13（1）: 354-386.

[329] Choo A S, Nag R, Xia Y S. The role of executive problem solving in knowledge accumulation and manufacturing improvements[J]. Journal of Operations Management, 2015, 36: 63-74.

[330] Xu H, Liu B, Shu L, et al. Double embeddings and CNN-based sequence labeling for aspect extraction[R]. In Proceedings of the 56th Annual Meeting of the Association for Computational Linguistics, 2018.

[331] Li Y Y, Wang Q, Xiao T, et al. Neural machine translation with joint representation[J]. Proceedings of the AAAI Conference on Artificial Intelligence, 2020, 34（5）: 8285-8292.

[332] Yang T. Computational verb systems: averbs and adverbials as modifiers of verbs[J]. Information Sciences, 1999, 121（1/2）: 39-60.

[333] Huth A G, Nishimoto S, Vu A T, et al. A continuous semantic space describes the representation

of thousands of object and action categories across the human brain[J]. Neuron, 2012, 76 (6): 1210-1224.

[334] Lu T T, Hou S F, Chen Z X, et al. An intention-topic model based on verbs clustering and short texts topic mining[R]. 2015 IEEE International Conference on Computer and Information Technology; Ubiquitous Computing and Communications; Dependable, Autonomic and Secure Computing; Pervasive Intelligence and Computing, 2015.

[335] Kulkarni R, Rothstein S, Treves A. A neural network perspective on the syntactic-semantic association between mass and count nouns[J]. Journal of Advances in Linguistics, 2016, 6 (2): 964-976.

[336] Shutova E, Sun L, Korhonen A. Metaphor identification using verb and noun clustering[R]. Proceedings of the 23rd International Conference on Computational Linguistics (Coling 2010), 2010.

[337] Lohmann M, Anzanello M J, Fogliatto F S, et al. Grouping workers with similar learning profiles in mass customization production lines[J]. Computers & Industrial Engineering, 2019, 131: 542-551.

[338] Frey B J, Dueck D. Clustering by passing messages between data points[J]. Science, 2007, 315 (5814): 972-976.

[339] Zhou S B, Xu Z Y, Liu F. Tang X Q. Comparative study on method for determining optimal number of clusters based on affinity propagation clustering[J]. Computer Science, 2011, 38(2): 225-228.

[340] 胡永平. 关于汽车绿色供应链管理研究[D]. 南昌：南昌大学，2011.